百年变局下的国际关系研究系列丛书

国际形势报告

2021／2022

International Situation Report 2021/2022

主　编・刘青梅
副主编・胡　伟／马静曦

时事出版社
北京

图书在版编目（CIP）数据

国际形势报告．2021/2022/刘青梅主编．—北京：时事出版社，2023.6
ISBN 978-7-5195-0541-7

Ⅰ.①国…　Ⅱ.①刘…　Ⅲ.①国际形势—研究报告—2021－2022
Ⅳ.①D5

中国版本图书馆 CIP 数据核字（2023）第 051536 号

出 版 发 行：时事出版社
地　　　址：北京市海淀区彰化路 138 号西荣阁 B 座 G2 层
邮　　　编：100097
发 行 热 线：（010）88869831　88869832
传　　　真：（010）88869875
电 子 邮 箱：shishichubanshe@ sina. com
网　　　址：www. shishishe. com
印　　　刷：北京良义印刷科技有限公司

开本：787×1092　1/16　印张：16　字数：200 千字
2023 年 6 月第 1 版　2023 年 6 月第 1 次印刷
定价：96. 00 元
（如有印装质量问题，请与本社发行部联系调换）

目　录

上编　后疫情时代的大国政策选择

下编　后疫情时代的国际关系与地区局势

上编

后疫情时代的大国政策选择

第一章　从俄乌冲突看俄罗斯安全转型的困境

胡　伟

2021 年 7 月 2 日，俄罗斯总统普京批准了新版《俄罗斯联邦国家安全战略》（下称《安全战略》），这是继 2015 年后俄罗斯再次发布国家安全战略，其中规定了俄罗斯的国家利益、安全战略优先方向、国家安全保障和长期稳定发展方面的国家政策目标和任务。2021 年版《安全战略》与之前的 2009 年版、2015 年版相比有较大改变，体现了俄罗斯政府对国内外新形势与国家安全风险和挑战的准确把握。[①] 尽管新版《安全战略》确立了俄罗斯今后国家安全利益的重心，但俄罗斯的安全转型并不顺利，在俄乌冲突发生后体现得尤为明显。

一、新版《安全战略》的内容

新版《安全战略》分为三大部分。相比上一版，新版《安全战

---

① 李燕：《2021 年版〈俄罗斯国家安全战略〉及中俄安全合作》，《俄罗斯学刊》2022 年第 2 期，第 115 页。

略》在内容上作了大幅修订，特别是对国际格局和俄罗斯内外安全环境的战略判断有了新的变化，提出了国家安全保障领域的八大利益和九大优先方向。①

在第二章“当今世界中的俄罗斯：趋势与机遇”中，俄罗斯对当前国际局势和俄罗斯地缘政治环境的研判更加悲观，本国正面临日趋严峻的安全形势。从外部来看，国际秩序正处于震荡期，西方霸权主义、经济危机、利用跨国公司发起干涉等问题凸显，导致世界不稳定性不断增强，地缘政治的紧张局势日益加剧。在这种背景下，俄罗斯面临的战略压力明显加大，特别是西方国家采取双重标准，对其进行封锁、孤立和打压，并利用俄罗斯社会经济问题破坏其内部统一、激化社会矛盾等，这些因素构成了俄罗斯制定新版《安全战略》的逻辑起点。②

在认清面临的国际形势及风险后，新版《安全战略》在第四章“保障国家安全”中，全面阐述了俄罗斯最关键的“九大安全”，并就如何维护这些安全提出了具体要求。

第一，将民众福祉置于战略优先方向之首。与前几版不同，新版《安全战略》一改俄罗斯传统的重安全、轻发展的理念，首次将“保护俄罗斯人民”“发展人的潜力”等置于国家战略优先方向，表明俄罗斯更加注重国内民生安全问题。新版《安全战略》还详细阐明了提高公民健康水平、延长寿命、降低死亡率、改善居住条件、提供优质医疗和教育等具体目标和相关政策。③

第二，在国防上，军事实力在实现自身地缘政治目标上的作用越来越重要。文件指出，一些国家企图对俄及其盟国、伙伴进行武

① 代勋勋、李抒音：《解读俄新版〈国家安全战略〉》，《解放军报》，2021年7月15日第11版。

② 刘杨钺：《俄罗斯新版国家安全战略的新看点》，《保密工作》2021年第9期，第56页。

③ 代勋勋、李抒音：《解读俄新版〈国家安全战略〉》，《解放军报》，2021年7月15日第11版。

力施压，例如北约在俄罗斯边界强化军事设施的部署，美国在强化自身反导能力、中短程导弹部署计划的同时，还推行旨在摆脱军控领域国际义务的路线。[①]

第三，在国家和公共安全领域，俄罗斯的风险主要有犯罪行为、极端主义、自然和技术原因引发的紧急情况、腐败等。为此，俄罗斯提出了23项有针对性的任务。

第四，在信息领域，新增"信息安全"为战略优先方向，强调维护国家在信息空间的主权。新版《安全战略》首次将"信息安全"列入国家战略优先方向，并将其排在"保护俄罗斯人民""国防"和"国家公共安全"之后、"经济安全"之前，足见俄罗斯官方对信息安全的重视程度。[②] 随着信息和通信技术的发展，俄罗斯公民、社会和国家的安全受到威胁的可能性不断增加，如针对俄罗斯信息资源的网络攻击愈发频繁，外国情报机构愈发积极地在俄罗斯信息空间内侦察或开展网络战演习，对外国技术和设备的使用让俄罗斯关键信息基础设施更加脆弱等。

第五，在经济安全上，强调对经济领域安全问题的防范。新版《安全战略》提出经济发展总方针是"依靠国内潜力，独立解决经济问题"，要充分利用自然资源充足、科技潜力巨大等优势，抵御外国经济消极因素影响。一方面，新版《安全战略》强调要推进经济结构转型，加快从初级原材料、农产品出口向深加工转变，向高新技术产业和市场进发；另一方面，新版《安全战略》提出要强化经济的独立性，克服对进口技术、设备和零部件的严重依赖。对于金融体系，新版《安全战略》更是明确要求减少美元在对外经济中的

---

① 中国现代国际关系研究院欧亚所课题组：《俄新版〈国家安全战略〉解析》，《国家安全研究》2022年第1期，第124页。

② 赵景芳、綦大鹏、谢明扬：《俄罗斯国家安全战略向何处去》，国防大学官方账号2021年8月25日。

使用，并最终形成独立的金融和银行体系，以此减轻美西方联合制裁对俄罗斯经济的打击。[①]

第六，在科技领域，强调科技领先成为提高竞争力和确保国家安全的关键因素。俄罗斯发展科技的目的是确保国家的技术独立性和竞争力，实现国家发展目标和落实国家重点战略任务。

第七，在环境领域，首次将保护环境、保护自然资源并确保其合理利用，以及适应气候变化确定为国家利益的一部分。俄罗斯将环保和产业升级结合起来，以环保促产业升级，迅速提升对环保和能源产业升级的重视，也将其作为经济结构未来调整的着力点。[②]

第八，在意识形态和文化安全上，保护俄罗斯传统精神道德价值观、文化和历史记忆。新版《安全战略》强调，俄罗斯传统精神道德和文化历史价值观正受到来自美国及其盟友、非法组织的侵蚀，应当加强公民团结、保护历史真相、强化传统精神道德和文化历史价值观，防止文化“西化”、反对篡改历史。[③]

第九，在外部安全上，强化多元国际安全合作机制。新版《安全战略》要求开展稳定且互利的国际合作，坚持“一贯、独立、多元、开放、可预见及务实”的外交政策，积极应对世界秩序新构架、新规则和新原则形成期的矛盾与动荡，确保稳固俄罗斯世界一极国际地位的外部安全。[④]

总之，新版《安全战略》的内容和观点较之前发生了较大的变化，体现在外交上的内容大幅减少，“删除了所有发展与西方关系的

---

① 白峻楠：《新版〈俄罗斯联邦国家安全战略〉解读》，《国际研究参考》2021 年第 9 期，第 20 页。

② 中国现代国际关系研究院欧亚所课题组：《俄新版〈国家安全战略〉解析》，《国家安全研究》2022 年第 1 期，第 133 页。

③ 代勋勋、李抒音：《解读俄新版〈国家安全战略〉》，《解放军报》，2021 年 7 月 15 日第 11 版。

④ 白峻楠：《新版〈俄罗斯联邦国家安全战略〉解读》，《国际研究参考》2021 年第 9 期，第 20 页。

论述，显示俄罗斯已不再奢求实质改善与西方关系，并且不把关系的改善作为维护国家安全的主要路径”[①]。而在以前着墨很少，甚至在只字不提的人民福利、科技、环境和文化安全方面，俄罗斯认真地提出了国家面临的风险，并拿出了解决问题的具体方法。这说明，随着局势的变化，俄罗斯的安全形势、安全利益和安全聚焦点也都随之改变。

二、俄罗斯安全战略的转型

与过去其他版本安全文件相比，新版《安全战略》具有很多新意，显示了俄罗斯在安全战略上开始转型，改变了过去以扩张求安全的传统安全模式。俄罗斯新版《安全战略》最大的变化在于把保护人民放在首位，并将重点从外部转移到国内。[②]

历史上，俄罗斯发源于东欧平原，一马平川，无险可守，政治经济中心易攻难守，民族的安全隐患主要来自外族入侵。在俄罗斯人的苦难记忆中，北欧海盗、波兰、立陶宛、匈奴人和蒙古人都曾经入侵过俄国，这导致俄罗斯形成独特的民族安全模式，即以扩张求安全。“他们不得不经常扩张他们的边界，不让他们的敌人靠近。”[③] 俄国人就是通过扩张土地获得缓冲地带，为政治经济中心赢得安全外围，即以空间换取时间。这就导致了俄罗斯疯狂地扩张土地，从15世纪中叶偏居一隅的莫斯科公国，到19世纪末横跨欧亚的庞大帝国，俄国的土地扩张了近400倍，成为欧亚大陆最大的地

---

① 陈宇：《从俄新版〈国家安全战略〉看其战略走向》，《现代国际关系》2021年第10期，第30页。

② 李春辉：《俄罗斯国家安全战略重点由外转内》，《经济日报》，2021年7月14日第4版。

③ ［美］亨利·赫坦巴哈著：《俄罗斯帝国主义——从伊凡大帝到革命前》，上海三联书店，1978年版，第4页。

缘政治变化。“在俄罗斯的传统安全观念中一个最为重要的因素就是地缘政治因素，其主要表现方式是俄罗斯将其控制的地理范围视为国家安全的具有决定性意义和最直接的保障。”[①]

俄罗斯的扩张在苏联时期达到了顶峰，曾拥有 2240 万平方千米的国土。但 1991 年苏联的骤然解体使得俄罗斯几百年的扩张成果损失大半，俄罗斯在欧洲的影响力从欧洲的心脏地带退回到独联体地区。冷战后，俄罗斯对独联体的政策，从叶利钦执政初期的“基本放弃”，到梅普组合时期奉为“优先方向”，从普京第二任期的“重新争取”，到第三任期的“突出重点”。[②] 俄罗斯把独联体当作恢复大国地位的战略依托加以经营，大力推动独联体国家之间政治、经济、能源、军事合作，在加强独联体内部凝聚力的同时，也扩大了它在独联体地区的影响力，欧亚经济联盟就是有力例证。对于积极倒向西方、抵制其在独联体地区领导作用的国家，俄罗斯毫不手软，运用多种手段进行打压，2008 年的俄格战争就是例子之一。

但在 2021 年版《国家安全战略》中，传统安全模式不再是俄罗斯国家安全的基石，安全地带放在了相对次要的位置，重心转移到了国内安全。俄罗斯综合安全观的基本理念是：以政治安全为前提，以经济安全为基础，以国防安全为保证，以信息安全为后盾，以精神安全为支柱，以生态安全为补充。俄罗斯新版战略根据俄罗斯“国家安全”和“国家利益”的定义，按“个人安全”“国防安全”“国家安全与公共安全”“信息安全”“经济安全”“科技安全”“生态安全”“精神文化安全”的顺序重申了俄罗斯国家安全战略的优先方向，其中与以往明显不同的是，将“个人安全”“国防安全”

① 陆齐华：《俄罗斯和欧洲安全》，北京：中央编译出版社，2001 年版，第 44 页。

② 李兴、王心怡：《俄罗斯独联体政策论析》，《俄罗斯学刊》2016 年第 4 期，第 47 页。

和“信息安全”摆在了较为突出的位置，特别是对“信息安全”给予了前所未有的重视。[①] 通过对比不同版本《安全战略》中各安全领域的排名，可以看出俄罗斯安全重心较之前发生了位移。[②]

表1　五版《安全战略》中的安全排序

	1997	2000	2009	2015	2021
1	经济	经济	国防	国防安全	人民安全
2	社会政治稳定	保护宪法秩序	国家安全与社会安全	国家安全与社会安全	国防安全
3	打击犯罪	打击犯罪	提高俄罗斯公民生活质量	提高俄罗斯公民生活质量	国家安全与社会安全
4	保护文化、精神、道德遗产，历史传统与社会生活规范	保护文化、精神、道德遗产，历史传统与社会生活规范	经济增长	经济增长	信息安全
5	公民健康	卫生	科学、技术、教育	科学、技术、教育	经济安全
6	生态	生态	卫生	卫生	科技安全
7	外交	外交	文化	文化	生态安全
8	军事安全（最重要）	军事安全（最重要）	生命系统生态和合理利用自然资源	生命系统生态和合理利用自然资源	精神文化安全
9	边境安全	边境安全	战略稳定与平衡的战略伙伴关系	战略稳定与平衡的战略伙伴关系	无
10	信息安全	信息安全	无	无	无

① 于淑杰：《俄罗斯新版国家安全战略评析》，《俄罗斯东欧中亚研究》2022年第1期，第37页。

② 戴惟静：《现实关切与政策导向：俄罗斯的国家安全研究》，《国际政治研究》2022年第3期，第61页。

通过比较可以看出，新版《安全战略》方向明确，“战略内倾”突出。以往俄罗斯国家安全战略都把国防安全放在第一位，而在新版《安全战略》中，“人的安全”是第一位的，关注人口数量、人民生活质量、受教育质量等，并将之视为立国之本，此外还提出了提高人口出生率、延长居民预期寿命、提升国家医疗保障水平、提高居民收入、提升各种社会服务水平等具体任务。同时，新版《安全战略》也把保护传统价值观、捍卫俄罗斯精神与文化、保存历史记忆等内容作为国家进一步发展的基础，以强化公民身份认同，加强各民族团结，维护自古以来人类普遍认可的原则和社会发展的重要准则。该战略对国家在保障公共安全、信息安全、经济安全，推动科技发展，保障环境安全与环境治理等领域的责任也做了详尽阐述。这些内容绝大部分属非传统安全，以国内问题为主。莫斯科卡内基中心研究员特列宁指出，以往安全战略“眼光向外”，更注重防范外部危险，现在开始把内部问题作为主要问题，这是自冷战以来的重大转向，堪称“一个历史分界线”。他断定，新版《安全战略》不仅是2015年《安全战略》的更新版，更堪称“新时代宣言”。[①]

总之，新版《安全战略》高度重视内部安全，将内生性安全要素置于突出位置，将保护俄罗斯人民和发展人的潜力置于国家安全战略的首位。战略重点的转移源于近年来俄罗斯日益增大的内部安全压力。当前，西方国家策划煽动的各类“颜色革命”，已成为新兴国家和第三世界国家政权安全的主要威胁，俄罗斯调整战略优先方向，突出强调国内安全和政治稳定，正是对这一安全趋势的准确把握和主动回应。[②]

---

① 李燕：《2021年版〈俄罗斯国家安全战略〉及中俄安全合作》，《俄罗斯学刊》2022年第2期，第119页。

② 刘杨钺：《俄罗斯新版国家安全战略的新看点》，《保密工作》2021年第9期，第57页。

三、俄乌冲突与传统安全模式

尽管俄罗斯新版《安全战略》确立了今后国家安全利益的重心，但俄罗斯的安全转型并不顺利。在乌克兰危机后，美欧不断地对俄罗斯展开制裁，乌克兰的泽连斯基政府则倒入美欧的怀抱，加入北约的步伐逐步加快，挑战到俄罗斯的安全底线。2022 年 2 月 24 日，俄乌冲突爆发，俄罗斯久战不决，面临着西方在政治、经济、军事上的多轮制裁，承受着巨大的外部压力。在北约全方位支持乌克兰的情况下，俄罗斯没有放弃，绝不允许乌克兰加入北约，这表明俄罗斯从地缘政治角度考虑国家安全，传统的安全模式依然是俄罗斯出兵乌克兰的主要原因。

在俄罗斯众多的土地和势力范围中，乌克兰无疑是最特殊、意义最重大的。对于俄罗斯而言，乌克兰具有特殊的意义和地位，不仅关乎地缘政治和战略安全问题，更是自己身份认同的一部分。从国际关系角度讲，俄乌关系是关乎俄罗斯“存在”的本体安全问题①。历史上，俄罗斯曾长期统治乌克兰，与其有着密不可分的联系：

首先，在地理上，乌克兰是俄罗斯抵挡西方战略挤压的重要缓冲区和重建世界大国的战略依托。乌克兰地处欧亚大陆的“心脏地带”，连接着独联体、中东欧和西亚，拥有漫长的海岸线，扼守黑海出海口。在北约和欧盟双东扩的形势下，乌克兰已经成为俄罗斯与西方势力范围的交汇处。对俄罗斯而言，乌克兰作为独联体第二大

---

① 毕洪业：《从危机到战争：俄罗斯本体安全与俄乌冲突》，《外交评论》2022 年第 2 期，第 28 页。

国是其独联体政策能否顺利实施的关键，是俄罗斯抵挡西方战略挤压的重要缓冲区和重建世界大国的战略依托。一旦乌克兰倒向西方，那么俄罗斯将失去乌克兰这个抵御西方的天然屏障，其西部边界也将直面威胁。① 乌克兰的存在意义重大，“没有乌克兰，俄罗斯就不再是一个欧亚帝国”②。美国等西方国家则将乌克兰视为遏制俄罗斯重新崛起的桥头堡，将乌克兰纳入西方的势力范围，就能冲破俄罗斯战略纵深的关键屏障。

其次，在经济上，乌克兰是俄罗斯出口油气到欧洲的能源走廊。欧洲国家对俄罗斯能源的依赖程度很高，而乌克兰是俄罗斯天然气出口的重要过境国。近年来，俄罗斯为维护在欧亚天然气市场的垄断地位，陆续建造了绕开乌克兰、直抵欧洲的“北溪”“土耳其流”等天然气管线。尽管如此，乌克兰在欧亚能源输送系统中仍占据明显优势：乌克兰的能源运输管道已经存在，对其进行现代化改造要比建设新管道更简单、经济；从距离上看，穿过乌克兰的管道是俄欧之间距离最短的；从地形上分析，经过乌克兰的管道主要穿过平原，而不必穿越高山和深海。

再次，在文化上，乌克兰是俄罗斯扩张东正教文明的必争之地。塞缪尔·亨廷顿在《文明的冲突与世界秩序的重建》一书中指出：“将西方基督教各民族同穆斯林和东正教各民族分开的这条伟大的历史界线，穿过乌克兰，把天主教的西部与东正教的东部分离开来。”③ 乌克兰是欧亚不同文明的交汇处，斯拉夫文明、西方文明和伊斯兰文明等多种文明在此碰撞。对于高举“第三罗马”大旗的俄罗斯而

---

① 谢晓光：《俄罗斯对外战略研究（2000—2016）》，北京：社会科学文献出版社，2018 年版，第 172 页。

② ［美］兹比格涅夫·布热津斯基著，中国国际问题研究所译：《大棋局——美国的首要地位及其地缘战略》，上海：上海人民出版社，1998 年版，第 62 页。

③ ［美］塞缪尔·亨廷顿著，周琪等译：《文明的冲突与世界秩序的重建》，北京：新华出版社，2002 年第 3 版，第 171 页。

言，失去乌克兰将使得东正教文明版图上出现重大缺口，东正教领袖的地位将岌岌可危，自身也将面临其他文明渗透的危险。

最后，在民族感情上，俄罗斯人无法接受失去亲兄弟乌克兰的事实。俄罗斯与乌克兰之间曾经有着非常密切的关系，或称为“斯拉夫兄弟”。双方不仅同宗同源，而且还在相当长的历史时期内组成了同一个国家。在数百年时间里，乌克兰只是一个地理学和民族学概念，却不是一个政治学概念，因为不存在乌克兰这样一个国家。[①]在俄罗斯的身份叙事中，乌克兰一直都作为重要的组成部分而存在。乌克兰的独立在俄罗斯人看来是“天大的悲剧”。俄罗斯前总统叶利钦在一次演说中强调，“要想把我们的心脏——乌克兰分离出去是不可能的，这是我们的尊严——我们共同的尊严”。[②] 1997 年在俄罗斯的一次民意测验显示，56% 的被调查者认为乌克兰与俄罗斯是“一个民族”。

总之，正是出于传统安全模式的视角，俄罗斯绝对不能接受昔日的盟友兼兄弟乌克兰倒向北约的怀抱，成为对抗俄罗斯的先锋，那时北约的军事装备将直抵俄罗斯边界，俄罗斯的安全形势将全面恶化。失去乌克兰，俄罗斯在地缘政治、经济利益、文化版图和民族感情上都将承受巨大的损失，这是俄罗斯绝对不能接受的，为此它不惜发动了对乌克兰的特别军事行动。

四、俄罗斯安全转型的制约因素

在俄罗斯的安全重心从外部的安全地带转向内部时，许多外部

---

① 赵云中：《乌克兰沉重的历史脚步》，上海：华东师范大学出版社，2005 年版，第 80 页。

② ［英］杰弗里·帕克著，李亦鸣译：《二十世纪的西方地理政治思想》，北京：解放军出版社，1992 年版，第 20 页。

因素限制了它无法聚焦于自身；同时，俄罗斯国内众多的难题也难以一蹴而就，这使得它的转型之路并不平坦。这些因素多源于历史，在时间的长河中慢慢沉淀为一块块巨石。

首先，俄罗斯和西方的互不信任使得前者难以融入当前的国际格局，从而获得一个稳定的国际环境。虽然冷战的阴云早已散去，但是俄罗斯侵略扩张的历史至今让欧洲国家心有余悸，它们固守冷战思维，时刻防范着俄罗斯，试图遏制俄罗斯重新跻身于强国之林目标的实现。欧洲国家的排斥与遏制让俄罗斯心有不满，双方之间的战略互信异常脆弱①。对于强大俄罗斯的恐惧，使得欧美在冷战后加快了北约东扩的步伐，将军事同盟推进到俄罗斯的家门口，引起了俄罗斯强烈的危机感，双方的对抗逐步升级，最终在乌克兰演变为代理人战争。俄罗斯与西方的矛盾源于冷战对抗的历史、传统文化的差异和当前战略目标的分歧，短时间内难以消除。

其次，俄罗斯周边紧张的邻国关系和多个热点冲突使得它难以专心于国内的经济建设。由于历史因素，冷战后俄罗斯的周边安全环境复杂，战乱不休，多个地区热点问题此起彼伏。第一，由于苏联的突然解体，“原苏各共和国之间的边界原本是行政边界，只有30%的边界做过明确划分，存在200多处领土争端”②。俄罗斯与其他独联体国家产生了多处领土纠纷，克里米亚半岛和南奥塞梯问题都引发了它与邻国的军事冲突。第二，俄罗斯的周边存在多个地区热点，经常爆发冲突，威胁到俄罗斯的周边安全，如纳卡冲突、摩尔多瓦的德涅斯特沿岸共和国等问题至今没有得到解决，不时引发相关国家的冲突。第三，俄罗斯和多个邻国关系不睦，难以建设稳定和谐的周边环境。在历史上，俄罗斯和波兰、乌克兰、格鲁吉亚、

---

① 谢晓光：《俄罗斯对外战略研究（2000—2016）》，北京：社会科学文献出版社，2018年版，第207页。

② 薛君度、陆南泉：《新俄罗斯》，北京：中国社会科学出版社，1997年版，第321页。

摩尔多瓦、阿塞拜疆等邻国都曾经发生过冲突，至今龃龉不断，俄罗斯甚至对关系最铁的白俄罗斯也曾经以切断天然气相威胁。

再次，俄罗斯经济疲软制约安全转型。乌克兰危机以来，俄罗斯遭受了西方多轮经济制裁，经济形势急转直下。2020 年外国直接投资额仅为 14 亿美元，只占其 GDP 的 0.1%，与 2019 年 290 亿美元相比，降幅高达 95%[①]。2021 年，俄罗斯的 GDP 总量为 1.77 万亿美元，全球 GDP 排名已经跌出了前十。俄乌冲突的长期持续更让不景气的俄罗斯经济雪上加霜。2021 年 11 月 16 日，俄罗斯统计局公布了第三季度的国民生产总值（GDP）统计结果。俄罗斯的 GDP 同比下降了 4%，比第二季度下降了 4.1%。俄罗斯经济正在经历“持续的供给侧冲击和被迫向低技术经济体的结构转型，这预示着长期的经济衰退和增长潜力的降低”[②]。糟糕的经济数据让俄罗斯短期内很难摆脱对能源经济的依赖，经济结构向高新技术产业转型升级更加困难。

最后，人口危机从根本上威胁到俄罗斯的国家安全。俄罗斯地大物博，但由于劳动力不足，无法有效利用这些资源。俄罗斯自独立以来人口总量持续在低水平徘徊，勉强维持在 1.43 亿人左右，始终未能达到实现正常代际更替所需的 2.2 亿人的标准。随着人口的持续下降，劳动力人口也逐渐减少，劳动力短缺问题变得日益严重。甚至由于适龄青年数量不足，俄罗斯将义务兵役制改为义务兵加合同兵的混合兵役制。人口数量的下滑还制约了决定俄国力和竞争力的科研人才的数量增长。[③] 一旦俄罗斯无法扭转人口数量持续下滑的

---

① 于淑杰：《俄罗斯新版国家安全战略评析》，《俄罗斯东欧中亚研究》2022 年第 1 期，第 37 页。

② 《三季度 GDP 继续下滑，俄罗斯经济恐将陷入长期衰退》，腾讯网，2021 年 11 月 17 日，https：//new. qq. com/rain/a/20221117A0A6ZD00。（上网时间：2022 年 11 月 10 日）

③ 于淑杰：《俄罗斯新版国家安全战略评析》，《俄罗斯东欧中亚研究》2022 年第 1 期，第 45 页。

趋势，民族的生存都将陷入困境，经济、科技、环境和文化安全都无从谈起。

综上所述，俄罗斯针对当前的国际形势，正在进行安全转型，将重心转向国内。但俄乌冲突也让世界意识到，俄罗斯仍把地缘政治作为本国安全的重要出发点，独联体地区依然是它在外部关注的优先方向，这在新版《安全战略》中也有体现：俄罗斯唯一主动塑造的区域将是独联体地区。尽管在文本中，随着外交政策重要性的整体下降，关于独联体地区的具体论述也有所减少，但新版《安全战略》将独联体放在了“战略稳定与国际互利合作”一节中分方向论述的第一位。这显示俄罗斯在外交整体收缩的情况下，依然提升了对独联体地区的重视。[①] 可见，俄罗斯未来会把更多精力投入到提高人民生活水平、升级产业结构、保护信息安全等领域，但独联体依然是西方不可触碰的红线，俄罗斯的安全转型将在传统和现实的考量中实现内外结合。

---

① 陈宇：《从俄新版〈国家安全战略〉看其战略走向》，《现代国际关系》2021 年第 10 期，第 33 页。

第二章　大国竞争背景下美国对哈萨克斯坦战略传播研究

徐光辉

2022 年 1 月，发生在哈萨克斯坦的社会暴乱再一次吸引了全世界的注意。此次暴乱活动专业化，其中很多人曾在国外接受专业培训，采用的是乌克兰“广场革命”的手段；政治目标明确化，要求政府下台、结束该国“独裁”统治，试图推翻现政权；活动过程组织化，有人负责调动民众情绪，有人负责散发引导性传单，有人负责给暴徒提供武器等。哈萨克斯坦这一场针对天然气价格上涨的小范围的游行示威活动，在极短时间内演变成一场大规模、严重的社会暴乱，不仅是因为活动中的民众情绪激动、失去理智，更是美国在哈萨克斯坦长期进行战略传播的必然结果。

两极格局结束后，俄罗斯与美国在中亚地区展开了长期的战略竞争。俄罗斯在历史、安全和经济方面对中亚各国具有特殊的影响力，利用独联体、集体安全条约组织、欧亚联盟等平台强化地区影响力，美国则利用强大的综合国力不断强化在这一地区的战略传播，力图打造亲美反俄的地区态势，以进一步孤立遏制俄罗斯。无论是面积、人口还是经济体量，哈萨克斯坦都是中亚地区首屈一指的地区性大国，成为俄美两国战略竞争的首要对象。冷战结束至今，为在争取中亚地区的战略博弈中占据有利态势，美国以官方代表、非政府组织、商业组织为主体，通过文化输出、网络舆论引导、高级别项目交流、亲美政治力量培塑、改革援助等手段，持续对哈萨克斯坦进行战略传播，在不同程度上实现了反俄、亲美、民主化三大战略目标，积极培塑有利于美国的地区态势。

一、冷战后美国对哈萨克斯坦战略传播概况

（一）冷战后美国对哈萨克斯坦战略传播的背景

首先，哈萨克斯坦作为原苏联加盟共和国，无论是国内政治生态还是民众日常生活，都带有深深的俄国烙印。此外，1983 年的人口统计中，哈萨克斯坦国内共有 599. 2 万俄罗斯人，占哈萨克斯坦总人口的 40. 8%，所以，刚独立的哈萨克斯坦社会具有天然亲俄属性。美国想要填补这一权力真空地带，就要顺应纳扎尔巴耶夫的“主体民族化”政策，推动哈萨克斯坦强化民族主义，加速去俄罗斯化。

其次，从地理位置上看，哈萨克斯坦作为连接欧亚大陆和中东的枢纽，是大国势力东进西出、南下北上的必经要地。控制这一地区是任何有霸权欲望的大国实现其称霸世界梦想的重要乃至必要条件。这是美国不遗余力地对该地区进行政治、经济、军事等全面渗透、极力挤压俄罗斯战略空间和传统影响，以填补苏联留下的权力真空的根本原因。

从地缘经济的角度看，哈萨克斯坦蕴藏着极其丰富的矿物和油气资源。钨储量占世界第一位，铬和磷矿石占第二位，铜、铅、锌、钼和磷的储量占亚洲第一位。此外，已探明的石油储量达 100 亿吨，煤储量为 39. 4 亿吨，天然气储量为 11700 万亿立方米。石油和天然

气是中亚最具有战略意义的重要资源。哈萨克斯坦有着丰富的资源禀赋，对于美国控制中亚油气管道，确保美国国内能源供应安全有着重要的战略地位。

最后，冷战结束后，苏联各加盟共和国面对的首要任务就是决定国家社会的转型方向，哈萨克斯坦也不例外。在纳扎尔巴耶夫的带领下，哈萨克斯坦朝着政治民主化的方向探索前进。根据当时的国际形势，克林顿政府提出了“扩展”和“参与”战略，对于原苏联加盟共和国，突出外交中的意识形态因素，以“自由”“民主”和“人权”等价值观为幌子，支持苏联和东欧国家的民主化进程，建立一个对美国友好的、由美国领导的国际秩序。

（二）冷战后美国对哈萨克斯坦战略传播的目标

美国各类主体在哈萨克斯坦的活动，表面上属于人员交往、科学技术、教育文化、卫生健康等领域，其实质是传播美国民主价值观、兜售民主制度、培育反对派和为“街头政治”进行动员。美国通过以上活动影响哈萨克斯坦民众的认知，塑造其意识形态：首先是通过策动民族主义，在哈萨克斯坦提倡“主义民族化”、去俄罗斯化的过程中，刺激哈萨克斯坦社会情绪走向极端化，以强化哈萨克斯坦反俄情绪；其次，借助哈萨克斯坦逐步放开的国家政策，极力向哈萨克斯坦国内输出西方文化，对哈萨克斯坦民众认知产生冲击，树立一个友好的美国形象，传递出美国的善意，以期建立亲美政府；最后，美国通过对哈萨克斯坦在经济、政治、军事等领域的干涉和影响，在哈萨克斯坦转型的过程中进行指导，推动哈萨克斯坦向美国希望的对美友好的资本主义国家转型，以达到输出美式民主的效果，实现和维护美国在哈萨克斯坦的利益。

二、冷战后美国对哈萨克斯坦战略传播的进程

1991 年，随着苏联的解体，中亚五个独联体国家正式宣布独立。由于苏联力量的撤出，中亚出现了权力真空地区。美国面对地缘位置如此重要、矿产资源如此丰富的权力真空地区，果断采取措施介入。尤其是对面积最大、实力最强、资源最丰富的哈萨克斯坦，美国通过不断地战略传播，引导发展两国关系。从美国对哈萨克斯坦的战略传播状态来看，可以将其分为四个阶段：大力传播阶段、传播受挫阶段、谨慎传播阶段和高强度传播阶段。美国试图通过战略传播对哈萨克斯坦国内意识形态进行塑造，首先逐渐对美产生善意，改善美国在独联体国家中的形象；其次演化到在美俄间保持中立，甚至倾向于美；最终达到亲美反俄，压缩俄罗斯战略空间，获取美国在中亚地区的政治、经济利益。

（一）全面传播期（1991—2000 年）

冷战结束初期，美国对中亚的战略目标较为简单，即改善美国在长期处于苏联影响下的中亚各国眼中的形象，消除反美情绪。所以，当哈萨克斯坦宣布独立后，美国率先承认哈萨克斯坦的独立地位，并与之建立外交关系，主动接触，创造机会。

独立后的哈萨克斯坦周边强国林立，美国的主动示好给哈总统纳扎尔巴耶夫提供了新的外交思路，制定了大国博弈中的平衡外交政策，主动将美国定位为“重要的外交伙伴”，将美国的影响力引入中亚，同俄罗斯与中国形成制衡。基于双方对对方的需求，美哈双边关系进入了“蜜月期”，给美国对哈萨克斯坦的战略传播创造了良

好条件。

这一阶段，在美国的威逼利诱下，纳扎尔巴耶夫自愿放弃苏联时期遗留下来的核武库，以获取美国信任。在外交领域，美哈于1994 年签署《民主伙伴关系宪章》，为两国关系发展奠定法律基础。同年签署的非政府组织对哈萨克斯坦进行援助的协议，为美国非政府组织进入哈萨克斯坦，并对哈萨克斯坦国内社会进行战略传播奠定了基础。以此为契机，美国政府高层政要、政府机构、非政府组织三大主体通过财政援助、文化交流、舆论引导等手段，对哈萨克斯坦开始进行全方位的战略传播。20 世纪 90 年代中后期，美国通过了“支持自由法案”，以捆绑经济援助和政治改革的方式，逐步扩大对中亚的投入。哈萨克斯坦作为中亚地区首批启动国内改革的国家，获得了美国大量的经济援助，累积总额达 5. 7 亿美元。欧洲安全与合作组织阿拉木图中心于2000 年 10 月 2—3 日举行了题为“中亚地区的地区生态问题和人类的作用”的研讨会议。参加研讨会的有非政府组织代表、中亚五国欧洲安全与合作组织事务所代表及多国驻哈萨克斯坦大使馆的代表。① 在美国各类主体的影响和传播下，美方这一阶段目标基本达成，通过影响哈萨克斯坦政府对美国政策，培塑哈萨克斯坦民众对美国的信任和善意。

（二）震荡调整期（2001—2010 年）

在这一时期，随着美国反恐行动的开展和“大中东民主计划”的出台，美国不断调整中亚政策并在中亚地区策动多场“颜色革命”。随着局势的不断变化，哈萨克斯坦一方面采取积极措施有效抵

① 李萍：《欧洲安全与合作组织讨论中亚地区亟待解决的生态问题》，《中亚信息》2001 年第 2 期，第 16—17 页。

御“颜色革命”冲击，另一方面抓住机遇改善对美关系，获取大量美国援助。

1. “9·11”事件后穆斯林群体反美情绪激增

苏联解体时，哈萨克斯坦国内信仰伊斯兰教的人口数量为700.96万，占全国总人口数量的42%。冷战结束后，中亚地区的伊斯兰回潮运动快速发展。2001年，尽管哈萨克斯坦国内还有大量俄罗斯族人，穆斯林数量已占到全国人口的绝对多数。

“9·11”事件后，小布什政府公开谴责穆斯林为“9·11”事件的罪魁祸首。对穆斯林的无差别谴责致使哈萨克斯坦穆斯林群体对美国的态度转为敌视状态，且有逐步升级的趋势，哈萨克斯坦国内反美主义浪潮高涨。

同时，美国以反恐为借口，向中亚国家推行民主改革计划，将经济援助与推进所谓民主化改革捆绑在一起，加大在中亚地区民主渗透的力度。此举逐渐引起中亚各国政府的反感和警惕，并且在“颜色革命”后，反感和警惕达到峰值。

2. “颜色革命”浪潮中哈萨克斯坦政府对美国在哈萨克斯坦的各种组织进行限制

2005年，吉尔吉斯斯坦各地相继爆发大规模政治骚乱，阿卡耶夫政权被推翻；5月，乌兹别克斯坦的安集延地区发生争执暴乱事件，乌政府采取措施镇压暴乱，结果遭到美国的严厉指责；此外在其他国家和地区还发生了“玫瑰革命”“橙色革命”，受波及的国家和地区的政治发展进程均在不同程度上受到外部势力的冲击。

2005年，西方国家在哈萨克斯坦发动“颜色革命”，时任总统纳扎尔巴耶夫及时出手，采取各种措施加强国家警备力量，如哈萨克斯坦军方在2005年6月向警方拨付了1.7万支手枪，内务部要求政府拨款 3 亿坚戈（合 200 万美元）采购警务装备。[①] 此次中亚地区的“颜色革命”浪潮，是美国在 2001—2010 年持续进行战略传播的基础上，强行推动所谓“民主化进程”的结果。由于各国国情不同、应对措施各异，导致吉尔吉斯斯坦发生“郁金香革命”、乌兹别克斯坦发生“安集延事件”。哈萨克斯坦由于积极应对，所以西方寄予厚望的“颜色革命”未能在哈萨克斯坦蔓延。

在成功遏制“颜色革命”蔓延后，哈萨克斯坦官方对非政府组织的各项管理政策逐步收紧，针对活跃在本国的非政府组织，哈萨克斯坦政府加强了监控，并关闭了 30 多家非政府组织，防止外来势力干涉本国内政。在“颜色革命”后，哈萨克斯坦借鉴俄罗斯的相关经验，制定了《非政府组织法》《国际非商业组织在哈萨克斯坦分支机构及代表法》《反极端主义法》等法规。[②] 索罗斯基金支持的“开放社会研究所”在“颜色革命”浪潮中扮演了重要角色，被多国取消注册资格。哈萨克斯坦检察机关指控其在哈萨克斯坦偷税漏税。“和平队”作为肯尼迪总统时期建立的老牌非政府组织，早在 1993 年就进入哈萨克斯坦展开活动，长期进行文化和价值观输出。哈国政府经过对“和平队”组织长期审查后，于 2011 年 11 月将其正式关闭。[③] 此外，哈萨克斯坦于 2005 年 4 月 12 日通过《国家社会采购法》，2006 年 7 月 25 日通过《2006—2011 年公民社会发展构想》等法案，以规范培育非政府组织。[④]

---

① 刘治海：《中亚国家的“颜色革命”应对策略》，《法治与社会》2016 年第 6 期，第 130—131 页。

② http：//kompromat. kz/read. asp？ id = 13174，2005 - 07 - 01.（上网时间：2022 年 11 月 10 日）

③ Корпус мира уходит из Казахстана – Американская независимая организация Корпус мира приняла решение свернуть деательность в Казахсане. http//www. nomad. su/？ a = 3 – 201111210012.（上网时间：2022 年 11 月 10 日）

④ 徐海燕：《丝绸之路经济带视阈下哈萨克斯坦的国家治理及其评估》，《北京工业大学学报（社会科学版）》2016 年第 16 卷第 4 期，第 56—70 页。

3. 后“颜色革命”时期的调整

冷战结束后，中亚各国尤其是哈萨克斯坦长期认为，美国在该地区的存在有三大价值：一是安全保障；二是带来可观的经济利益；三是可作为平衡其他大国的杠杆。但是，在“颜色革命”使得哈萨克斯坦社会稳定、国家政权等面临挑战的情况下，哈萨克斯坦政府对美国带来的益处开始产生一定的戒心。

在此情况下，为不使情况恶化，美国政府调整中亚政策，对哈萨克斯坦战略传播的各项举措进入谨慎阶段。2005 年 10 月，美国国务卿赖斯在访问哈萨克斯坦期间肯定了哈萨克斯坦的经济改革，并表示相信哈萨克斯坦有自己特殊的道路来实现民主。通过对哈萨克斯坦的肯定，重新影响哈萨克斯坦认知，避免过于激进触碰哈萨克斯坦红线。为达成政策目标，美国政府退至非政府组织身后，通过非官方、软接触的战略传播方式，降低哈萨克斯坦的戒备心理，继续进行传播。

经过美哈双边政策的不断调整互动，2006 年，哈萨克斯坦取代乌兹别克斯坦，成为美国在中亚地区援助最多的国家。2010 年，美国对哈萨克斯坦援助总额为 3.6 亿美元，约占其中亚地区援助总额 6.5 亿美元的一半。①

（三）网络传播期（2011—2021 年）

奥巴马政府上任以来，注重采用软实力、巧实力以及多边合作理念推进传播，强人所难的传播以及军事实力威慑的色彩相对淡化，

---

① 宋斌：《地缘政治视角下美国的哈萨克斯坦援助政策》，《新疆社会科学》2018 年第 1 期，第 96—102 页。

对哈萨克斯坦的战略传播内容更加柔性，具有潜移默化、易于接受的特点。

与此同时，通过借助互联网对选民进行舆论宣传而上台的奥巴马，深知网络、传媒的战略传播力量，并随着哈萨克斯坦网络技术的发展，以及网民规模的不断扩大，这种以网络、传媒等新技术为手段的战略传播力量，被美国政府有效地发挥出来。由于其风险小、成本低、效果好，因而受到美国极力推崇，对哈萨克斯坦在军事、政治、外交、社会、经济、价值观等各个领域进行高强度传播。

美国国际开发署在2011年1月—2014年1月进行的《促进哈萨克斯坦公民社会项目》，该项目为哈萨克斯坦国内12个较为成功的公民组织提供约175万美元援助，并为这些组织提供培训和装备，帮助其更积极地向政府表达自身的利益诉求。美国国际研究与交流委员会还发起了“网络接入和培训项目”（ITAP），在哈萨克斯坦共设置16个端口，通过这些端口，可以观摩美国的民主模式、讨论政治问题，该组织每年还发布哈萨克斯坦网络信息自由程度报告等。[①] 此外，欧亚基金会在哈萨克斯坦大力推行一项专业青年记者项目（Professional Young Journalists，PYJ）。该项目主要针对记者和新闻专业的大学生，提升其利用网络和社交媒体的能力，内容包括发布新闻、引导舆论、规避审查等。此外，该项目还建立了独立的Kloop网站，专门用于发表参训人员的新闻作品，力图在哈萨克斯坦实现所谓的“新闻自由”。[②]

2022年1月，哈萨克斯坦发生大规模骚乱，虽然美国政府并未直接介入，但其在背后发挥了巨大的作用和影响。首先，骚乱主体是长期受美国支持的民族主义势力；其次，美国扶植的反对派力量

---

① 杨恕、郭旭岗：《美国对哈萨克斯坦公共外交述评》，《俄罗斯东欧中亚研究》2015年第3期，第79—88、96页。

② http：//www. eurasia. org/countries/kazakhstan.（上网时间：2022年11月14日）

趁机扩大影响、加速局势混乱；更匪夷所思的是，早在 2021 年 12 月中旬，哈萨克斯坦尚未生乱之前，美国驻哈萨克斯坦使馆就接连三次发布安全预警，提醒在努尔苏丹、阿拉木图、奇姆肯特等地将发生示威活动甚至暴力冲突，要求美国公民加强安全防范。

当前，俄乌军事冲突背景下，俄罗斯的重心已经从哈萨克斯坦转移到乌克兰，使得美国在中亚的活动阻力相对减少，并且为了洗脱美国与哈萨克斯坦年初暴乱的相关性嫌疑，美国正加紧同哈萨克斯坦推进双边关系。2022 年 1 月份发生的骚乱在俄罗斯的帮助下得以平息，此举拉近了俄哈双边关系。对于长期奉行平衡外交的哈萨克斯坦来说，需要一个契机拉近美哈关系，使得哈萨克斯坦能在美俄之间找到一个新的平衡点。美哈双方出于自身利益都对对方有新的需求，所以双方关系有向好发展的趋势。

但是，由于俄罗斯出兵帮助哈萨克斯坦解决暴乱问题，使得俄哈关系有所紧密，哈国内对俄态度倾向善意，所以，未来美国对哈萨克斯坦战略传播可能会向着更加强化的趋势发展，以重新夺取战略优势。

三、冷战后美国对哈萨克斯坦战略传播主体

美国对哈萨克斯坦战略传播主体主要分为三类，即官方代表、非政府组织和商业组织。冷战后，美国对哈萨克斯坦的战略传播主体呈现多元化特点。因为战略传播最突出表现在一国的外交政策方面，作为美国外交政策的主要参与者和制定者，美国高层领导人和政府机构扮演着重要角色。在公开场合对哈萨克斯坦进行貌似“建设性”战略传播，但在哈萨克斯坦敏感、抵触的领域，美国同样通过各类非政府组织进行传播行动。

总的来说，虽然扮演着不同的角色，但美国官方机构与非政府组织两者相互联系、相互促进。通常是美国官方机构做好铺垫、设立项目、提供资金，非政府组织利用美国政府的影响力，按照项目内容制定方案，方案通过后领取项目资金，在哈萨克斯坦开展传播行动。

（一）官方代表

1. 美国高层领导人

在战略传播的影响因素中，传播实施者的知名度与权威性对战略传播的效果有着较大影响。一个国家的高层领导人在外交活动中往往代表这个国家，美国作为冷战后的超级大国，国际地位高居第一。出于对政权的稳定性和合法性的考虑，高层领导人的行为与表态具有较高的权威性，知名度、权威性越高，受众者在信息处理时就会有越高的直觉信心，会不自觉地被权威者引导，改变认知。

表 1　美国历届国务卿访问哈萨克斯坦的情况①

人物	访问国家	地点	事宜	时间
詹姆斯·艾迪生·贝克三世	哈萨克斯坦	阿拉木图	会见总统纳扎尔巴耶夫	1991 年 12 月 17 日
沃伦·小克里斯托弗	哈萨克斯坦	阿斯塔纳 阿拉木图	正式访问，会见总统纳扎尔巴耶夫和高级官员	2000 年 4 月 15—16 日
科林·路德·鲍威尔	哈萨克斯坦	阿斯塔纳	会见总统纳扎尔巴耶夫和高级官员	2001 年 12 月 8—9 日

① 数据来源：依据美国国务院历史学家办公室网站信息制作，https：//history. state. gov/search？q = Kazakhstan。（上网时间：2022 年 11 月 14 日）

续表

人物	访问国家	地点	事宜	时间
康多莉扎·赖斯	哈萨克斯坦	阿斯塔纳	会见总统纳扎尔巴耶夫并在欧亚国立大学发表演讲	2005年10月12—13日
	哈萨克斯坦	阿斯塔纳	会见总统纳扎尔巴耶夫、总理马西莫夫和外长塔津	2008年10月5日
希拉里·罗德姆·克林顿	哈萨克斯坦	阿斯塔纳	率美国代表团参加欧安组织。会见总统纳扎尔巴耶夫和外交部长绍达巴耶夫	2010年11月30日—12月2日
约翰·福布斯·克里	哈萨克斯坦	阿斯塔纳	会见总统纳扎尔巴耶夫并出席第四次美哈战略伙伴对话	2015年11月2日
迈克尔·蓬佩奥	哈萨克斯坦	努尔苏丹	会见总统托卡耶夫、第一任总统纳扎尔巴耶夫和外交部长蒂列贝尔迪	2020年2月1—2日

从哈萨克斯坦国内来看，不同于其他中亚国家领导人，自1991—2019年，纳扎尔巴耶夫在其近30年执政期内的历次总统选举中，支持率从未低于90%，在国内具有绝对的权威性。美国政府注意到这一点，努力与纳扎尔巴耶夫政府密切外交联系，塑造对哈友好形象，以便在政府层面形成对美国的善意，从而借助哈政府权威性，向其国内民众传达美国友善的认知信息。

2018年1月16日，美国总统特朗普与哈萨克斯坦总统纳扎尔巴耶夫会晤，讨论如何加强美哈战略伙伴关系。2018年5月14—15日，美国中央司令部司令约瑟夫·洛特将军在阿斯塔纳首访哈萨克斯坦，讨论美哈合作，以支持中亚及其他地区维护安全。会晤与访问向外界传递出同一信息——在安全方面美国与哈萨克斯坦之间互信不断增强。通过提高对哈萨克斯坦的重视，使哈方在认知层面认为自己在中亚安全事务中占据重要地位；但这一行为也在哈萨克斯坦认知层面种下了一粒种子：哈方的重要地位，在一定程度上是源自美国的承认。所以，哈方对此也做出了积极反馈。在与特朗普会晤结束后，纳扎尔巴耶夫总统发言：正如特朗普总统确认的那样，美国和哈萨克斯坦致力于共同努力支持包括阿富汗在内的地区安全的维护。

2. 美国政府机构

在政府机构方面，总统行政部门、国会和国会联邦法院是政府部门促进民主输出的三大主体。以总统为首的行政部门主要包括国务院、国防部、国际开发署、司法部、国家民主资助局、新闻部和其他众多美国外交政策相关部门。这些部门在美国对外政策中起着举足轻重的作用：直接或间接地与哈萨克斯坦打交道；通过影响地区经济形势来干预哈萨克斯坦的经济决策；还通过影响美国国内政治制度来调节其对与哈萨克斯坦有关事务的态度。

首先，有隶属于美国国务院、通过对哈萨克斯坦提供各种经济援助以“争取民心”的美国国际开发署驻哈萨克斯坦代表处。近年来，在该机构对中亚各国的援助中，对哈萨克斯坦的资金和项目援助远超其他中亚国家。主要体现在对哈萨克斯坦的经济发展与环境保护，医疗卫生、民主、人权与政府治理等领域的资金与项目援助上，借此夹带具有鲜明美国特色的认知信息。哈萨克斯坦在接受这些援助的同时，也为美国政府机构对哈萨克斯坦战略传播提供了机会。

其次，有与哈萨克斯坦政府、文化学术机构和非政府组织共同合作，推动美哈进行人员与信息交流的美国驻哈萨克斯坦大使馆公共事务处（文化处），主要工作是向哈萨克斯坦公众提供各种奖学金和交流项目。通过富布莱特项目、休伯特·汉弗莱奖学金项目、未来领袖交流项目、全球本科生交流项目、美国驻哈大使馆助学金项目等，针对哈萨克斯坦新一代年轻人，借助提供受教育的机会，展开战略传播。

此外，还有培养英语语言能力、学习美式文化的地区英语语言办公室，哈萨克斯坦美国角和文化中心，进行舆论传播的自由欧洲电台等，这些机构使用哈萨克语，通过广播和宣传具有倾向性的信息和观点，引导社会舆论，传播认知。

表2　美国政府机构层面对哈萨克斯坦战略传播主体统计

传播主体	基本情况	职能任务	重大事件	备注
美国国际开发署（驻哈萨克斯坦代表处）	隶属于美国国务院	主要负责向哈萨克斯坦提供经济援助；为非政府组织在哈行动提供资金	2014年，美国国际开发署向哈萨克斯坦和塔吉克斯坦拨款近700万美元，用于实施“有效管理”领域的项目；2022年美国国务院计划为哈萨克斯坦项目拨款150万美元；2012年，实施了一项为期3年的以中亚五国为目标的网络媒体支持计划，通过小额赠款和技术援助，改进其媒体立法	150万美元分为两个部分：一是美国国际开发署的80万美元赠款，从项目描述中可以看到，金额供4年使用，包括为旨在促进哈萨克斯坦人权改革的项目提供支持；二是美国国务院民主、人权与劳工局的项目，项目为期2年，赠款共计75万美元。项目将有助于保护哈萨克斯坦的集会自由，即举行集会、示威、抗议等权利

续表

传播主体	基本情况	职能任务	重大事件	备注
美国驻哈萨克斯坦大使馆公共事务处（文化处）	在哈境内六个城市分布有美国教育交流信息咨询中心	向哈萨克斯坦民众提供各种留学项目以及奖学金项目		
地区英语语言办公室	隶属于美国国务院教育文化局英语语言办公室	通过驻哈大使馆在哈国推行语言教育交流项目	英语访问计划为积极进取的经济弱势青少年提供英语语言技能学习机会	
哈萨克斯坦美国角和文化中心	托管在哈萨克斯坦当地图书馆	提供英语语言资源、英语会话俱乐部、美国教育信息、大型研究数据库、美国书籍、电影、游戏等等，练习英语并了解美国	分享经验并举办俱乐部和美国节日庆祝活动	
自由欧洲电台	由美国国会出资建立的广播和通讯电台组织，隶属于广播理事会	以 28 种语言，每周广播超过 1000 小时。电台对外宣称的办台宗旨是“通过广播事实、信息和观点提升民主价值观和制度”		

续表

传播主体	基本情况	职能任务	重大事件	备注
美国国防部			2002年向哈萨克斯坦提供800万美元用于购买军事技术，约180万美元用于赞助200名哈萨克斯坦士兵到美国学习	受援助国必须表达亲美立场与完全接受美国理念，才能获得援助

（二）非政府组织

据统计数据显示，截至2020年，哈萨克斯坦国内的非政府组织已达到22000多家，涉及经济、文化、环保、慈善、教育等领域，其中大部分是境外势力在哈萨克斯坦国内组建的。非政府组织相较于前两类主体有其自身独特的优势，在进行战略传播的过程中，由于独立于政府之外，其行动更加具有隐蔽性、灵活性和社会性。这些组织的分布与城市发展水平基本呈正相关，广泛分布在哈萨克斯坦国内的各个城市，能够准确地把握各地区的特殊性，展开有针对性的战略传播。

在中亚地区，非政府组织已成为美国“推进民主”战略的急先锋，通过组织论坛、网络参与、情报搜集、直接介入等手段，进行战略传播，培养大批亲美的反政府分子，以便投入到渗透行动中。他们较多地关注中亚各国的政治发展问题，呈现出积极推动中亚各国民主社会发展的表象。

在哈萨克斯坦，有由美国国务院、福特基金会、美国社会科学委员会等提供资金，以促进公民社会为目的的非营利组织——国际研究与交流委员会。下设社区解决方案项目、媒体可持续发展指数、新教育技术项目、个人高级研究机会项目、适龄青少年教育等各类项目。美国国家民主基金会官网显示，2020年在哈萨克斯坦的投入超过108万美元，比

2018 年翻了近一倍。在该组织资助的项目中，既有推进“民主选举”和“自由之翼”等活动，也有塑造哈萨克斯坦人特别是年轻人意识形态的“推动历史叙事”等活动。还有哈萨克斯坦美国角和文化中心（American Corners and Cultural Centers in Kazakhstan，ACCC），办公室分布设置在哈萨克斯坦的 12 个重要城市中，以办公室为中心展开活动，定期举办讨论会、辩论赛等，尤其是当发生重大社会事件时引导鼓励民众发声，[①] 扩大事件发展态势，以增强对哈萨克斯坦民众战略传播的力度。此外，欧亚基金会还在包括哈萨克斯坦在内的中亚五国发起了“独立媒体”（Independent Media）项目，目的是提高社会信息开放程度，扩大对哈萨克斯坦的传播渠道，因此美国这一行为被一些学者看作是“在为反对派记者发工资”[②]。美西方还资助非政府组织，以“促进法治”“预防极端主义”等名义与当地官民接触、合作，涉足哈萨克斯坦各行各业，极力兜售西式民主价值观，试图在当地民众心中埋下反抗斗争的种子。

表 3　美国非政府组织层面对哈萨克斯坦战略传播主体统计

传播主体	基本情况	职能任务	重大事件	备注
美国国家民主基金会	下设四个研究机构：全国国际民主事务学会、国际共和研究所、国际私有企业中心和美国国际劳工团结中心，资金来源主要是美国国会	被视为推行美国民主的战略工具	以推进民主和人权为幌子推动政权更迭，反对东欧和中亚的亲俄领导人，哈萨克斯坦获得超过 120 万美元	

① 杨恕、郭旭岗：《美国对哈萨克斯坦公共外交述评》，《俄罗斯东欧中亚研究》2015 年第 3 期，第 79—88、96 页。

② 杨恕、郭旭岗：《美国对哈萨克斯坦公共外交述评》，《俄罗斯东欧中亚研究》2015 年第 3 期，第 79—88、96 页。

续表

传播主体	基本情况	职能任务	重大事件	备注
国际研究和交流委员会	非营利组织，由美国国务院、福特基金会、美国社会科学委员会等提供资金	主要目的是促进公民社会等	自 2010 年，美国积极参加哈萨克斯坦互联网发展论坛；同年，美国对包括哈萨克斯坦在内三十多个国家的上百名年轻人进行网络技术培训	2011 年，美国发布《网络空间国际战略》；2012 年，美国针对中亚实施媒体支持计划，强调网络信息共享、改善和促进言论自由
欧亚基金会	1992 年由美国政府拨款 750 万美元建立，每年从美国国际开发署得到 2000—3000 万美元拨款	美国在苏联地区实施价值观渗透的重要机构	在包括哈在内的中亚五国发起了“独立媒体”（Independent Media）项目	美国政府背景，私人管理，项目数量众多，单个项目资助金额较小
美国角和文化中心	办公室分布设置在哈萨克斯坦 12 个重要城市中，以办公室为中心展开活动	提供英语语言资源、英语会话俱乐部、美国教育信息、大型研究数据库、美国书籍、电影、游戏等，帮助练习英语并了解美国	分享经验并举办俱乐部和美国节日庆祝活动	

（三）商业组织

商业组织独立于国家政府机构，以追求最高效益为目的，因其不具备官方背景，且遵循利益至上原则，使其在其他主权国家进行战略传播更具隐蔽性。无论是哪一个美国公司、美国企业，都不可避免地自带美国文化元素：产品自带美国文化元素，管理自带美国企业特色，在哈萨克斯坦投资设厂的过程中，美国等西方文化思想势必会对哈萨克斯坦当地员工，乃至整个社会的认知产生影响。此外，独立于政府机构并非与政府没有关系，各大公司和企业要通过美哈官方渠道才能在哈萨克斯坦立足经营，所以会在一定程度上受制于美国政府，当政府有需求时，商业组织不得不配合官方执行相关安排。

表 4　美国商业组织层面对哈萨克斯坦战略传播主体统计

传播主体	基本情况	职能任务	重大事件	备注
IBM 公司			IBM 公司和国际开发署合作，由该公司派遣志愿者与哈萨克斯坦高校的优秀学生合作，为阿斯塔纳的商业组织提供企业决策和战略规划等咨询服务	
谷歌			2017 年 12 月 16 日，在哈萨克斯坦共和国独立日，哈萨克斯坦主页换上了体现哈萨克斯坦特色的 logo，向全体哈萨克斯坦人表达善意	
脸书、优兔		即时通信、视频上传传播	通过软件传播 2022 年初暴乱现场场景，是紧张局势的主要推动者	

续表

传播主体	基本情况	职能任务	重大事件	备注
哈萨克斯坦最大的石油天然气公司 Tengiz – chevroil	美国雪佛龙公司（50%）、埃克森美孚公司（25%）、俄罗斯卢克石油公司（5%）、哈萨克斯坦 Kaz – Munai 公司（20%）		2021 年 10 月—12 月陆续裁掉约 100 名工人	此次暴乱发生地与裁撤地一致
哈萨克斯坦索罗斯基金会		基金会大部分初始资金旨在支持哈在共产党统治数十年后向新思维方式的挑战性过渡	1. 自 1996 年以来，哈有超过 50000 名儿童接受了学前班和小学班教育，这是由开放社会资助开发的以儿童为中心的课程 Step by Step 支持的； 2. 自 2005 年以来，对发展独立媒体的支持，包括资助 700 多名记者的培训； 3. 继续支持哈重要石油和天然气部门的透明度，包括当地非政府组织参与哈于 2005 年加入的采掘业透明度倡议； 4. 支持帮助政府制定了公开地方预算指数，该指数自 2011 年以来一直用于提高地区预算支出的透明度和问责制，以及更有效的地方一级公民参与； 5. 自 2011 年以来，启动了多项计划，以培养公共政策、公共财政透明度、人权和媒体保护领域的专家能力。如今，该基金会有 300 多名校友在全国各地工作	哈政治组织在 2020 年从基金会获得 380 万美元，该基金会以推进民主和人权为幌子推动政权更迭，反对东欧和中亚的亲俄领导人

四、冷战后美国对哈萨克斯坦战略传播的手段

从理论层面来讲，罗斯提出至少三种可以引起信念系统发生改变的主要手段，这些手段同样适用于战略传播，分别是：使信念不能获得证实、概念重建和内省或顿悟。美国在对哈萨克斯坦进行战略传播过程中，以其高层领导人、政府机构和非政府组织为主体，将上述三种理论手段实践化。通过知觉控制、“构造”现实、吸引注意、心理暗示、顺应心理、潜移默化等传播方式和手段，利用哈萨克斯坦国内受众者的选择性知觉、错觉、刻板印象、从众心理、思维固化、虚假记忆等认知偏差，在受众者认知框架内强化对美国有利的认知信息，干扰不利的认知信息，依据对方的心理倾向构建具有误导性的认知体系，以此达到美国对哈萨克斯坦战略传播的预期效果。

（一）通过大众媒体输出美式文化

美国长期以来一直积极向中亚地区灌输西方价值观和意识形态，支持媒体独立和信息自由一直是美国中亚政策的优先事项。相对于立法、行政、司法和军事等有形的、僵化的权力，大众传播权力具有更为灵活复杂的特点，并在精神层面有更加丰富的内涵。在互联网逐渐普及的背景下，哈萨克斯坦互联网政治化发展趋势明显，加之其本身固有的各种政治、社会问题，都为美国在哈萨克斯坦利用大众传媒传播认知提供了便利条件。

据统计，哈萨克斯坦近年来播放的影片共 1784 部，其中美国影片占 55.2%。哈萨克斯坦前总统纳扎尔巴耶夫曾提醒，民

众尤其是青年群体要警惕西方的无营养文化的传入，他强调，现代的、进步的、有教育意义的影片应是值得观赏的。但是，目前向我们传来的是西方的无营养文化。我们和他们生活在不同的生活环境里。

美国利用大众传媒无形的传播力，以柔性方式渗透哈萨克斯坦社会的每一个角落，改变人们的社会环境、生活方式、思维方式和价值观念，成为现代社会控制体系的重要组成部分，实现对人们思想行为的有效控制。

（二）通过网络社交引导公众舆论

网络技术的普及发展，拓宽了战略传播的途径，丰富了战略传播的形式。哈萨克斯坦的互联网政治化发展趋势明显。根据2017年全球数字报告，从2006年开始，中亚地区互联网普及率呈现快速增长态势，其中以哈萨克斯坦最为突出。2016年哈萨克斯坦的互联网普及率已经达到了70%以上，2016年底哈萨克斯坦移动互联网用户已达到600多万。美国拥有发达的网络技术，一大批互联网企业在美国的战略传播中发挥着重要作用。

2022年1月6日，俄罗斯空军运输机向哈萨克斯坦运送维和部队，协助托卡耶夫稳定国内秩序。美西方国家便借此利用网络，大肆宣传俄罗斯对哈萨克斯坦实施干涉，其后俄军完成任务，预计10天内撤出哈萨克斯坦时，再次炒作“俄军乘此机会进入哈国是为了加强对哈萨克斯坦的控制，因此不可能轻易撤出”。通过网络和社交媒体，制造社会恐俄、反俄情绪。

（三）通过交流项目影响精英阶层

社会精英是社会阶层中最有影响力的群体之一，普通大众的思想往往是精英舆论的追随者。社会精英的观点、想法、态度在一定程度上承担着塑造认知的功能，所以美国在对哈萨克斯坦的战略传播中，给予哈萨克斯坦的社会精英特别的关注。

首先是利用项目交流对政府政要和智囊团施加影响。他们受到非政府组织的战略传播，通过访问、谈话、交流和协助各种形式的行贿，以获得信息并施加影响，向他们灌输西方民主制度的优势，说服他们为建立民主做出积极贡献。对政府官员进行培训，使其成为“政治精英”，在国际社会中发挥影响力。向公众宣传国家政策，提高民众的参政意识和能力。除此之外，还通过开展各种活动施加影响，例如美国亚洲协会资助和推动了哈萨克斯坦总统之女达里加·纳扎尔巴耶娃领导的欧亚传媒论坛。

其次是利用项目资助培养政治精英。通过“全球本科生交流项目”“美国驻哈大使馆”“里根—法赛尔民主奖学金项目”“适龄青年教育项目”等向社会精英青年提供赴美留学、交流的机会，接受美式教育；还有通过在哈常年开展的“富布莱特项目”“未来领袖交流项目”等针对未来领袖的赴美留学项目和学位项目，让西方民主、西方情结渗透至教育全过程，使项目参与者变成亲西方的新生代政治精英。

最后是通过军事领域合作密切与军方的关系。美国希望在哈萨克斯坦安全部门中扶植亲美人员，削弱其执行力，最终使安全部门在美国有需要时，或是政局不稳时发挥出既定作用。因此，美国向独联体诸国提供了广泛的安全领域援助，包括资助独联体国家的军事和警察官员到美国学习，在独联体国家建立国际军事教育和培训基金，并积极参与独联体军队在北约框架内的重建工作。2002 年美国向哈萨克斯坦提供 800 万美元用于购买军事技术，约 180 万美元用于赞助 200 名哈萨克斯坦士兵到美国学习；2003 年赞助增至 300 万美元。然而，这种赞助并非是无条件的。如果要得到美国政府对援助国家的支持，受援助国必须表达出亲美立场并完全接受美国理念，才能获得援助。

（四）通过扶植培训塑造亲美政治势力

美国要从内部对哈萨克斯坦进行瓦解，因此扶持哈萨克斯坦国内反对派力量，利用哈萨克斯坦国内固有的社会经济问题，激化国内矛盾对立，并向其提供支援，从而塑造亲美政治势力。

从近几年看，西方势力在对哈萨克斯坦策动“颜色革命”的同时，似乎也没有停下扶植反对派力量的脚步。受其扶持、流亡海外的哈萨克斯坦反对派领导人阿布利亚佐夫 2022 年 1 月 7 日在社交平台公开承认，是其领导了此次哈萨克斯坦国内的大规模运动。阿布利亚佐夫还呼吁西方国家介入哈萨克斯坦当前事态，避免哈萨克斯坦彻底倒向俄罗斯。哈萨克斯坦国内具有较大影响力的 WikiBilim 网站（哈版维基百科）及其创始人劳安·肯热哈努里同样受到过开放社会研究所资助，他本人公开表达过“过于亲美”的立场。

欧洲安全与合作组织人权与民主法律委员会于 2001 年 7 月 23—28 日在哈萨克斯坦阿拉木图举办了“妇女在政治中的领导才能”特别培训班，其培训对象是哈萨克斯坦的非政府组织领导人。在此之前，这些非政府组织领导人已经为哈萨克斯坦各地的 2000 名妇女举办了 112 个小型培训班。① 这些培训班可以促进哈萨克斯坦的女性参

① 李付岩：《哈国妇女努力提高自身地位》，《中亚信息》2001 年第 9 期，第 25 页。

与政治，但其政治倾向和主张必然是西化和亲美的。

（五）通过经济援助促进西化改革

哈萨克斯坦独立之初，经济大幅下滑，外债不断累积，国内改革困难重重。在这种情况下，哈萨克斯坦在纳扎尔巴耶夫的领导下开始对国内经济进行改革，需要引入大量外资，以刺激本国经济发展。美国瞅准时机，对哈萨克斯坦进行经济和军事援助，同时进行经济渗透。根据汉斯·摩根索的国家利益理论，所有形式的对外援助，其本质都是政治性的。不论其外在表现如何，对外援助的主要目标，就是促进和保护本国的国家利益。

1993—2014 年，美国对哈萨克斯坦经济、军事援助总额达到 27 亿美元，是美国对中亚进行援助计划中占比最大的国家，占美国对中亚援助的 39%。据奥巴马政府的国会海外行动预算理由表述，对哈萨克斯坦援助的目的是维护哈萨克斯坦安全和民主，提高哈萨克斯坦市场化、法治化水平，使其成为地区领导者。这一明确定位极大地降低了哈萨克斯坦政府的戒心，资金与项目援助顺利进行。哈萨克斯坦逐渐在经济和军事领域对美依赖性增大，为美国进行战略传播提供了便利的基础条件。

五、结语

根据皮尤研究中心的一项调查，哈萨克斯坦国内 56% 的穆斯林对西方音乐、电影和电视节目感兴趣，在中亚五国中仅次于塔吉克斯坦（57%），在参与调查的 38 个穆斯林国家中高居前列；而在被问到“西方文化娱乐产业是否在一定程度上有伤风化”时，只有

50%的哈萨克斯坦穆斯林认同此观点，在中亚五国受访的穆斯林中比例最低，在参与调查的38个穆斯林国家也是处于较低水平。美国对哈萨克斯坦的公共外交在一定程度上削弱了俄罗斯文化对哈萨克斯坦的传统影响力，而以美国文化为代表的西方文化的影响力在哈萨克斯坦逐渐显现并将持续扩大。① 调查数据显示，美国是哈萨克斯坦大学生心目中最理想的留学圣地，调查对象中近43.8%的大学生想去美国留学，而想去俄罗斯的占比为7.4%。

表5 哈萨克斯坦大学生留学意向调查表

意向国	人数	比例
美国	147	43.8%
俄罗斯	25	7.4%
中国	46	13.7%
日本	43	12.7%
英国	52	15.5%
德国	13	3.9%
其他国家	10	3.0%
总计	336	100%

从战略传播目标来看，冷战后美国在战略传播过程中追求的反俄、亲美、民主化三个目标，均有不同程度的实现，与冷战结束初期相比，效果较为明显，但仍无法完全抵消俄罗斯地缘战略的传统优势。2022年2月以来，俄乌冲突成为美俄博弈的首要战场，但是两国仍将持续关注中亚地区，美国对哈萨克斯坦的战略传播也不会停止。2022年11月26日，在总统选举中以高票胜选的托卡耶夫宣誓就职，他在就职演讲中表示，俄罗斯、中国及中亚国家是哈萨克

① http：//www. pewforum. org/2013/04/30/the - worlds - muslims - religion - politics - society - science - and - popular - Culture.（上网时间：2022年11月16日）

斯坦外交的优先事项。未来，哈萨克斯坦国内也将长期存在亲美与亲俄、民族化与俄罗斯化、国内民主化与西方民主化之间的复杂矛盾。

第三章 “多向结盟”下的印度外交发展与走向

庞敬然

2022 年 8 月 15 日，印度总理莫迪在第 76 个独立日演说中提出，印度要在 25 年内成为发达国家。印度的“大国梦”在莫迪时代呈现出鲜明的特点，印度要做“全球领导者”的战略目标使得其外交政策越来越偏离不结盟外交传统，呈现出“多向结盟”的特点。2022 年，在俄乌冲突爆发和新冠病毒感染疫情持续的大背景下，印度外交环境持续向好。印度坚持“多向结盟”政策，继续加强与美国等西方国家的议题式结盟，深化“邻国优先”外交，开展与西方敌对国家的务实合作。此外，在多边外交方面，与西方国家开展经济和安全合作，强化发展中国家全球治理方面的共同立场。

一、加强与西方国家的议题式结盟

议题式结盟是国家间就某一议题推动共同利益的伙伴关系，其合作基础是共同利益，议题涵盖安全、政治和经贸等多个领域。[①] 莫迪政府通过与西方发达国家开展议题式结盟，重点在安全领域提升本国军事实力，在政治领域提高国际地位和国际影响力。

莫迪执政以来，印度与美国的合作深度、广度都有明显深化和扩大，甚至被国际社会认为已经超越“准同盟”关系。一方面，两国军事合作持续深化，军事演习日趋实战化。2022 年 3 月下旬，美国副国务卿纽兰访问印度，向印度承诺美国及其盟友可以提供印度所需的防务供应，帮助印度摆脱对俄罗斯的防务依赖。2022 年 4 月 11 日，印美两国在华盛顿举行外长和防长“2 +2”对话会，双方表示将在多个领域深化合作。在非盟友中，印度是与美国军事互动最频繁的国家。[②] 2022 年 8 月 8 日，第 13 届印美联合特种部队演习“霹雳 2022”在印度喜马偕尔邦举行，两国通过联合军事演习分享联合任务规划和作战战术等领域的做法和经验，并提高两国特种部队之间的互操作性。2022 年 11 月 29 日，两国在印度北阿坎德邦举行代号为“准备战争”的联合军演，主要演训高海拔和高寒条件下的协同作战能力。另一方面，两国高层互动频繁，双边关系不断提升。2022 年 4 月 11 日，印度总理莫迪和美国总统拜登举行视频会晤，双方承诺继续开展双边和多边合作，共同致力于在清洁能源、技术和军事合作方面加强两国关系。2022 年 8 月 4 日，在柬埔寨举行的东盟部长级会议期间，印度外长苏杰生会见美国国务卿布林肯，双方讨论了全球局势和不断加强的印美关系。2022 年 8 月 15 日，在

① 李莉：《从不结盟到“多向结盟”——印度对外战略的对冲性研究》，《世界经济与政治》2020 年第 12 期，第 84 页。

② 美印军演涉及各兵种，年均 50 余次，两国陆军之间有“准备战争”军演，空军之间有“对抗印度”和“红旗”军演，特种部队之间有“金刚—普拉哈尔”演习，海军之间有持续 20 年的“马拉巴尔”军演。钱峰：《中印不应掉进“地缘政治宿命论”》，环球网，2022 年 8 月 9 日，https://baijiahao.baidu.com/s?id=1740634001474709027&wfr=spider&for=pc。（上网时间：2022 年 11 月 20 日）

印度驻华盛顿大使馆举行的庆祝独立日招待会上，美国高级官员表示，印度驻华盛顿的国防随员小组被允许在没有陪同的情况下进入美国国防部。这是一种罕见的特权，美国仅给予亲密的合作伙伴。9月18—28日，印度外长苏杰生率团出席第77届联合国大会期间顺访美国，会晤美国务卿布林肯、防长奥斯汀、商务部长雷蒙多等政要。

印度加强与日澳在印太地区的合作。当前，印日合作呈现以安全防务为主，兼顾经济合作的特点。近年来，印日安全对话层级和联合军演的水平、规模都在不断提升。2022年9月8日，印日在东京举行“2+2”部长级会议，双方同意持续加强双边防务合作。为完善防务合作的顶层设计，两国同意建立“日本联合参谋本部和印度综合国防参谋部对话机制”。该参谋部对话机制的设立，表明两国合作机制的完善和合作模式的升级。9月11—17日，印度海军与日本海上自卫队在安达曼海至孟加拉湾举行第六届“JIMEX 22”海上军事演习。该演习始于2012年，已经延续了十年。本次演习双方进行了高水平的反潜战、武器发射和防空演习，加深和提升两国海军之间的相互理解和互操作性。在经济合作方面，日本持续开展对印投资。3月19日，莫迪总理与到访的日本首相岸田文雄举行会谈，日本计划今后5年内对印度投资5万亿日元，向印度提供3000亿日元政府开发援助贷款，并在能源等领域进行合作达成一致。[①] 印度还加强与澳大利亚的印太合作。2021年9月，印澳举行首次“2+2”部长级对话。2022年3月21日，印澳举行线上领袖峰会，宣布达成一揽子合作协议。澳大利亚将在矿产、清洁能源等多个领域对印度

① 《岸田与莫迪会谈后宣布对印投资5万亿日元，日媒：旨在留住接近俄方的印度》，中国经济网，2022年3月20日，https://baijiahao.baidu.com/s?id=1727783421809753940&wfr=spider&for=pc。（上网时间：2022年11月16日）

投资 2.8 亿澳元。[①] 4 月 2 日，印度和澳大利亚通过线上方式正式签署了一项谈了十余年的“历史性自贸协定”。2020 年印澳关系提升为全面战略伙伴关系后，两国一直践行伙伴关系承诺，双边关系不断深化。印澳自贸协定的签署进一步加强两国全面战略伙伴关系。6 月 22 日，印度国防部长辛格与澳大利亚副总理兼国防部长马尔斯举行了双边会谈，重申两国实施全面战略伙伴关系的承诺，加强防务演习和交流，推动印澳国防研究和装备合作联合工作组的建立。11 月 28 日，印度和澳大利亚在印度拉贾斯坦邦举行联合演习，演习有利于促进两军之间的了解，提高相互操作性，加强双边关系。

加强与欧洲大国的防务合作。印度深化与英国的国防合作。2022 年 4 月 21 日，英国首相约翰逊开始对印度进行为期两天的访问。两国同意扩大合作，建立新的国防和安全伙伴关系，使印度成为国防制造和联合生产军事硬件的技术转让中心。10 月 18 日，两国国防工业组织共同创建了一个新的国防工业联合工作组，以推动两国在防务领域进行更有效的合作。10 月 19 日，该工作组在印度举办的 2022 年国防博览会期间举行了首次会议。印度加强与法国的防务合作。2021 年 11 月，印度国家安全顾问与法国总统外事顾问进行会晤，法国表示愿与印度展开联合研究，帮助其在海陆空与网络安全领域开发最先进的军事技术。2021 年 12 月，两国国防部长在新德里举行第三届年度防务对话。双方讨论了国防产业合作、双边和区域问题，以及未来加强防务合作的方式。2022 年 8 月 16 日，印度总理莫迪与法国总统马克龙通话，两国领导人同意密切合作，应对全球粮食和能源安全方面的挑战，审议了国防合作项目和民用核能合作等双边倡议。9 月 13—15 日，在印法两国建交 75 周年之际，法国外

---

① 陆思佳：《澳印线上峰会宣布 2.8 亿澳元投资计划，莫迪依旧避谈俄乌局势》，观察者网，2022 年 3 月 22 日，https：//www.guancha.cn/internation/2022_03_22_631373.shtml。（上网时间：2022 年 11 月 16 日）

长科隆纳对印度进行为期 3 天的访问。双方就乌克兰危机的立场进行协调，并强调深化法国—印度战略伙伴关系的共同意愿。印度继续保持与德国的友好关系。2021 年 10 月 31 日，莫迪总理在 G20 峰会期间会见默克尔总理，两国领导人就继续推进双边关系达成一致意见，并重申保持两国密切战略伙伴关系的承诺。2022 年 5 月 2 日，莫迪总理访问德国，参加第六届印度—德国政府间磋商会议，在环保、氢气技术、移民等多项领域签署备忘录。12 月 5 日，德国外长贝尔伯克访问印度，希望两国进一步扩大合作，加速能源的绿色转型，尤其强调两国应在印太地区加强安全合作。此外，2022 年 5 月 2—5 日，莫迪访问德国、丹麦、法国，同三国领导人进行会晤，并出席第二届印度—北欧峰会。总体来看，印度和法国的合作更强调国防合作，两国重点提升军工共同开发、设计、制造水平，助力印度国防工业现代化。印度与德国的合作重点关注经贸合作，主要涉及自由贸易协定、投资保护协定等谈判，在高速铁路、节能技术方面开展合作。2022 年为印度与欧盟建交 60 周年，印度与欧洲地区组织欧盟的合作不断加深。4 月 25 日，欧盟委员会主席冯德莱恩访问印度，双方宣布成立欧盟—印度贸易和技术委员会，这是印度与别国成立的首个贸易和技术委员会，意在共同应对贸易、技术安全等领域的挑战，深化相关合作，标志着印欧加强战略伙伴关系“迈出关键一步”。

二、开展与俄罗斯的务实合作

在对立或者存在矛盾的国家或国家集团间左右逢源、两面下注是印度多向结盟政策的重要体现。面对 2022 年俄乌冲突，印度不愿在美俄两方之间搞选边站，保持了中立态度。但美国对印度的中立态度不满，对其不断施压，使印度的多向结盟政策面临严峻挑战。面对美国的施压，印度对俄罗斯立场不得不做出必要调整。

印度在加强与美国战略合作的同时，努力保持与俄罗斯的合作。2021 年 12 月，第 21 届印俄首脑峰会在新德里召开，两国首脑表示将在经济投资、疫情防治等领域加强合作，同时还发表了题为《印度—俄罗斯：和平、进步与繁荣伙伴关系》的联合声明。在 2022 年俄乌军事冲突中，美国屡次要求印度谴责“俄罗斯入侵乌克兰”并配合西方对俄罗斯实施的贸易制裁，但是印度始终保持模糊态度。印俄两国年内实现了外长互访。3 月 31 日—4 月 1 日，俄罗斯外交部长拉夫罗夫访问印度。这是自俄乌爆发军事冲突以来俄方出访印度的最高级别官员。拉夫罗夫称，美国压力不会影响俄印之间的伙伴关系，俄印将继续进行石油、军事装备和其他商品的贸易。① 11 月 7 日，印度外长苏杰生访问俄罗斯，这是自俄乌军事冲突爆发以来印度高级官员首次访问俄罗斯。苏杰生在新闻发布会上表示，印度将继续购买俄罗斯石油，两国还将扩大贸易关系。两国外长高度评价俄印在国际平台上的合作，讨论了联合生产现代化军备和进一步扩大两国贸易等军事和经济合作项目，双方还就联合利用北方航道和大陆架油田的工作交换了意见。

俄乌军事冲突爆发后，印度一直没有如美国所期待的那样，对俄罗斯给予谴责。为此，美国对印度多方施压。3 月 31 日，美国总统副国家安全顾问出访印度，并警告印度：任何试图规避或利用美国对俄罗斯制裁以获取利益的国家将承担相应后果。8 月 4 日，在东盟部长级会议期间，印度外交部长苏杰生会见美国国务卿布林肯，讨论了全球局势和不断加强的印美关系。9 月 7 日，美国国防部宣布

---

① 《俄外长：俄印已实施本国货币贸易支付机制》，新华社，2022 年 4 月 1 日，https：//view. inews. qq. com/a/90R9O6KST258H20O100。（上网时间：2022 年 11 月 20 日）

对巴基斯坦4.5亿美元军售，旨在维护巴基斯坦现有的F-16战斗机群。[①] 拜登政府时隔4年后决定取消对巴基斯坦战斗机的维护限令，意在对印度在俄乌军事冲突问题上对其施压。美国以支持巴基斯坦“反恐”为借口向其军售，这一表态相比2021年美副国务卿舍曼对美印、美巴关系的定位有所倒退。

面对美国的施压，印度也不时采取措施安抚美国的不满情绪。2022年3月24日，印度宣布对107种武器分批实施进口禁令；部分俄制武器和平台（包括T-90和T-72坦克、BMP-II步兵战车、战舰和潜艇以及反坦克导弹）的子系统和零部件都将禁止进口。[②] 8月26日，在联合国安理会举行的乌克兰问题视频电话会议的程序性投票中，印度在乌克兰问题上首次投出反对票，支持邀请泽连斯基通过视频在安理会发表讲话。9月18—28日，印度外长苏杰生率团出席第77届联合国大会期间顺访美国。苏杰生此访被视作弥合印美分歧的重要举措。但是，在苏杰生访美结束后第二天，美国首次对购买伊朗能源的印度企业实施制裁，且布林肯表示美国将“加速”此类惩罚性措施。9月15日，在撒马尔罕举行的上海合作组织峰会上，印度总理莫迪公开表达对俄罗斯的不满，他对普京说，“今天的时代不是战争的时代”。[③] 印度虽然没有就俄罗斯的行动正式表达立场，但在印度的声明中传达出越来越多反对俄罗斯的意见。可见，迫于美国的压力，印度的对俄言论和公开传递的信息有时不得不变得强硬，同时印度也在寻求缓解西方国家不满的做法。

---

① 《印度关注美巴军事合作》，《中国青年报》，2022年9月26日，https://baijiahao.baidu.com/s?id=1745000153485661407&wfr=spider&for=pc。（上网时间：2022年11月20日）

② 《美媒：印度正微妙地从俄罗斯转向西方》，搜狐网，2022年4月26日，https://mil.sohu.com/a/541418646_114911。（上网时间：2022年11月21日）

③ 《这是什么信号？印度：取消12月与俄罗斯的年度传统峰会》，网易新闻，2022年9月6日，https://www.163.com/dy/article/HO6CHVG00553BD4L.html。（上网时间：2022年11月21日）

三、强化对邻国的主导关系

邻国优先政策是莫迪外交政策的重要组成部分。由于疫情肆虐和俄乌冲突愈演愈烈，南亚国家国内政治进程被打乱，面临经济危机，社会动荡不安。印度试图通过对南亚邻国经济援助等方式稳固其在南亚地区的霸权，强化对邻国事务的主导。

印度援助阿富汗并积极参与涉阿多边对话。一方面，印度向阿富汗提供人道主义援助。2022 年 1 月 1 日，印度向阿富汗提供 50 万剂新冠病毒疫苗，并承诺接下来几周向阿富汗人民提供人道主义援助，包括粮食、100 万剂新冠病毒疫苗和药物。[①] 6 月 2 日，印度外交部联合秘书辛格率代表团访问阿富汗喀布尔，并会晤“阿塔外长”。这是印度外交代表团在阿富汗塔利班成立临时政府后首次访问阿富汗并与阿临时政府官员会晤。此访旨在监督印度向阿富汗提供人道主义援助的落实情况。访问期间，印度代表团参观印驻阿使馆房舍及其援建的基础设施。6 月 23 日，印度向位于喀布尔的印度使馆派遣一支技术团队，该团队将负责协调人道主义物资的运输工作。另一方面，印度积极参与涉阿多边谈话。2021 年 11 月，印度组织有关阿富汗地区安全对话。2022 年 5 月，印度官员与美国阿富汗问题特别代表以及阿富汗前首席执行官在新德里举行会谈。

印度通过经济合作和援助拉拢尼泊尔。印度和尼泊尔两国关系是印度“邻国优先”政策的支柱之一。2022 年 4 月 1 日，尼泊尔总理德乌帕开始对印度进行为期 3 天的正式访问。两国签署了加强在

---

① 《印度外交部：印方向阿富汗捐赠 50 万剂新冠疫苗》，《每日经济新闻》，2022 年 1 月 4 日，https：//cn. dailyeconomic. com/business/2022/01/04/59667. html。（上网时间：2022 年 11 月 21 日）

铁路、能源等领域合作的四项协议，并开通首条连接两国的客运铁路。5 月 16 日，印度总理莫迪访问尼泊尔蓝毗尼，同尼泊尔总理德乌帕共同参加卫塞节活动，并为尼泊尔佛教文化和遗产中心奠基。这是莫迪 2019 年连任以来首次访问尼泊尔。访问期间，莫迪表示，尼印关系如喜马拉雅山一样稳定，并签署六项合作谅解备忘录。7 月 3 日，印度向尼泊尔赠送救护车和校车，以维护两国之间“稳固而长期”的伙伴关系，并帮助尼泊尔加强医疗保健和教育等领域的基础设施建设。这一举措是印度政府在尼泊尔—印度发展伙伴关系计划下的一项长期传统，旨在加强尼泊尔政府在卫生和教育基础设施方面的能力。7 月 15 日，应印度人民党主席纳达邀请，尼泊尔前总理普拉昌达开始对印度进行为期 3 天的访问。普拉昌达与纳达和印度外交部长苏杰生讨论了减少贫困和从尼泊尔购买水电等双边问题。9 月 5 日，印度陆军参谋长潘德将军访问尼泊尔，在总统官邸会见尼泊尔总统。此次访问向尼泊尔陆军移交了军事援助，包括火炮装备、防雷车、医疗用品和马匹。

印度加强与孟加拉国的合作。2021 年 12 月 5—6 日，印度—孟加拉安全与边境管理联合工作组举行会议，讨论两国边界一定范围内的工程开发、非法越境、遏制叛乱、打击恐怖主义、有组织犯罪和走私等方面的合作。2021 年 12 月 6 日，莫迪总理访问孟加拉国。此次访问恰逢印度与孟加拉国建交 50 周年，双方决定将 12 月 6 日定为“友谊日”。印孟两国友好关系达到新高度。莫迪总理重申与孟加拉国协商落实长期悬而未决的蒂斯塔水资源共享协议，莫迪对孟加拉国持续释放友好信号。2022 年 9 月 5—8 日，孟加拉国总理哈西娜对印度进行国事访问。两国达成七项合作备忘录，涉及跨境水资源共享、基础设施建设、人文合作等领域。疫情暴发后时隔 3 年哈西娜再度访印，双方达成多项合作成果，被视为印孟关系“黄金时代”的又一里程碑。

印度通过经济援助拉拢斯里兰卡。受到新冠病毒感染疫情的影响，斯里兰卡经济受到重挫，向国际货币基金组织寻求帮助。2022年3月16日，莫迪总理会见斯里兰卡财务部长。印度同意向斯里兰卡提供10亿美元信贷额度，用于紧急购买食品、药品和燃料，以应对由严重债务和外汇短缺引发的经济危机。[①] 印度试图通过经济援助以换取斯里兰卡对印度在海事方面的支持。斯里兰卡政府与国际货币基金组织谈判破裂后，印度副国家安全顾问维克拉姆牵头涉及内阁秘书处、财政部、商务部、外交部、渔业、电力、民航、石油、新能源等部门的部际会议，探讨如何多部门协作深化印度与斯里兰卡的贸易和投资联系，具体内容包括开发斯里兰卡东北海岸的亭可马里港、投建电力项目、增加两国航班频率、开发渔业港口和恢复渡轮服务等。7月8日，印度储备银行同意斯里兰卡在亚洲清算联盟规定支付系统外，通过印度银行以任何可被允许的货币进行经常账户交易。8月15日，印度将一架多尼尔海上侦察机移交给斯里兰卡海军。这架飞机机组人员15名，由飞行员、观察员、工程人员和技术人员组成，这些人员已在印度接受了4个月的专门培训。

四、完善和构建小多边外交

自莫迪上台以来，印度“不结盟”外交色彩逐渐淡化，转向“领导型大国”外交。这种外交转型除了在大国关系中继续保持平衡外，印度更强调在多边外交中发挥作用，不断提升自身国际地位和影响力，构建负责任大国的外交形象，推动领导型外交的发展。具

① 《印度将向斯里兰卡提供10亿美元信贷额度》，光明网，2022年3月18日，https://m.gmw.cn/baijia/2022-03/18/1302852509.html。（上网时间：2022年11月21日）

体来说，在多边外交方面，印度完善和构建多个小多边外交机制，同时继续依托传统多边舞台发挥大国影响力。

美日印澳“四国机制”日益成熟。2022 年 2 月 11 日，美日印澳“四方安全对话”（QUAD）外长会在澳大利亚墨尔本举行，会议重点聚焦中国和俄罗斯。5 月 24 日，美日澳印四国领导人在日本召开第二次面对面的“四国机制”峰会。“四方安全对话”首脑会谈发表联合声明，涉及和平与稳定、新冠病毒感染疫情和全球健康安全、基础设施、气候变化、网络安全、空间和技术挑战等多个议题。此次峰会，四国不断开辟新的合作领域，同意从海上合作、公共产品供给、基础设施等领域加强合作。11 月 8 日，四国举行“马拉巴尔”联合演习。演习从日本以南海域向西延伸到菲律宾海；演习特别注重反潜训练，意图编织一张“空中反潜网”。

形成“新四方安全对话”机制。2021 年 10 月 18 日，印度、以色列、阿联酋外交部长及美国国务卿举行线上会议，就亚洲经济、政治合作、促进贸易以及海上安全等议题交换意见，国际社会称其为“新四方安全对话”（即“I2U2”，“I2”代表印度和以色列，“U2”代表美国和阿联酋）。“新四方安全对话”机制使印度能够扩大其在世界舞台上的作用，更深入地参与中东事务，同时加强与美国的合作。2022 年 7 月 14 日，印度总理莫迪与美国总统拜登、以色列总理拉皮德和阿联酋总统阿勒纳哈扬一起参加四国会议“I2U2”的首次线上峰会。四个国家将在水、能源、交通、空间、健康和粮食安全六个领域进行投资和合作，通过动员本国私营部门的资本和专业知识，帮助四国实现基础设施和低碳发展途径的现代化，改善公共卫生，并促进关键、新兴和绿色技术的发展。从 2021 年的外长会到 2022 年的领导人峰会，“I2U2”会议级别升级，逐渐向机制化方向发展。四国从首次外长会晤到本次领导人峰会仅隔半年，表明四国对地区合作意愿强烈。尽管“I2U2”被视为“西亚 QUAD”，但与“QUAD”最大的不同在于合作领域的不同，“I2U2”主要关注地缘经济等非安全领域合作。

有选择参与小多边经济合作。2022 年 5 月 23 日，拜登在访问日本期间宣布正式启动“印太经济框架”。澳大利亚、日本、印度是“印太经济框架”创始成员国，四国在今后 5 年期间向印太地区进一步提供约 500 亿美元以上的援助与投资达成一致，还确认将支援面临债务问题的发展中国家。[①] 9 月 8—9 日，“印太经济框架”首轮面对面部长级会议在洛杉矶举行。该框架协议涉及 4 个领域的谈判，即贸易、供应链、绿色经济和公平经济，但印度宣布暂时退出该框架四大支柱之一贸易领域的谈判。印度商工部长直言：“该框架的轮廓，特别是在环境、劳工、数字贸易和公共采购方面所需的任何承诺，是各国尚未达成更广泛共识的某些领域。”并坦言“我们还没有看到各国将（从贸易支柱的各个方面）获得什么好处，以及在环境等方面（施加）的任何条件是否可能歧视发展中国家”[②]。

利用全球和地区多边舞台发挥大国影响力。一方面，印度利用全球多边舞台发挥大国影响力。联合国一直是印度发挥大国影响力的重要平台。2022 年 9 月 25 日，印度外长苏杰生在联大一般性辩论上再度呼吁以安理会改革为核心，践行“改革的多边主义”。苏杰生表示，当前安理会已“不合时宜且效率低下”。作为南方国家的代表，印度已做好承担更大责任的准备。11 月 6—18 日，印度环境、森林与气候变化部部长率团出席在埃及举行的《联合国气候变化框架公约》第二十七次缔约方大会。在峰会前夕，印度主动提高本国

---

① 《日美澳印“四边机制”：就今后 5 年支援“印太”500 亿美元达成一致》，新浪网，2022 年 5 月 24 日，https：//cj. sina. com. cn/articles/view/5182171545/134e1a99902001c41i。（上网时间：2022 年 11 月 22 日）

② 《直言“看不到好处”，印度暂时退出“印太经济框架”贸易领域谈判》，观察者网，2022 年 9 月 11 日，https：//baijiahao. baidu. com/s? id = 1743670980895215649&wfr = spider&for = pc。（上网时间：2022 年 11 月 22 日）

自主贡献减排目标，积极主动承担减排责任。在本届大会上，印度重点推动发达国家在气候资金和技术转让方面采取行动，以帮助发展中国家应对气候变化。印度还通过全球大国峰会平台发挥影响力。6月26—27日，印度总理莫迪应邀赴德国出席G7峰会相关活动，并同印尼、德国、南非、加拿大等国领导人及欧盟主席举行双边会晤。11月15—16日，印度总理莫迪赴印尼巴厘岛参加主题为“共同复苏、强劲复苏”的G20峰会。印度积极参与全球各种多边会议，彰显负责任大国的形象。另一方面，印度利用地区组织发挥大国影响力。2022年6月21日，印度宣布应中国国家主席邀请，莫迪总理出席金砖国家年度峰会。作为“印太战略”的一部分，6月15—17日，印度举行印度—东盟外长会晤，以扩大其与东南亚的联系。这是印度首次接待来自东南亚国家的10位外长，也恰逢印度与东盟伙伴关系30周年以及印度与东盟战略伙伴关系10周年之际。此次会议提供了一个平台，讨论在东京宣布的“印太经济框架”，以及互联互通、投资、供应链和海上安全等问题。印度—东盟伙伴关系的三个潜在领域是卫生安全、数字经济和绿色可持续发展。11月12—13日，印度副总统率团出席在金边举行的第17届东盟—印度峰会，双方发表声明，将双边关系提升为全面战略合作伙伴关系，并在多个领域开展务实合作。

五、结语

可以预见，在很长一段时期印度将延续多向结盟政策。因为这种政策使印度可以根据不同对象国和本国利益的契合度来有选择地进行合作，印度有很大的政策选择空间。印度莫迪政府在与美国加强防务关系、定期举行联合军演的同时，维持与俄罗斯军备合作、定期举行两国军事对话。但是，印度的这种多向结盟政策未来走向面临不确定性。因为国际局势的变化将影响印度多向结盟政策的施展空间。印度在此次俄乌冲突中采取模糊处理策略就暴露出多向结盟政策的短板。随着俄乌冲突的持久化和美俄间矛盾的加深，印度莫迪政府在美俄间对冲的空间正在不断被压缩。印度需要应对美国的外交攻势，在美俄间两边下注的难度增大。因此，印度将延续多向结盟政策，但政策的未来走向仍存在不确定性。

第四章　从首相再次更迭看日本的政治生态环境

刘青梅

一、序言

2020 年 8 月底，安倍晋三宣布因健康原因辞去首相一职，“安倍时代”落下帷幕，菅义伟作为“后安倍时代”的第一位日本首相，上位之初便布满悬念，在短暂的执政期中应对疫情不力，加之系列事件导致政治信誉受损，因而执政一年便宣告结束。2021 年 9 月，经过激烈的总裁选举战，出身“宏池派”的岸田文雄胜选。2022 年 7 月 8 日，日本前首相安倍晋三遇刺身亡，给日本政坛带来一定变数。

二、日本首相再次更迭

（一）菅内阁因应对不利导致仓促收场

2020 年 9 月 16 日，菅义伟接替安倍晋三执政，成为日本第 99

届首相，开启了日本政坛上菅义伟内阁执政的新时期。由于此前的安倍晋三首相创下日本宪政史上执政时间最长的纪录，接替而来的菅义伟能否也会延续安倍的运势，顺理成章地成为又一个长期执政的政权，是日本国内及世界范围内关注的焦点。

1. 抗疫策略的败北

2021 年 1 月 7 日，为应对急剧扩散的新冠病毒感染疫情，日本政府决定启动 2020 年春以来的第二次紧急事态宣言，初始地区为东京都、埼玉县、千叶县、神奈川县，1 月 14 日起，将栃木县、岐阜县、爱知县、京都府、大阪府、兵库县、福冈县纳入紧急事态范围，同时延长原定结束日期，至 3 月 7 日。同时，为实现就职演说中的承诺，自 2021 年 2 月 17 日起，日本政府率先为全国 4 万名医护人员进行接种疫苗，并要求其中的 2 万人记录健康状况；医护人员接种的是美国辉瑞公司和德国生物新技术公司联合研发的新冠病毒疫苗。由于日本本土疫苗研发进度缓慢，接种进程不得不受制于人。内阁府公布的数据显示，政府已和美国辉瑞、英国阿斯利康和美国莫德纳公司签订合同，共订购 3.14 亿剂疫苗。[①] 但与此同时，欧美各国疫情发展状况并未有明显缓解的迹象，所以日本政府不得不与世界各国展开有限疫苗争夺战。2021 年 4 月，菅义伟首相访问美国期间，亲自打电话给辉瑞公司总裁，以期得到确保为日本提供足够疫苗的承诺，辉瑞公司答应为日本增加 5000 万剂的疫苗。[②] 但即便如此，在疫苗受制于人的前提下，日本的疫苗接种率不仅在 G7 国家中排名垫底，而且远不能满足 2021 年 4 月上旬开始的由德尔塔病毒造成的

---

① 「新型コロナ　ワクチン先行接種始まる 医療従事者 約 4 万人対象」、NHKニュース、2021 年 2 月 17 日、https：//www3. nhk. or. jp/news/html/20210217/k10012871711000. html。（上网时间：2022 年 2 月 17 日）

② 「菅とコロナワクチンに賭けた菅の決意」、NHK 政治マガジン、2022 年 1 月 19 日、https：//www. nhk. or. jp/politics/articles/feature/75817. html。（上网时间：2022 年 8 月 19 日）

第四波疫情状态。变异毒株的不确定性、加之疫苗接种进程缓慢，使得民众对举办奥运会的疑虑进一步上升。2021 年 4 月 17—18 日，《产经新闻》和富士新闻网（FNN）做了联合民意调查，结果显示，74.1% 的受访者表示“不可避免地要取消奥运会和残奥会”①。但奥运会和残奥会已被推迟至 2021 年夏，如不能正常举办，菅义伟内阁不仅会面临“失信”的风险，而且还会影响到奥运会结束后解散众议院举行大选的计划，所以属于箭在弦上，不得不发的事态。奥运会结束后，德尔塔病毒毒性未减，6 月下旬开始的第五波疫情席卷日本。8 月 20 日，该轮疫情出现峰值，单日新增 25851 例，直到 9 月下旬才有减缓的趋势。②

2. 政治丑闻造成冲击

继 2020 年 10 月 1 日开始的“日本学术会议”事件后，菅义伟内阁再次受到丑闻冲击。2021 年 2 月 4 日，根据《周刊文春》的报道，菅义伟首相的长子菅正刚担任高管的日本东北新社公司（电影制作公司）被指从 2016 年起，涉嫌数次招待总务省的官员。至事发的 5 年间，总务省的 13 名官员接受了东北新社的 39 次宴请，涉案总额将近 60 万日元（约合 3.68 万元人民币），菅正刚参加了其中的 21 次。除了聚餐费用，东北新社还赠送官员出租车券和土特产等物品，进行了小额行贿的事实活动。③ 这一新闻之所以受到日本媒体和民众的密切关注，是因为官商勾结现象极易引发民众对政治产生不信任感。2 月 12 日，东北新社就此次“接待门”事件成立了特别调

---

① 周永生：《影响菅义伟长期执政的因素》，《日本问题研究》2021 年第 3 期，第 1 页。

② 「新型コロナ第 5 波を振り返って　過去最多感染者数と低下した致死率　今後取るべき対策は?」、YaHoo JAPAN、2021 年 9 页 30 日、https：//news.yahoo.co.jp/byline/kutsunasatoshi/20210930－00259117。（上网时间：2022 年 3 月 30 日）

③ 「東北新社の電波利権、菅首相の天領・総務省との癒着」、福岡の経済メディア、2021 年 4 月 4 日、https：//www.data－max.co.jp/article/41010。（上网时间：2022 年 4 月 5 日）

查委员会；2 月 26 日，将调查和处理结果公布于众：社长二宫清隆因对该事件负有直接责任引咎辞职，菅正刚受到公司的惩戒处分并被调至人事部，公司发表致歉声明。与此同时，总务省根据日本《国家公务员伦理规定》，对涉及事件的 13 名公务员中的 11 人做出了不同程度处分的决定。虽然在 26 日当天，菅义伟首相声称对该事件毫不知情，但这一事件无疑对首相的形象造成负面影响。另据日媒报道，菅义伟首相和东北新社创始人都是秋田县人，有着近 20 年的交情。2006 年，菅义伟首次进入内阁担任总务大臣时，时年 25 岁的菅正刚出任首席秘书的政务秘书，之后辞职到东北新社任职。

3. 民调和地方选举双双失利

在 2021 年 1 月—3 月实行的第二次紧急事态宣言在一定程度上遏制住了疫情的蔓延，这暂时稳住了菅义伟内阁在民意调查中的支持率；但随即而来的德尔塔病毒极具传染性，使日本出现了第四次和第五次疫情。东京奥运会和残奥会结束后，日本广播协会的舆论调查结果显示，菅内阁的支持率环比下降 4 个百分点，为 29%，这是新内阁启动以来的最低值。①

2021 年，菅义伟首相率领自民党进行了不同层面选举的“苦斗”，但都效果不佳。2021 年 4 月 25 日，日本迎来了菅义伟首相上台后的首次国家层面的选举。在国会参众两院 3 个席位的补选和重选中，自民党全面告负。此次涉及的 3 个席位中，众议院北海道 2 区的议员原为前农林水产大臣吉川贵盛，因被爆在担任农林水产大臣期间先后 3 次收取总计 500 万日元（约合人民币 32 万元）的资金而陷入受贿疑云，于 2020 年年底辞职。在该席位的补选中，自民党

---

① 「内閣支持率」、NHK 選挙 WEB、2021 年 8 月 10 日、https：//www. nhk. or. jp/senkyo/shijiritsu/archive/2021_08. html。（上网时间：2022 年 8 月 10 日）

早早宣布“不战而败”，并没有推选候选人。在野党立宪民主党的松木谦公获得国民民主党、社会民主党的联合推荐以及日本共产党的支持而当选。参议院长野选区的席位由立宪民主党推举的候选人羽田次郎战胜自民党新人小松裕成功当选；被誉为“保守派地盘”的广岛选区席位则落在了在野党联盟共同推举的候选人宫口治子手中。7 月 4 日，日本举行了东京都议会选举，这被认为秋季众议院选举的前哨站，涉及席位共计 127 个。自民党虽跃居东京都议会的第一大党，但在国会中占多数的自公联合没有获得半数以上的席位。

8 月 22 日，日本神奈川县横滨市举行了市长选举投票。投票结果显示，日本最大在野党——立宪民主党候选人、横滨市立大学前教授山中竹春获得超过 50 万张选票，成为新任横滨市长；首相菅义伟支持的候选人、前国家公安委员长小此木八郎获得 32.5 万张选票，惨遭败北。[①] 1996 年，菅义伟在横滨选取的选举中获胜，开启国会议员之旅，横滨市被认为是菅义伟首相的“政治地盘”。因此，这一失利被视作菅义伟首相正在失去党内凝聚力的象征性事件，同时也让自民党内对菅首相能否率领该党取得 10 月份举行的众议院大选失去信心。菅义伟首相在党内的基础摇摇欲坠。2021 年 9 月 3 日，菅义伟宣布放弃参选自民党总裁。

（二）自民党派系政治在政权更迭中的影响

自菅义伟首相宣布放弃参选新一届自民党总裁选举，该党随即宣布于 9 月 29 日举行新一届总裁选举。与安倍晋三第二次当选为日本首相的 2012 年 9 月相似，2021 年自民党总裁选举是一场参选人数

① 「横浜市長選」、NHK 選挙 WEB、2021 年 8 月 8 日、https：//www.nhk.or.jp/senkyo/database/local/yokohama/17137/skh49787.html。（上网时间：2021 年 8 月 22 日）

多、竞争激烈的混战。9 月 17 日是总裁选举告示日，9 月 29 日是投开票日，选举运动周期共计 12 天。各候选人要在短短的 12 天内宣传自己的政治主张，组建竞选部门。自混战开启，先后宣布参加竞选的候选人共有 4 位，分别是前外务大臣岸田文雄、前总务大臣高市早苗、时任规制改革担当大臣河野太郎和干事长代理人野田圣子。此前，日本媒体和政界人士普遍认为，新一届总裁选举将会在菅义伟和岸田文雄展开；菅义伟宣布弃选后，形势为之一变，展开激烈竞争的将会是岸田文雄、河野太郎与高市早苗。高市早苗本不具有强烈的存在感，但在 9 月 4 日，获得了前首相安倍晋三的公开力挺，安倍称高市早苗拥有“强烈的国家观和坚定的决断力”①。从派系政治角度看，安倍晋三自 2020 年起成为自民党内“清和政策研究会”（细田派）的会长，高市早苗虽然是无所属派系的候选人，但一直被认为与安倍的关系密切。

能否在自民党总裁选中胜选，取决于两大部分的投票人：一是国会议员票，二是党员党友票，分别为 382 票，共计 764 张，获得半数者（383 票）当选。如果在第一轮投票没有候选人获得半数，那么会进入第二轮投票，投票者为 382 名国会议员和 47 名都道府县支部代表。从投票者构成可以看出，如果哪位候选人能获得国会议员的绝对支持，那么胜选的可能性极大。在民调中人气较高者一般会在第一轮投票中获得党员党友票的支持，而国会议员的选票则与复杂的人际关系与派系政治密切相关。与 2020 年 9 月总裁选举相似的是，民意呼声最高者往往拥有较多的党员党友票，2020 年拥有极高人气的是时任“水月会”会长的石破茂，2021 年 9 月的选举中，符合这一特点的候选人是河野太郎。总裁选举前，各大媒体纷纷发

---

① 「安倍晋三氏、高市早苗支持表明」、サンスポニュース、2021 年 9 月 16 日、https：//www. sanspo. com/article/20210916 – MINUK6XPGJNORLEJTTTJHLYKBA/。（上网时间：2022 年 9 月 22 日）

起舆论调查，9 月 4 日和 5 日，日本新闻网（JNN）和《读卖新闻》社联合做出的调查显示，河野太郎的支持率为 23%，岸田文雄为 12%，高市早苗仅为 3%。[①] 9 月 18—19 日，全日本新闻网所做的调查显示，河野太郎的支持率高达 53%；《产经新闻》社于同日所做的调查显示，河野太郎的支持率依然处于首位，为 52.6%。[②] 但岸田文雄的优势在于能争取到更多的国会议员票，这体现了日本派系政治的特点。岸田文雄是目前自民党内“岸田派”的代表人物，属于党内的保守本源派系，源自“池田派”，为“宏池会”现任会长。作为日本皇室背景和贵族出身的政治家集团，宏池会系扮演着“名门”与普通人之间润滑剂的角色；[③] 高市早苗则与党内保守旁系的鹰派代表“清河政策研究会”关系密切。

9 月 28 日，党员党友票结果出炉；29 日下午 1 点起，国会议员投票启动，3 点公布结果。在 762 张有效选票中，第一轮的投票结果是：岸田文雄稍稍领先，获得国会议员票 146 张，党员党友票 110 张，共计 256 张；河野太郎获得国会议员票 86 张，党员党友票 169 张，共计 255 张。[④] 由于两人均未超过半数，所以进入第二轮投票环节。在第二轮投票中，国会议员的票数占绝对多数，高市早苗在第一轮结果出炉后，其支持者在第二轮中转投岸田文雄，这使得岸田文雄的优势更为明显，其结果是岸田文雄以 257 票对 170 票大胜河野太郎。

---

① 「次のリーダーは誰？総裁選で世論調査とネットの声が乖離のワケ」、日テレNEWS、2021 年 9 月 27 日、https：//news. yahoo. co. jp/articles/9c5e5721d6f534f411f6bfd0a3d736c895ca0f9d。（上网时间：2022 年 9 月 29 日）

② 「総裁選挙　各社世論調査（2）9 月 18 日－19 日　円グラフで表示」、Nの広場、2021 年 9 月 26 日、https：//nhiroba. com/4369/.（上网时间：2022 年 9 月 29 日）

③ 黄冠：《日本派阀政治演化与社会影响》，《日本问题研究》2021 年第 2 期，第 2 页。

④ 「自民党総裁選 1 位　岸田氏と 2 位 河野氏の 2 人で決選投票へ」、NHKニュース、2021 年 9 月 29 日、https：//www3. nhk. or. jp/news/html/20210929/k10013282091000. html？utm_int = all_side_ranking－access_004。（上网时间：2022 年 3 月 29 日）

（三）岸田文雄在众参两院大选中连续过关

2021 年 10 月 8 日，日本新任首相岸田文雄，在第 205 届国会上发表就职演说，表明将全力推动三项重点政策。岸田文雄宣称，首先，推进全面的防疫举措是新政府的“最紧迫、最优先的课题”；其次，摆脱通胀紧缩状态，努力推进大胆的金融政策、灵活的财政政策，在此基础上，努力“实现新型资本主义”，核心是实现“成长与分配的良性循环”；再次，是构筑“坚决守护国民的外交和安全保障”。[①] 与菅义伟的就职演说相比，岸田新首相推出的策略既有明显继承安倍路线的一面，又有新的增长点。加之新首相就任时，日本疫情大幅缓解，日增数百人，如 10 月 22 日，东京都新增 26 人，为 2021 年度最低，这有效降低了选民心中的怒气。虽然在野党在 4 月份的两院选举中，连续夺得 3 个席位，但在秋季开始的众议院各大选区正式选举中依然战绩不佳，在全国 27 个选区中，在野党联盟失去了 22 个选举的议席。

值得注意的是，10 月 30 日举行的众议院选举中，虽然前去投票的民众人数为二战后倒数第三，为 55.93%；但在年轻选民中，自民党最受青睐。此次选举为众议院四年一度的大选，也是令和时代第一次众议院选举，涉及众议院全部 465 个席位。就这一意义而言，此次选举是岸田新首相上任后的第一次大考。

11 月 1 日，选举结果揭晓。自民党夺得 261 个席位，自公联盟获得绝对稳定席位数量，合计 293 个席位；最大在野党立宪民主党仅获 96 席。[②] 在野党联盟此前计划的“野党共斗”大败，原因有

---

① 「第 205 回国会における岸田文雄内閣総理大臣所信表明演説」、岸田文雄公式サイト、2021 年 10 月 8 日、https：//kishida. gr. jp/activity/7868。（上网时间：2021 年 10 月 10 日）

② 「衆議院選挙　岸田首相『大きなこと』　立民福山氏『執行部に責任』」、NHKニュース、2021 年 11 月 1 日、https：//www. nhk. or. jp/politics/articles/statement/71161. html。（上网时间：2022 年 10 月 15 日）

三：一是民众业已习惯长期执政的自民党政权，认为其执政经验丰富，政策相对稳定且可靠；二是公明党与自民党固定结盟已超过20年，且政策宣传主要面向妇女和儿童，可以争取到多数温和派选民的投票；三是在野党联盟在选战中推出的试行政策条款虽多达20余条，但实现程度较低，如面向LGBT群体制定的政策，争取到的是少数群体，再比如环保问题，属于老生常谈的内容。

在众议院选举中，最大亮点莫过于日本维新会的崛起，席位从选举前的11席增至41席，一跃成为众议院第三大党。该党成立于2015年，属于新进政党，带有浓厚的右翼民粹主义色彩。日本维新会的前身是大阪维新会，主要活动地盘在大阪，党代表是松井一郎，现任大阪市长；副代表之一是吉村洋文，现任大阪府知事。一般而言，在社会危机发生时，一些倡导新自由主义和民粹主义的右翼政党会趁机抬头，正如目前西欧右翼民粹主义成为欧洲政治图景中的重要特征。右翼民粹主义政党在进行政治动员时，往往会把自己描绘成一种与主流政党和精英完全不同的形象。[①] 大阪知事吉村洋文是日本的明星政客，以年轻的面孔与果断且与众不同的行动力吸引了大批民众的目光。新冠病毒感染疫情发生以来，吉村知事先后采取了以下措施控制疫情，包括创造独特的“大阪统计指标”、向能有效控制疫情的饮食店颁发金质标签以便能够正常营业、设立“战地医院”、提出较为激进的经济政策等。[②] 借此口号和行动，日本维新会收获了中间阵营的选民和因疫情陷入困顿的选民的选票。从表面上看，日本维新会实行的路线明显激进，但实则与自民党立场相近，正如日本共产党书记局局长小池晃在记者会上所言：“日本维新会是

---

① 玄理：《新冠肺炎疫情背景下西欧右翼民粹主义政党的动员策略与未来走向探析》，《当代世界与社会主义》2021年第2期，第136页。

② 「維新15勝　自民党0勝の衝撃」、NHKニュース、2021年11月17日、https：//www.nhk.or.jp/politics/articles/feature/72091.html。（上网时间：2022年3月30日）

自民党的补充势力，是一支凶恶的特别机动队，两党在试图修改日本和平宪法第九条方面不谋而合。”① 随着众议院选举结果的出炉，正式宣告“野党共斗”的失败，以及新势力的崛起。朝野局面向着有利于岸田新政府的方向发展。

2021 年年末至 2022 年年初，随着年终岁尾活动的增多，人员流动频繁，2022 年 1 月，日本迎来第六波疫情，此次疫情始于冲绳的美军基地，1 月 6 日，冲绳一地单日新增 981 人。1 月 9 日，政府开始在冲绳、山口、广岛三地实行“防止蔓延等重点措施”，这是首相岸田文雄上任后，首次实行该防疫措施。但由于奥密克戎毒株传染性极强，1 月 18 日，日本全国感染人数突破 3 万人，当天，日本政府决定追加东京都、神奈川县、爱知县等 13 个都县实施“防止蔓延等重点措施”，这是日本宣布紧急事态宣言的前一阶段，② 其目的是在发布宣言之前控制住疫情。2 月 3 日，日本全国单日新增 10.4472 万人，首次突破 10 万人大关，达到该轮疫情的峰值。3 月 21 日，日本宣布正式解除“重点措施”实施地区。

2022 年 5 月 9 日，日本广播协会的民意调查显示，岸田内阁的支持率为 55%，与内阁启动时的支持率持平，虽然第六波疫情席卷日本，但依然可以显示出日本民众对新内阁的态度。6 月 22 日，日本参议院选举发布公告，定于 7 月 10 日进行投票，为期 18 天的选战正式拉开帷幕。这是岸田内阁 2021 年上任后的首次全国性大选，被视为岸田内阁的“期中考”。在全球通胀飙升、俄乌冲突持续的背景下，物价上涨和安全外交政策成为日本选民关心的重点。

2022 年 7 月 8 日上午 11 时许，前首相安倍晋三在奈良市街头助

---

① 「日本共産党　小池晃書記局長 定例会見」、日刊 IWJ、2021 年 11 月 8 日、https://iwj.co.jp/wj/open/archives/499210。（上网时间：2022 年 4 月 2 日）

② 「新型コロナ『緊急事態宣言』と『まん延防止等重点措置』の違いは?」、Yahooニュース、2022 年 1 月 6 日、https://news.yahoo.co.jp/articles/b715887c4e841f51665fabe4926c7b9f57b9a90c。（上网时间：2022 年 5 月 6 日）

选演讲时遭遇枪击，后不治身亡，震动日本海内外。日本首相岸田文雄闻讯后取消当天的演讲，从山形县乘坐直升机返回东京，在回答记者提问时，岸田首相表示："目前还没切实掌握罪犯犯罪的真实动机，但在象征着民主主义的选举演讲中，发生如此卑劣的野蛮行径，我表示强烈愤慨。"同时表示当前以挽救前首相的生命为先，尚未触及到今后政局形势的问题。[①] 政治人物在进行活动时遭遇袭击，在日本并非首次。1992 年，时任自民党副总裁的金丸信在枥木县发表街头演讲时，遭到一名右翼团体男子的枪击；1994 年，日本前首相细川护熙在东京新宿区的宾馆处，遭到一名右翼团体男子的射击，上述两起事件均未造成政治人物的伤亡。2002 年，民主党议员石井纮基在自家门口准备乘车外出时，被一名可疑男子用长刃刺伤，在被送到医院时心肺功能已经停止，终因抢救无效死亡。2007 年 4 月 17 日，伊藤一长结束市长竞选活动后回到长崎市中央车站附近的竞选事务所，刚走下竞选车，便被一名持枪男子从背后击中两枪，扑倒在地，随后被送往医院，经抢救无效死亡。可见，政客遭遇袭击的事件虽非首次，但屈指可数，造成政客死亡的事件更为罕见，所以此次安倍遇袭，日本媒体称该事件"史无前例"。

安倍晋三是日本宪政史上执政时间最长的首相，为 8 年零 8 个月；2020 年 9 月卸任后，依然在日本政坛和社会保持较高的存在感。2021 年 11 月 11 日，安倍晋三正式就任自民党内最大派系"细川派"（清和政策研究会）的会长，派系名称也由此改为"安倍派"，派系人数为 93 人，每 8 名国会议员中有 1 人是"安倍派"成员。安倍去世后，"安倍派"处于群龙无首的状态。经过紧急磋商，7 月 13 日，该派系决定不设新领导，改为由原总务会长盐谷立等 7 人形成

---

① 「安倍元首相銃撃で岸田首相『卑劣な蛮行 決して許せない』」、NHKニュース、2022 年 7 月 8 日、https：//www3. nhk. or. jp/news/html/20220708/k10013708041000. html。（上网时间：2022 年 8 月 3 日）

集体领导体制。安倍去世后的初期阶段，对日本政坛的影响尚未显现，但未来势必会对自民党内的实力分配和日本政坛运营的方式产生重大影响。

虽然日本社会及民众对安倍八年任期内取得政绩评价不一，但安倍遇袭是在参议院选举备战期间，所以民众会产生对自民党的同情票。继7月9日，日本各党党首在街头发表最后演讲后，10日是参议院选举的投票日，各党陆续发表了竞选口号。自民党宣称："目前我国正处于历史转折期。面对内外交困，国内的政治安定是重要前提，能解决上述严峻问题的唯有自民党。"① 最大在野党立宪民主党则称："我党秉持现实路线，会和国民保持持续性的对话。作为在野党，我们有义务和现行政策竞争，和政治腐败、不正之风作斗争，大胆进行政治改革，力争早日获得执政权。"② 两者相较，自民党的竞选口号显得更有冲击力。

7月10日上午7时，日本第26届参议院选举正式拉开帷幕，共有545名候选人参与争夺125个改选议席。日本总务省于10日公布了参议院选举提前投票人数，受当前世界局势和安倍遇刺的影响，本次投票人数为1961.39万人，较上一次（2019年）增加14.95%，为历史最高。由日本自民党和公明党组成的执政联盟将此次选举的胜负线定为"争取执政联盟在参议院中的议席数过半"，由于两党的非改选议席已经有70个，因此仅需争取55个议席即可。11日清晨，投票结果揭晓。自民党单独获得过半的改选议席，为63席；公明党获得13席，远超此前设定的"过半数"目标，加上未改选的70个议席，执政联盟在参议院席位达146席。除自民党和公明党外，同

---

① 「参議院選挙　投票日　各党が声明」、NHKニュース、2022年7月10日、https://www3.nhk.or.jp/news/html/20220710/k10013710191000.html。（上网时间：2022年8月4日）

② 「参議院選挙　投票日　各党が声明」、NHKニュース、2022年7月10日、https://www3.nhk.or.jp/news/html/20220710/k10013710191000.html。（上网时间：2022年8月4日）

属修宪势力的日本维新会和国民民主党在此次选举中分获12席和5席，加上未改选的14席，两党在参议院拥有31个议席。此次选举为岸田内阁迎来“黄金三年”的机遇期，胜选之后，岸田内阁才有可能更加自主地制定新的政策方针。

（四）岸田内阁依然面临诸多挑战

首先，能否处理好导致菅义伟内阁收场的“不利”事件是考验岸田内阁执政能力的标准之一。日本学术会议问题是菅义伟在任时期的政治丑闻，2021年4月26日，会议要求政府公开拒绝任命6名新会员的理由；6月28日，内阁府决定不公开拒绝理由。岸田新政府启动后，12月3日，梶田隆章会长代表日本学术会议，向政府递交了请愿书，要求政府彻查事件原委，并对6名新会员的去留进行表态。会长此举是希望“同新内阁展开面向未来的对话，政府应和学术界构筑建设性的关系”[①]。学术会议与政府经过磋商，暂定达成下列共识：商讨学术会议的存在方式，即从隶属于内阁府的特别机构转变为独立的学术单位；若依然隶属于内阁府，则会进一步明晰会员的选拔标准和方式；政府决定6年后再次与学术会议商讨当前存在的问题，进一步推动会议的改革进程。[②] 日本学术会议自诞生之日起，就带有浓厚的官方色彩，主要职责是在进行学术研讨的基础上向政府进言献策，这使得两者的羁绊尤为深刻。改变两者在百年间的既成关联，推动学术会议的改革，这对新政府而言，无疑是重大考验。

---

① 「日本学術会議　会員任命で岸田首相に面談を要望へ」、NHKニュース、2021年12月3日、https://www.nhk.or.jp/politics/articles/lastweek/73322.html。（上网时间：2022年8月5日）

② 「日本学術会議　国の機関として存続で調整へ」、NHKニュース、2022年8月5日、https://www.nhk.or.jp/politics/articles/lastweek/87274.html。（上网时间：2022年8月10日）

其次，新政府如何应对安倍前首相遇刺后自民党内的巨大变动。岸田首相所在的“宏池会”虽是自民党内的保守本源派系，但就人数而言，岸田派仅是党内第五大派阀，其施政在相当程度上需要安倍派、麻生派、茂木派等派阀的支持与合作，并颇受党内人数最多派阀“安倍派”的牵制。[①] 自民党成立以来，在各个派阀的诞生、合并、分裂和消亡中，有影响力的政治人物均发挥了关键性的决定作用。安倍遇刺后，“安倍派”处于群龙无首的状态，虽然临时采取了七人集体领导的体制，但当前局面与安倍原首相在世时，已大不相同。10 月 13 日，安倍派议员总会召开，七人中的盐谷立宣布担任“安倍派”会长代理，但仅仅维持了两周。时年 72 岁的盐谷立是自民党资深党员，与安倍交情颇深，历任文部科学大臣、自民党总务会长等职。2022 年 8 月 10 日，岸田内阁进行了内阁改组和自民党人事任命，盐谷立作为“安倍派”与“岸田派”沟通的窗口，最终成功推选四名成员为新内阁大臣，同时为派系争取到政务调查会长这一重要职位。但是，这一结果并未达到“安倍派”成员预期的结果，故而引发了对盐谷立的质疑。[②] 盐谷立之后，党内七人中的“五人组”浮出水面，但如何有效继承安倍遗志，意见并不相同。群龙无首的状态如果持续，就有可能会出现成员因事脱离“安倍派”而转至其他派阀的情况，这会加大党内人员分散和流动的风险，自民党内各个派阀之间的“合纵连横”将会受到较大影响。

再次，如何摆脱安倍遇刺产生的政治阴影，是岸田政府遇到的新问题。这里的“政治阴影”，指的是自民党与“世界和平统一家庭联合会”（以下简称“统一教”）的关系带来的民众对政治的不信

---

① 徐万胜、张雨欣：《大选后的岸田文雄内阁：执政基础与政策走向》，《和平与发展》2022 年第 1 期，第 106 页。

② 「決められない最大派閥トップ不在の“安倍派”」、NHKニュース、2022 年 11 月 18 日、https：//www. nhk. or. jp/politics/articles/feature/91677. html。（上网时间：2022 年 11 月 20 日）

任感。虽然刺杀安倍的嫌疑人山上彻也表示杀害安倍的直接原因并非对安倍的政治主张有异议，而是因为安倍与某个导致自己母亲破产的宗教团体有关联。7月9日深夜，日本一家名为《现代商务》的网络八卦媒体独家披露了这个宗教团体的名称，即来自韩国的"统一教"；随后，日本另一家八卦杂志《FLASH》也在关于安倍遇刺案的报道中提到了这一宗教团体。7月11日，"统一教"日本分部的会长田中富广承认了这家来自韩国的宗教团体与安倍遇刺案有关，但没有透露山上母亲给教会捐款的金额数，并否认安倍或自民党与"统一教"存在诸如资金这类的直接往来和关联。7月13日，日本主流媒体持续跟进事态进展，《读卖新闻》援引相关人士的消息称，刺杀日本前首相安倍晋三的山上彻也的母亲曾向"统一教"捐献超1亿日元，并为此出售了家族的房产和土地，最终宣告破产。[①]除媒体外，在野党也呼吁自民党作为执政党，应该在党内彻查"统一教"与自身的关系。面对广泛质疑，自民党不得不采取多种形式进行解释。7月29日，自民党总务会长福田达夫在记者会上表示，无论是党内成员还是自民党全体，均与"统一教"无关联。安倍晋三的胞弟、时任日本防卫大臣的岸信夫起初向媒体表态称，自己与哥哥进行街头选举宣传时，有各种宗教团体在场，但并不能直接证明安倍家族与"统一教"有关系，之后面对记者的追问，再度否认了曾向教会集会发送贺电等传闻。即便如此，上述表态未能有效平息舆论质疑。在8月6日发布会上，岸田首相强调其个人与"统一教"无关，并要求内阁成员注意自己和这类"在社会中存在争议的组织"的关系。8月8日，岸田首相在临时党员大会上要求每名党员要切实检查自身，以消除民众对此事的疑虑。一方面，随着民众

---

① 「関係者『母親は旧統一教会に献金1億円』、土地・自宅売却で破産」、読売新聞、2022年7月13日、https：//www.yomiuri.co.jp/national/20220713－OYT1T50136/。（上网时间：2022年8月5日）

的监督和媒体调查的深入，部分政坛人员曾与“统一教”发生交集的事件被逐一曝光。日本国家公安委员会委员长二之汤智、环境大臣山口壮等也曾参加过“统一教”的活动，曾向“统一教”相关团体缴纳 1 万日元的会费，或向“统一教”相关活动致贺电。[①] 经济再生担当大臣山际大志郎承认，自己在 2013 年向“统一教”有关团体支付了会费，并在 2018 年 10 月参加了“统一教”有关团体的活动，“现在回想起来，这种做法欠妥”。[②] 寺田稔也在 8 月 10 日接受记者采访时承认，2018 年 10 月曾经受人邀请，为参加“统一教”有关团体举办的活动支付了 2 万日元的会费，但自己未实际参加。此外，他还称，这是他唯一一次支付会费。[③] 据日媒统计，在岸田内阁的 19 名成员中，有 8 人或多或少地与“统一教”之间保持着某种关系。8 月 8 日，日本放送协会发布最新一期的民调结果，岸田内阁支持率下滑至 46%，是内阁启动以来的最低值。除抗疫政策没有显示出明显效果，经济下行导致民生问题突出等老生常谈的原因外，自民党与“统一教”之间的关系是民众产生不支持想法的直接原因。[④] 为应对日本当前所面临的当数十年一遇的发展困局，解决当前堆积如山的内政问题，8 月 10 日，日本首相、自民党总裁岸田文雄对内阁和自民党领导层进行了改组。新内阁成员在当天下午完成皇室认证仪式后正式运行。但日媒经过新内阁成员的背

---

① 「『旧統一教会』との関わり　政治家や自治体などの説明は対応は」、NHKニュース、2022 年 8 月 8 日、https：//www3. nhk. or. jp/news/html/20220808/k10013759271000. html。（上网时间：2022 年 8 月 15 日）

② 「山際経済再生相“旧統一教会の関連団体に会費 1 万円”明らかに」、NHKニュース、2022 年 8 月 8 日、https：//www3. nhk. or. jp/news/html/20220808/k10013759271000. html。（上网时间：2022 年 8 月 15 日）

③ 「総務相起用の寺田稔首相補佐官、旧統一教会関連団体に会費 2 万円支払い」、日刊スポーツ、2022 年 8 月 10 日、https：//www. nikkansports. com/general/news/202208100000256. html。（上网时间：2022 年 8 月 15 日）

④ 「内閣支持 46%、不支持 28%（NHK 世論調査）」、NHK 選挙 WEB、2022 年 8 月 8 日、https：//www. nhk. or. jp/senkyo/shijiritsu/。（上网时间：2022 年 8 月 20 日）

景筛查后发现，在73名内阁成员中，至少有32人与该教会有过接触。[①] 8月19日，在野党要求自民党召开碰头会，对此事做出进一步说明。打消民众疑虑，增强民众对执政党的信心，进一步切割与“统一教”之间的关系，是摆在岸田新内阁面前的一道难题。

最后，围绕安倍前首相的“国葬”问题，如何重获民众对新内阁的信任，是岸田政府面临的新挑战。2022年7月14日，岸田首相宣布为安倍前首相举行国葬，这是日本在1967年为吉田茂首相举行国葬后，时隔55年再度举行。1926年，日本曾发布一道“国葬令”，但随着日本旧宪法的失效而失去意义。在战后新宪法的制定过程中，并未涉及“国葬”问题。面对在野党和民众质疑，内阁法制局提出的法律依据是2001年制定的《内阁府设置法》，其中规定可以通过内阁会议形式决定是否举行“国家仪式”。7月14日，岸田首相在记者会上，明确了要为安倍前首相举行国葬的四个理由，分别是宪政史上在任时间最长的首相、在内政和外交领域取得了巨大成就、受到国际社会的高度评价、在野蛮行径的冲击下骤然离世。日本放送协会在7月和8月的舆论调查显示，赞同为安倍首相举行国葬的比例从49%下调至36%；不赞同的比例从38%升至50%。从8月初开始，在国会周边和东京都内主要车站旁，陆续出现高举反对标语的人群，反对的理由是“政府无权随意动用2.5亿日元的国民的税金”“政府不能强制将行政命令强压给每个国民”等。大学教授和作家引导的网上签名活动，也在陆续展开。此外，日本国内也有部分专家学者质疑岸田政府试图通过国葬展开“葬礼外交”的效果。作为“后安倍时代”的两位继任首相，在其上台之初举行的

① 「旧統一教会問題で政府・与党 臨時国会の早期召集 応じない構え」、NHKニュース、2022年8月19日、https://www3.nhk.or.jp/news/html/20220819/k10013778191000.html。（上网时间：2022年10月26日）

舆论调查中，新政府如何化解民众对政治的不信任感均是民众衡量政府成绩的重要指标，罔顾民意，随意使用国民宝贵税金，恐让岸田新内阁进一步失去民众的信任。举行国葬之前，如何顺利向国民讲解政府意图；执意举行国葬后，如何修复民众与政府间的裂痕，是岸田新内阁面临的难题。

三、结语

2020 年 9 月，长期执政的安倍政权落下帷幕，“后安倍时代”开启，在短短三年内，两次发生首相更迭现象，这也印证了国内学者于 2020 年做出的预测：“从历史经验来看，在日本战后政治史上，从未有过两个长期执政内阁相互连接的情况，在某内阁长期执政结束之后，日本政局演变均表现为进入内阁更迭频繁阶段。”① 从首相更迭现象观察日本政治生态环境，可以发现以下几个特点：（1）是否妥善处理政治丑闻造成的冲击，是考验安倍时代至“后安倍时代”首相执政能力的重要标准。（2）自民党一家独大，在野党式微的情况没有得到明显改变。虽然在野党试图联合，或者打出与自民党截然不同的竞选口号，如立宪民主党的口号为“让我们一起改变”，但在短期内无法改变自民党长期执政的政治环境，证明自民党的能力在民众中有较高认可度。（3）在选举首相的过程中，自民党内部的“政治力学”依然有较强的生命力，即便是拥有极高呼声的候选人，如果无法进入“派阀政治”的角力场，则依然无缘首相宝座。（4）无论是菅义伟时期的“日本学术会议”事件，还是岸田文雄时

① 徐万胜：《安倍之后，日本政局走向的不确定性增加》，《日本学刊》2020 年第 5 期，第 7 页。

期的“统一教”和“国葬”事件，都显示出日本政府忽视民意的一面。“日本大部分民众对国家政府政治制度的设计及架构基本认可，但对执政党以及政府对公众需求的反应感到失望。”[①]

① 吴怀中：《从选举看日本政治生态流变与特性》，《当代世界》2021 年第 11 期，第 52 页。

第五章　后疫情时代日本的经济表现和复苏前景分析

刘青梅

一、序言

新冠病毒感染疫情对日本经济造成的影响显而易见；2021 年年初至今，日本经济增长率在发达国家中垫底；2022 年年中，美联储宣布实行货币紧缩政策，发达国家央行随即跟进，但日本中央银行依然坚持量化宽松政策，由此出现了历史性的日元贬值现象。菅义伟内阁和新任的岸田文雄内阁为提振经济，采取了多种举措，依然无法有效缓解日本经济中的痼疾。

二、2021—2022 年的日本经济分析

（一）2021—2022 年的经济状况总览

1. 滞胀风险迫近

与世界其他国家相似，2021—2022 年，日本政府在保经济、促

民生、抗疫情和定举措方面同时发力，但起效并不明显，且难改日本经济中的结构性难题。就具体经济指数而言，疫情对日本经济造成的影响主要体现在内需和外需两大板块。考察2021—2022年的日本经济状况，需要将2020年下半年的经济数据做一对比，可以看到日本经济在疫情下的变动以及日本政府为提振经济所做的工作和成效。经历2020年第一季度和第二季度的严重下挫，进入2020年第三季度，由于外需动力强劲，日本经济增长率由负转正。与此同时，由于新冠病毒感染患者人数有明显增长，日本一些地区的医疗环境受到前所未有的挑战，2020年11月中旬开始，中央政府在各都道府县陆续发布经济活动限制措施，要求餐饮店和酒店缩短营业时间。2020年12月末至2021年1月中旬，随着年终岁尾活动的增多，新冠病毒感染患者人数有明显增长。国立传染病研究所的数据显示，12月30日—2021年1月5日，患病总人数为25998人，2021年1月6—12日，人数则增至44645人。[①] 面对严峻形势，日本政府不得不于2021年1月8日—2月7日，实行疫情暴发以来的第二次紧急事态宣言。实施区域为东京都、神奈川县、埼玉县和千叶县，要求餐饮店等在下午的营业时间缩短到晚上8点为止，并规定了酒类的提供限制时段，主张非必要不外出，推行居家办公模式。受此影响，2021年第一季度的实际GDP环比下降1.3%，折合成年率环比下降5.1%，经济增长率再次由正转负。

2021年第二季度，第三次疫情管控措施并未降低日本民众的消费热情，加之东京奥运会在推迟一年后终于举行，内需提振较为明显；此外，设备投资和住房投资也由负转正，第二季度经济状态较

① 「直近の感染状況など」、国立伝染病研究所、2022年8月13日、https://www.niid.go.jp/niid/images/PDF/covid19/AB21thJP.pdf。（上网时间：2022年9月20日）

之第一季度环比上升0.3%。① 2021年11月15日上午，日本内阁府发布了2021年第三季度（7月至9月）国内生产总值（GDP）初步统计结果。初值显示，去除物价变动因素后的实际GDP比上季度减少0.8%，按年率计算降幅为3.0%。这是日本实际GDP自第一季度之后再次出现负增长。2022年3月9日，日本内阁府发布2021年第四季度国内生产总值修正值。结果显示，剔除物价变动因素后的实际GDP比上季度增长1.1%，换算成年率为增长4.6%。总体而言，2021年，全球经济呈现战后历次衰退后最强劲的回升态势，而日本名义GDP却仅仅增长了1.7%，远远低于全球平均增速6.1%和发达国家总体增速5.2%。②

2022年5月18日，日本内阁府发布的快报值显示，第一季度的日本国内生产总值（GDP）剔除物价变动影响并经季节性因素调整后环比减少0.2%，按年率计算减少1.0%。这是两个季度以来首次陷入负增长。2022年8月15日，内阁府发布第二季度第一次速报值。结果显示，剔除物价变化影响的实际季节调整值较之第一季度增长0.5%，按年率换算为增长2.2%。11月15日，内阁府发布2022年第三季度国民生产总值数据；12月8日，内阁府发布第三季度GDP第二次速报值。结果显示，2022年第三季度，日本经济复苏依然乏力，剔除价格因素后，实际GDP较上年同期增长1.53%；经季节性因素调整后，环比下降0.21%。③ 随着西方发达国家自2021年第四季度进入加息周期，世界范围内滞胀现象愈加明显。日本经

① 「2021年4－6月期四半期別GDP速報（2次速報値）結果の概要」、経済社会総合研究所、2022年9月8日、https://www.esri.cao.go.jp/jp/sna/data/data_list/sokuhou/files/2021/qe212_2/pdf/gaiyou2122.pdf。（上网时间：2022年9月15日）

② 江瑞平：《日本经济：从通缩困境到滞胀风险》，《世界知识》2022年第10期，第73页。

③ 「2022年7－9月期GP速報（2次速報値）　ポイント解説」、内閣府経済社会総合研究所、2022年12月8日、https://www.esri.cao.go.jp/jp/sna/data/data_list/sokuhou/files/2022/qe223_2/pdf/qepoint2232.pdf。（上网时间：2022年12月26日）

济自20世纪90年代泡沫经济破碎起，历经“失去的”10年、20年乃至30年，经济增幅一直较为缓慢，疫情的暴发且迟迟得不到解决，使得日本出现滞胀的风险要远超其他发达国家。

2. 通胀压力加大

2013年，日本政府开始推行旨在2%的通胀率的“安倍经济学”，但随着疫情的到来，国际形势剧变，日本物价水平自2021年第四季度起有明显攀升迹象。总务省统计局于2022年4月发布的数据显示，受第四季度影响，2021年日本物价综合指数同比上涨0.1%。2022年10月13日，日本央行公布9月国内企业物价指数初值同比上涨9.7%，连续19个月上升，并创下1960年统计以来的新高。另据日本统计局于2022年10月27日公布的数据，9月日本消费物价指数同比上涨3.0%。除去消费税影响，升幅约为31年以来最大。不含生鲜的食品价格上升4.6%，涨幅创41年以来的新高。同时，能源价格也在持续走高。造成日本通胀指数上涨的原因如下：第一，疫情造成全球供应链条不稳定，大量商品面临严重的供不应求，以日本居民生活中最常见的奶制品价格为例，肥料和谷物严重依赖进口，但由于俄乌冲突持续，造成进口市场原材料价格的大幅上扬，最终导致奶制品价格一路走高。① 第二，日本自2013年实施的量化宽松金融政策导致货币超量供应，物价水平被推高。第三，全球主要国家为缓解通胀压力，实施加息策略，但日本的金融政策与全球态势背道而驰，日元持续贬值导致物价水平急剧攀升。

---

① 「11月 牛乳なども値上げ メーカー 酪農家からは“限界”の声」、NHKニュース、2022年11月1日、https：//www3. nhk. or. jp/news/html/20221101/k10013877081000. html。（上网时间：2022年11月4日）

（二）具体经济数据分析

1. 内需

2021 年第一季度，日本政府启动第二次紧急事态宣言，由于限制人员流动，造成服务业个人消费明显低迷，但信用卡等非直接接触的个人消费较为稳定。2021 年 3 月 21 日，日本政府宣告第二次紧急事态宣言正式结束。随着人员流动性增加，经济活动复苏，4 月中旬新冠病毒感染患者人数再次大幅增长。4 月 21 日，新增新冠病毒感染确诊病例 4.7131 万例。由于疫情恶化，日本政府 4 月 23 日晚再次宣布东京都、大阪府、京都府、兵库县四地进入紧急状态，期限暂定为 4 月 25 日—5 月 11 日。实施紧急状态期间，大型商业设施停业、体育比赛等大型活动原则上不能有现场观众。但第三次的紧急事态宣言已经无法阻挡内需的提升，2021 年第二季度的个人消费指数环比增长 0.8%，主要体现在购买宅在家中所需的食品饮料类以及家用电器。同时，由于世界市场的需要，数字经济相关的设备投资有显著增长，刚需所用的住宅投资也随之增加。

2021 年第三季度，随着东京和大阪再度进入紧急事态宣言状态，民众旅行和外出餐饮活动持续低迷，家电需求也不似第二季度旺盛，国内个人消费表现环比下降 1.3%。随着 9 月底紧急事态宣言状态的陆续解除，新冠病毒感染疫情每日新增人数表现平稳且有下降趋势，2021 年第四季度内需指数环比上升 2.7%。2022 年 5 月 18 日，内阁府发布 2022 年第一季度经济数据，奥密克戎新型毒株导致个人消费活动不振，环比下降 0.03%，但设备投资板块呈现正态趋势，所以内需指数总体表现为上扬态势，环比增长 0.2%。2022 年 8 月 15 日，内阁府公布第二季度 GDP 数据。随着岸田内阁解除“蔓延防止等重点措施”，个人消费环比增长1.1%。其中，餐饮与住宿等服务消费增长1.4%。作为内需另一项核心指标的设备投资增长1.4%，连续两个季度实现正增长。

就整体而言，2021—2022年，日本内需表现疲软，个人消费呈现起伏跌宕的态势，这与政府实施的紧急事态宣言状态密切相关。2021年第一季度、第三季度、第四季度和2022年第二季度，个人消费的增减均与紧急事态宣言的实施有密切关系。比较特殊的是2021年第二季度，虽然疫情依然呈现发展态势，但随着疫情状态下的生活成为新的常态，加之奥运会的召开，以及家电等价格下调，有效提振了个人消费。2021年6月8—21日，内阁府进行了“消费者态度指数调查”，结果显示，时隔三个月，该指数再次呈现上升趋势。

2. **外需**

日本经济的外需动力与世界市场变动息息相关。2020年第四季度至2021年第一季度，随着抗疫成为各国的新常态，加之经济活动缓慢复苏，一些国家率先在全球范围内实现了实际GDP由负转正。第一季度，由于海外市场生产器械的需求旺盛，日本的出口在缓慢恢复。当地时间2021年4月29日，美国商务部发布最新报告显示，美国2021年第一季度实际GDP增长6.4%，分析表示，广泛接种疫苗、重新开放更多企业、刺激政策和就业增长有助于保持美国经济稳定增长。与此同时，疫苗接种节奏不尽如人意、新的变异毒株出现等因素则会导致一些发展中国家经济增速缓慢，甚至会出现负增长的情况，这会直接影响日本的海外供应链条。总体而言，受世界经济增幅拉动，日本在2021年第二季度的出口较上一季度增长2.9%；外贸数据显示，1—6月，日本经常账户盈余较上年同期增长50.3%，达到10.5万亿日元（约合950亿美元），主要受益于2022

年以来出口的大幅改善。其中，汽车、汽车零配件以及半导体制造中不可或缺的芯片出口额，均出现2位数的增幅，改善了疫情以来日本出口不振的局面。2021年第三季度数据显示，作为日本经济牵引力的“出口”领域，货物及服务贸易出口当季环比下降2.1%，进口环比下降2.7%。[①] 第四季度因奥密克戎新型毒株的出现并扩散，世界范围内疫情状态有恶化趋势，经济活动放缓，日本在第四季度的出口从增长1.0%下调至增长0.9%。修正后的数据还显示，2021年全年日本实际GDP较上年增长2.3%。[②] 2022年第一季度，个人消费和设备投资均有所增长，加之政府进口抗疫所需的疫苗和药物，带来内需板块增速高于外需，外需板块环比下降0.4%。2022年第二季度，由于日本的制造业具有较强的竞争优势，为全球能源和重要资源提供了供给保障，金属制品和钢铁等出口贸易增加了0.9%。2022年11月15日，内阁府发布第三季度经济数据，受疫情以来内需动力不足，进口量增加和出口量萎缩影响，实际GDP环比下降1.2%。

2021年12月23日，日本经济再生担当相山际大志郎在国会发表了2022年度日本经济预测报告，提出2021年度随着抗疫约束性手段的阶段性结束，人员交流和物流在缓慢恢复，使日本经济呈现出一定韧性，2021年第三季度的经济增幅与2019年度持平。基于此，进入2022年，日本将进入“克服新冠病毒感染疫情和新资本主义背景下的新时代”，实际GDP增速将达到3.2%，名义GDP增长率会升至3.6%，GDP实际总额估计达556.8万亿日元，若能实

① 「2021年7－9月期四半期別GP速報速報（1次速報値）結果の概要」、内閣府、2021年11月15日、https://www.esri.cao.go.jp/jp/sna/data/data_list/sokuhou/files/2021/qe213/pdf/gaiyou2131.pdf。（上网时间：2022年11月15日）

② 「2021年10－12月期GP速報速報（2次速報値）結果の概要」、内閣府、2022年3月9日、https://www.esri.cao.go.jp/jp/sna/data/data_list/sokuhou/files/2021/qe214_2/pdf/qepoint2142.pdf。（上网时间：2022年11月15日）

现将创历史新高。[①] 截至目前，日本政府已发布 2022 年前三个季度的经济数据，就整体而言，个人消费为核心的内需板块与政府是否实施紧急事态宣言息息相关，控制不断上涨的物价是 2022 年第一季度后日本政府工作的重点，同时政府还需加大对疫情下生存艰难的中小企业的扶持力度。就出口板块而言，2 月爆发的俄乌冲突对全球能源和供应链造成较为明显的影响，所以 2022 年度能否达成日本政府的预期，尚未可知。

三、日本政府应对经济变动的举措及成效

2020 年 9 月至今，日本政坛历经菅义伟内阁和岸田文雄内阁；与此同时，新冠病毒感染疫情继续在日本扩散，物资、人员、服务等要素的跨国流动被迫按下“暂停键”，产业链供应链遭到破坏，世界经济陷入衰退。受此影响，日本经济虽然因一些内外部因素获得暂时回暖，但总体依然处于不振的状态。面对经济萧条，菅义伟内阁继承和发展了“安倍经济学”，岸田内阁提出重在分配的“新资本主义”，从两届内阁实施的经济政策来看，采用了较常规的刺激经济的手段，也采取了不同层面的非常规手段，希冀为日本经济提供新的动力。

（一）日本经济恢复的基石：数额巨大的财政预算案和补充财政预算案

岸田首相在 2021 年 12 月发表的第二次施政演说中指出“疫情

① 「『令和 4 年度の経済見通しと経済財政運営の基本的態度』閣議了解に際しての山際経済財政政策担当大臣談話」、内閣府、2021 年 12 月 23 日、https：//www5. cao. go. jp/keizai1/mitoshi/2021/r031223mitoshi - danwa. pdf。（上网时间：2022 年 11 月 15 日）

是日本的国难”，所以政府应充分重视疫情防控。自 2020 年以来，疫情成为影响日本经济的最大因素，投入更多的资金，抗疫的同时提振经济，成为菅义伟政府到岸田政府的首要选择项。2021 年 3 月 26 日，日本国会参议院全体会议通过了总额为 106 万亿日元（约合 6.37 万亿元人民币）的 2021 年度财政预算案。其中，为了应对新冠病毒感染疫情，不需要国会的批准就可以灵活使用的“预备费”达到 5 万亿日元。

2021 年 12 月 6 日下午，第 207 次日本临时国会开幕。日本政府当天向国会提交了 2021 财年的补充预算案，预算案的生效截止日期为 2022 年 3 月，支出总额为 35.99 万亿日元，这是日本有史以来最大的一笔补充预算，其中六成将通过发行国债的方式来筹措。当天，日本财务大臣铃木俊一在会上发表财政演说，以推动国会通过补充预算案。铃木大臣在演说中表示，受疫情影响，日本经济形势依然严峻，当前新增感染人数已较前期有明显下降，政府的防疫措施也在逐步放宽，所以要在力求危机管理万无一失的同时，抓住时机尽快恢复社会经济活动。[①] 此次推出补充预算案是日本政府落实岸田文雄内阁 11 月提出的新一轮经济刺激计划的重要步骤。

2020 年为新冠病毒感染疫情暴发的第一年，日本政府为此先后提出三次补充预算案，共计 76.6 万亿日元。与此相较，2021 财年共提出一次补充预算案，由四部分构成：一是新冠病毒感染疫情紧急经济对策相关经费，共计 18.6 万亿日元，用以保障医疗体系平稳运行、支援国民生活和中小企业正常运营。二是启动社会经济活动所需费用和下次危机所需预备金，共计 1.7 万亿日元。三是启动岸田政府提出的“新资本主义”所需费用，共计 8.3 万亿日元，分别用

① 「第 207 回国会における鈴木財務大臣の財政演説」、財務省、2021 年 12 月 6 日、https：//www.mof.go.jp/public_relations/statement/fiscal_policy_speech/20211206.html。（上网时间：2022 年 11 月 20 日）

以实现科技立国目标、“数字化田园都市国家构想”和保障经济安全，其中用于确保半导体生产能力、培育经济安保关键技术的预算分别为6170亿日元和2500亿日元。四是用于防灾等安全的经费，共计2.9万亿日元。①

2022年3月29日，岸田首相在阁僚恳谈会上指示，为应对俄乌冲突导致的国际油价和物价暴涨，要求政府在4月末之前制定经济“综合紧急对策”。4月26日，“原油价格、物价上涨等综合性紧急对策”出炉。紧急对策的预算总额达6.2万亿日元，主要包括四大支柱性综合应急措施，分别是：针对高油价的措施（1.5万亿日元）、针对谷类和渔业产品价格上涨的措施（0.5万亿日元）、对中小型企业的支持（1.3万亿日元）以及对低收入家庭的支持（1.3万亿日元），另有1.5万亿日元作为预备费补充。在预备费的使用上，政府有自由裁量权，无需国会审议，也不接受舆论的监督，多数资金使用缺乏详细的支出清单和使用细节，所以往往成为政府接受国会质询环节中的“靶子”，2020财年提出的三次补充预算案中，由于前两次的预备费缺乏透明性，为避免在野党和民众的广泛质疑，在第三次补充预算案中取消了“预备费”部分。2022年此次紧急对策的预算中，具有争议的“预备费”部分再次出现，但对于岸田政府而言，紧急状态下采取非常态手段，具备存在的合理性。

（二）作用受限的金融举措：量化宽松政策

菅义伟内阁秉承“安倍经济学”原则，在任期间继续推行量化宽松的货币政策，且有不断强化的趋势。2020年12月中旬，日本银

---

① 「令和3年度補正予算（第1号）の概要」、財務省、2021年11月26日、https：//www.mof.go.jp/policy/budget/budger_workflow/budget/fy2021/hosei211126b.pdf。（上网时间：2022年11月20日）

行召开金融政策会议，决定进一步采取量化宽松的货币政策，最大目标是稳定2020年度的日本物价在2%左右浮动。[①] 2021年6月16—18日，日本银行再度召开金融会议，央行行长黑田东彦表示，在全球性气候问题持续影响世界及日本经济的情况下，将继续采取宽松政策，从而在疫情后实现2%的通胀目标；同时，央行会继续引入地方金融机构的资金，为日本金融体系增添更多活力。2021年9月20—22日，日本央行在结束为期两天的货币政策会议后表示，为更好应对新冠病毒感染疫情，达成2%的通胀目标，继续将短期利率维持在负0.1%的水平，并通过购买长期国债，使长期利率维持在零左右。[②]

2022年春，受疫情反复和俄乌冲突等地缘政治局势紧张的双重影响，能源和粮食等国际大宗商品价格大幅上涨，全球经济进入通胀周期。为此，多国央行加快收紧货币政策，进入加息轨道。美联储在3月和5月将基准利率分别上调25个基点和50个基点之后，6月又宣布加息75个基点。欧洲央行确定将在7月加息25个基点，并视情在9月再次加息，欧美发达国家采取货币紧缩的态势显而易见。但在此情况下，日本的表现却显得与众不同。6月17日，日本央行在结束两天的货币政策会议后发表公告，表示继续坚持当前超宽松货币政策，同时重申，为将长期利率控制在既定目标范围，央行将在每个交易日实施固定利率无限量购债操作。日美利率差持续扩大，导致日元汇率继续下跌。6月21日，日元对美元汇率一度跌至1美元兑换136日元的水平，刷新自1998年10月以来的最

---

① 「2020年の回顧と2021年の展望」、みずほ総合研究所、2021年1月8日、https：//www.mizuho－ri.co.jp/publication/research/pdf/market－w/weekly_210108.pdf。（上网时间：2022年11月21日）

② 「日銀　大規模な金融緩和政策　維持を決定」、NHKニュース、2021年9月22日、https：//www3.nhk.or.jp/news/html/20210922/k10013271431000.html。（上网时间：2022年8月21日）

低值。[①] 与此同时，截至6月27日，不含短期国债的日本国债发行余额为1021.1万亿日元，而日本央行持有的国债达到了514.9万亿日元，同比上涨0.4%，为历史新高，[②] 日媒将其比喻为“卢比孔河”，意为日本央行的破釜沉舟之举。7月21日，日本央行结束了为期两天的货币政策会议，决定继续维持超宽松货币政策，维持短期利率和长期利率不变。

日本政府之所以坚持量化宽松的金融路线，首先在于日本央行的金融政策的连贯性。日本政府推行量化宽松政策始于1999年2月12日开始的“零利率”政策，在常规货币政策工具不足的情况下，日本采用量化宽松的货币政策刺激经济，希望经济能够回到正常发展的轨道上。从小泉内阁到安倍内阁，量化宽松一直是政府帮助日本摆脱通货紧缩的法宝。2013年1月被安倍晋三首相任命为日本央行总裁的黑田东彦，其货币政策则更为大胆，史称“全面的量化质化宽松”政策，又称“异次元量化宽松”（Quantitative and Qualitative Monetary Easing，QQE），意指超越时空、突破历史、史无前例的基金量化宽松政策。黑田行长初期计划在三年内实现2%的通胀目标，但世界经济为日元贬值提供的宽松环境失效后，日本很难按照既定计划完成目标。正如日本央行前发言人、现任千叶银行综合研究所所长前田荣治所言：“2013年至2016年为此轮量化宽松政策实施最初三年的关键期，如同百米冲刺，但随着世界局势和金融环境的变动，赛程被慢慢拉长，变为1500米、1万米，直至现在的马拉松。比赛时间越长，受天气和赛道影响就会越大，速度也会变慢，政策运营和风险管理则会随之上升。目前，日本经济受世界环境和新冠

---

① 《日本维持宽松货币政策的多重考量》，海外网，2022年6月24日，https：//baijiahao. baidu. com/s? id = 1736466856005066784&wfr = spider&for = pc。（上网时间：2022年8月21日）

② 「国債買入れ」、日本銀行、2022年6月28日、https：//www. boj. or. jp/mopo/measures/mkt_ope/ope_f/index. htm/。（上网时间：2022年8月21日）

病毒感染疫情影响较大，恢复速度缓慢，原定的通胀目标极难实现，现行量化宽松政策也很难得到修正，或者说得到明确修正的几率很低。”① 在 2023 年 4 月黑田行长卸任之前，日本所持的量化宽松政策恐还会沿着世纪之交的步骤走下去。除政策所需的平稳性之外，疫情下日本经济复苏节奏缓慢和利息变动会导致政府难以承受压力也是原因。

通胀高企需要紧缩银根，经济萎缩需要宽松刺激，日本通胀和经济复苏困难同时发生，日本央行经过权衡，在压通胀和保经济之间选择了后者，也不是全无道理。但是，国家的金融安全与经济安全息息相关，金融市场的变动对经济影响越来越大，央行的职责不只是制定和调节金融政策，还需要做好预期管理。日本央行在全球加息声一片的情况下，逆风而行，导致日元贬值发生历史性的现象。此轮日元贬值始于 2021 年初，受美国通胀居高不下、全球原材料价格上涨和日本宽松量化政策等多重因素的影响，9 月 22 日，日元汇率跌破历史性关口 145. 90，日本政府由此启动自 1998 年以来首次干预，花费 2. 8 万亿日元以阻止“跌跌不休”的日元走势。10 月 18 日，内阁会议举行发布会，日本财务大臣铃木俊一强调“我们不能容忍投机引发的过度波动。我们正以高度的紧迫感关注外汇市场，并将对过度波动采取适当的应对措施”，日本首相岸田文雄也表示，投机驱动的快速汇率波动存在问题，不会对具体的日元水平发表评论，但政府准备在必要时采取适当行动。② 10 月 31 日，日本财务省披露金融数据，显示出从 9 月 29 日—10 月 27 日，日本花费创纪录的 6. 3499 万亿日元（约 424 亿美元，约 3000 亿元人民币）干预汇

---

① 「残り1 年どうする？黒田日銀　金融緩和と円安のジレンマ」、NHKニュース、2022 年 4 月 11 日、https：//www3. nhk. or. jp/news/html/20220411/k10013576451000. html。（上网时间：2022 年 8 月 21 日）

② 《创历史纪录！日本砸 6. 3 万亿护盘日元》，网易新闻，2022 年 11 月 1 日，https：//www. 163. com/dy/article/HL2SDB7U0530NLC9. html。（上网时间：2022 年 11 月 11 日）

市，阻止日元兑美元大幅下跌，并试图打击投机行为。[①] 截至11月1日，日元对美元汇率报收147.92。就当前阶段而言，全球地区紧张态势持续，美联储等主要发达国家实行货币紧缩政策，这已超出日本财政部和日本央行的控制范围，日本政府出手护盘近乎一场心理战，以维持国内金融市场和经济市场稳定。

但就总体而言，日本政府的干预效果有限，日元贬值恐难以在短期内得到缓解。与此同时，这一态势带来国内物价上涨，民生遇到极大困难，日媒在菅义伟和岸田文雄内阁启动之初，均做过民意调查，“控制物价上涨”均为民众最关注的问题之一。2022年10月21日，日本总务省公布9月全国消费者物价指数，较2021年同期上升3.0%，为102.9；剔除消费税增税影响，升幅为1991年8月后的31年零1个月最大。2022年10月30日，日本“帝国数据银行”发布报告，受日元贬值和原材料价格上涨影响，10月份迎来了日本史上罕见的涨价潮，日本市面上占主导的105家食品生产厂商共6699件商品全面提价，酒类、饮料占比最高；预计11月份，还将有833件商品面临提价，这将给消费者带来显著压力。[②] 11月18日，内阁府发布10月份日本消费者物价指数，除大宗生鲜食品外，指数同比上涨3.6%，创1982年2月以来的新高。对于岸田政府而言，过分干预汇率市场会带来“国家资本主义”的风险；将打击通胀作为首要目标则会引发日元贬值，国内物品价格上涨，激起民众强烈反应。

---

① 「どうなる円安?（11月1日更新）」、NHKサクサク経済、2022年9月7日、https://www3.nhk.or.jp/news/special/sakusakukeizai/20220907/523/。（上网时间：2022年11月12日）

② 「11月に値上げの食品や飲料は800品目超『家計の負担感大きく』」、NHKニュース、2022年11月1日、https://www3.nhk.or.jp/news/html/20221101/k10013876901000.html。（上网时间：2022年11月12日）

四、2023 年日本经济展望

美国因弹性的就业市场和灵活的金融政策使经济呈现缓慢上升趋势，中国等主要经济体经济复苏，一些国家和地区经济刺激政策显效，疫苗接种工作缓慢推进以及数字经济快速发展，这为日本经济在 2023 年维系较为稳定的态势提供了外部条件。但同时，奥密克戎引发的疫情在全球持续发酵，因俄乌冲突和生活成本带来的经济、地缘政治和生态不稳，又为 2023 年日本经济蒙上阴影。

（一）2023 年日本经济总体将呈现较为稳定的态势

2022 年 10 月 11 日，国际货币基金组织（IMF）发布《世界经济展望》，预测 2023 年全球经济增长将放缓至 2.7%，比 7 月的预测低 0.2 个百分点。其中，中国经济增长 4.4%，美国、欧元区经济增长分别为 1.6% 和 0.3%，日本经济增长 1.3%。据日本内阁府在 2022 年中段做出的预测，2023 年度日本实际 GDP 增长为 1.3%，与日本央行和国际货币基金组织的预测值持平。2020 年日本经济因新冠病毒感染疫情暴发呈现严重萎缩，2021 年和 2022 年经济增长出现温和反弹，但随着俄乌冲突的爆发以及能源趋势的紧张，不确定因素日益增多，2023 年的日本经济同比会呈现小幅萎缩但总体平稳的态势。

（二）日本经济政策大方向不会有明显改变

2012 年底安倍二度执政后，日本采取了量化宽松货币政策和积极财政政策。新冠病毒感染疫情暴发后，日本政府实施了一系列应对措施，如降低金融机构贷款门槛、着力帮助中小企业在资金上纾困等，以保持宽裕的流动性，为企业营造宽松的融资环境。疫情之下，日本政府还出台和实施了大规模经济刺激方案，2022 年 3 月、4 月、7 月以及 11 月，岸田政府一共实施了 4 次经济对策，但效果不甚明显。2022 年 11 月 15 日，日本新增新冠病毒感染患者 10.2829 万人，这是自 2022 年 9 月 14 日以来再次超过 10 万大关，日本政府分科会会长尾身茂、日本医师学会常务理事釜萢敏据此推断“日本已正式进入第八波疫情高峰期”。同时，自 10 月份起，日本开始出现新的变异毒株“BQ.1”导致的新冠病毒感染患者病例，新毒株的传播速度是目前流行的“BA.5”的 1.2 倍，① 据专家预测，第八波疫情顶峰时段将会出现在 2023 年 1 月。在国内疫情未得到有效控制，通胀状况未得到明显改善，经济复苏势头较 2022 年有萎缩迹象的情况下，日本宽松量化货币政策会有一定程度的改变，这在 2022 年 12 月日本金融会议已现端倪，但总体不会呈现大的转折；此外，日本政府实施积极财政政策的大方向不会有明显改变。

（三）日本经济复苏面临的困难

一是政府债务问题依然严峻。新冠病毒感染疫情突发使日本经济陷入困顿，为刺激经济，政府不得不投入巨额的财政支出。其中，增发国债是常见手段。继 2021 年度预算案中的国债依存度升至 40.9%后，截至 2022 年 3 月末，日本政府长期债务余额首次突破千万亿日元关口，为连续 18 年增长，连续第六年创历史新高。财政收

① 「新型コロナ『第 8 波』感染のピークは 対策は わかってきたこと」、NHKニュース、2022 年 11 月 18 日、https：//www3.nhk.or.jp/news/html/20221118/k10013895891000.html。（上网时间：2022 年 11 月 19 日）

支不平衡、债务增加，使日本深陷经济增长与财政重建的两难境地。

二是内需相对疲软。旺盛内需是保持日本经济正增长的重要内因，但新冠病毒感染疫情反复使个人消费需求频受冲击，紧急事态宣言的反复使用如同一把双刃剑，有效控制疫情的同时，内需不振的状况会持续甚至恶化。2021 年夏季奥运会的召开是 2021—2022 年八个季度中内需活动最为旺盛的阶段。暂时性的刺激内需因素消退后，日本的个人消费依然呈现持续不振的态势。2022 年 11 月 15 日，内阁府发布第三季度的经济数据。萎靡不振的个人消费是造成这一季度经济负增长的主要原因之一。旅行和餐饮等用于服务业的消费虽有小幅上扬态势，但智能手机和家电等耐用品需求量走低，加之物价出现历史性的上涨现象，最终导致消费者意愿偏低。①

三是日本经济的掣肘因素——人口问题依然突出。2021—2022 年，日本 65 岁以上的老龄人口在总人口中的占比持续走高，用于支付养老、医疗等的相关社会保障费用在日本财政支出中的比重不断加大。与此同时，15—64 岁适龄劳动人口则呈现下降态势。在劳动生产率增速尚难抵销老龄化负作用的情况下，人口老龄化加剧，一方面会导致政府财政负担加重，另一方面会让日本经济发展缺乏内生动力。

四是国际环境复杂化的态势恐将持续。百年未有之大变局下，国际政治经济秩序震荡调整。2021 年初拜登上台后，在一些方面努力修复特朗普时期毁坏的盟友间关系，但在对华态度上没有改变。中美博弈长期化以及美国对华政策倾向，会影响与中美两国均保持密切经贸往来的日本。2022 年 2 月爆发的俄乌冲突至今仍在持续，受此影响，全球金融市场剧烈波动、大宗商品价格持续走高，这进

---

① 「7 -9 月 GDP 年率 -1.2% マイナスは4 期ぶり 個人消費伸び悩む」、NHKニュース、2022 年 11 月 15 日、https：//www3. nhk. or. jp/news/html/20221115/k10013891511000. html。（上网时间：2022 年 11 月 20 日）

一步加大了日本经济复苏的不确定性。冲突爆发后，日本跟随西方阵营制裁俄罗斯，从而失去俄罗斯这一巨大的能源市场，虽然日本政府在努力打造能源进口多元化，但对俄罗斯的能源依赖并非一朝一夕可以改变。能源价格大幅上涨可能导致通货膨胀、个人消费不振、企业投资力度减少，经济增长会受到较为严重的影响。

五、结语

2020 年是日本受到疫情冲击最严重的一年，全年实际 GDP 增长率为 -4.8%，低于美国次贷危机影响全球经济的 2008 年；2021 年日本经济虽有一定程度的复苏，但回弹力度明显低于西方发达国家。2022 年前三个季度的经济数据业已出炉，但日本经济恐会低于预期。受俄乌冲突影响，世界经合组织于 2022 年 6 月发表新的增长预期，2023 年日本经济预期值为 1.3，略低于 2021 年水平。当前，岸田新内阁采取了系列新措施来应对疫情造成的冲击，包括推出经济安保新法案、打造绿色经济、提出并实施“新资本主义”，但难改日本经济中的痼疾。

第六章　后安倍时代的日本外交政策动向及趋势

刘青梅

2020 年 9 月，“安倍时代”落下帷幕，“后安倍时代”开启，日本政坛再次发生频繁更迭现象。一般而言，一国政坛变动势必会引发国家政策、方针的调整和变化。外交是内政的延续。2021 年年初至今，日本已历经两位新首相，在外交理念与实践中，后安倍时代的日本政府既呈现出典型的继承安倍路线的风格，又体现出鲜明的新特点。

一、对美外交：保守主义风格明显，提升同盟关系意愿强烈

（一）施政演说中的保守主义风格

在日本政坛保守化倾向日趋明显的情况下，作为执政党的自民党对外关系理念会呈现进一步的保守化和右倾化的特点。2021 年至今，日本政府业已历经 2021 年的自民党总裁选举、众议院选举、安倍遇刺和 2022 年夏的参议院选举，从竞选期间的口号和两人日本新首相的施

政演说来看，自民党的政策理念并未脱离其一贯的保守主义路线。

2021年1月18日，菅义伟首相发表上任以来的第二次施政演说，与2020年9月的首次演说相比，此次演说全面呈现内阁的施政主张。在阐述外交事宜时，菅义伟首相列举了三个方面的外交政策意向：一是展开并加强国际合作，推动各种领域的改革，包括后疫情时代的国际秩序、全球性气候问题、地区经济合作；二是构建更为坚实的日美同盟，因为这是“我国外交和安全保障的基轴，是印太地区和国际社会维持自由、和平与繁荣的基石”[①]；三是与邻国间的外交，包括尽早实现日朝邦交正常化、构建稳定的中日关系、与俄罗斯早日缔结和平条约。

2021年10月8日，日本首相岸田文雄向国会发表了首次施政演说，向日本国民展示了三个“决心”：保护西方民主价值观的决心；保护日本和平与安全的决心；领导国际社会应对全球挑战的决心。民主价值观是联系日本与西方世界的坚强中介，意在以“价值观外交”强化日美同盟关系，形成日美澳印四国机制，突出日本参与主导国际事务的存在感和国际战略诉求。[②] 2022年1月17日，岸田首相在参众两院全体会议上发表就任后的首次施政演说，重申“新时代现实主义外交”。演说中提及的三大支柱与2021年9月演说中的三大决心呈现一脉相承的色彩。三大支柱分别是：“珍视自由、民主主义、人权、基于法治等普世价值和原则”，“积极应对包括气候变化和实现全民健康覆盖在内的全球性课题”，“坚决守护国民生命与生活的努力”。[③] 其

---

① 「菅義偉首相、施政方針演説全文」、中日新聞、2021年1月18日、https：//www.chunichi.co.jp/article/。（上网时间：2022年1月20日）

② 吕耀东、王方：《岸田政府与日本外交及安保政策取向》，《日本学刊》2021年第4期，第2页。

③ 「第二百八回国会における岸田内閣総理大臣施政方針演説」、首相官邸、2022年1月17日、https：//www.kantei.go.jp/jp/101_kishida/statement/2022/0117shiseihoshin.html。（上网时间：2022年11月21日）

核心内容是，致力于实现“自由与开放的印太”，以日美同盟为基石，进一步提升日、美、澳、印合作，并努力与东盟、欧洲等所谓志同道合的国家携手，以应对中国崛起。2022 年 10 月 3 日，岸田首相在第 210 届临时国会发表演说，重申“新时代现实主义外交”的三大核心内容：一是作为亚洲唯一的七国集团成员国，日本将与印度、东南亚、非洲、中南美等各国不断努力共同维护和加强基于法治的国际秩序。二是为推进“自由开放的印度太平洋”，日本会致力于强化日美同盟，同时会灵活运用日美澳印框架等机制，进一步深化实质性合作，并加强与东盟、欧洲、大洋洲等志同道合国家间的合作。三是邻国外交，包括中日关系、日韩关系、日俄关系和日朝关系。

从菅义伟内阁到岸田文雄内阁，从首相的施政演说中可以看出后安倍时代的日本政府外交路线体现在三个方面：（1）推行价值观外交，以日美同盟为基轴，扎实推进与价值观层面相同的国家间的合作，目标是维护基于法治的国际秩序和以“自由、民主”为核心的价值观。（2）改善日本所处的国际环境，内容包括推进联合国改革，在气候等新兴问题上展开国际间合作。（3）开展现实性的邻国外交。2021—2022 年，从菅义伟政府和岸田政府发布的外交政策次序和层面看，加强日美同盟，展开与志同道合国家间的合作，用以维护共同的价值观，是日本外交保守化风格的一贯延续，也是当前日本政府外交政策的核心问题。

（二）强化日美同盟的多重内涵

日美同盟是日本外交的基轴，构成二战后日本外交政策的最核心内容。冷战结束后，日美同盟关系出现短暂的漂流，特朗普上台后日美关系也出现一定程度的松动，但从二战结束后至今，稳固并持续强化日美同盟关系是日本政府一以贯之的外交路线。在后安倍时代，日本政府强化日美同盟的实践中蕴含多重内涵，主要体现在以下两个方面。

首先，后安倍时代的日本政府力求朝着“更高层次”提升日美同盟关系。2021 年 1 月，拜登总统入主白宫；1 月 28 日凌晨，菅义伟首相与拜登总统举行电话会谈。2021 年间，日美两国领导人以通话和见面的方式进行了四次会谈；2022 年间则为三次。在会谈中，日本政府试图通过以下两种方式达成“更高层次”的同盟意向。第一，面对中国崛起，两国通过非常规手段加强对华遏制。菅义伟内阁的外交主张之于安倍时代有明显的萧规曹随的特点；岸田文雄所在的“宏池会”一直秉持重视经济发展、拥护和平宪法、维护民主体制等政策立场，对华态度相对温和。但随着自民党内政治保守化倾向加剧，“宏池会”不可避免地受到影响，岸田对华咄咄逼人的态势，不仅与秉承“宏池会”传统理念的前任会长古贺诚反目，[①] 而且有明显迎合党内保守右翼势力的倾向。2021 年 1 月 28 日，两国首脑举行了电话会谈，确认钓鱼岛是规定美国防卫义务的《日美安全保障条约》第五条的适用对象。2021 年 4 月 17 日，拜登总统接见了来访的菅义伟首相，两国发表了题为“面向新时代的美日全球伙伴关系”联合声明，“中国议题”是声明中的核心内容，涉及东海、南海问题、台湾问题和所谓的“香港、新疆人权问题”。2021 年 10 月 5 日，新上任的岸田首相与拜登总统进行首次电话会谈，再次提及钓鱼岛问题。11 月 2 日，岸田文雄首相在英国格拉斯哥出席《联合国气候变化框架公约》第二十六次缔约方会议（COP26）首脑级会议期间，与拜登进行了首次会面，完成了就任首相后的首次面对

---

① 「自民総裁選、岸田氏に自制促す　菅首相の再選支持——古賀氏——」、時事ドットコムユース、2021 年 8 月 19 日、https://sp.m.jiji.com/article/show/2616232?free=1。（上网时间：2022 年 6 月 21 日）

面外交。[①] 2022 年 1 月 21 日，日美两国首脑进行了视频会谈，其中涉华议题呈现全面爆发态势，表现了美日两国对中国的整体态度。在此次会谈中，美日两国均反对中国政府“改变”东海和南海现状的行为；表示会努力促进两岸问题的和平解决；两国还对香港局势和所谓“新疆人权问题”表示极大关切；再次重申《日美安全保障条约》在钓鱼岛问题上的适用性。[②] 第二，在日美同盟框架内提升“日本防卫能力”。日本政府认为，“中国威胁论”是提升该能力的逻辑起点。这在 2021 年 9 月的自民党总裁选中，各候选人的态度可见一斑。高市早苗提出未来几年内，美军必须在日本列岛部署中程导弹；岸田文雄认为提升日本防卫能力的有力选项是日本拥有对敌基地攻击能力，同时大幅增加防卫费；相较高市早苗和岸田文雄，河野太郎的回答较为暧昧，提出应加强日本防卫能力，使日本具备威慑力量。2021 年 10 月 12 日，自民党公布了众议院竞选纲领，提出日本要比照北大西洋公约组织成员国，力争将防卫费增加至国民生产总值的 2% 以上。在日本政坛日渐右倾和加强日美同盟的背景下，岸田文雄政府启动后，大步迈开提升防卫费和增强防卫力量步伐。2021 年度日本《防卫白皮书》显示，防卫费连续九年增加，在 2021 年创历史新高，为 5. 12 万亿日元。在 2022 年度防卫费预算中，日本防卫费连续十年打破最高纪录，为 5. 34 万亿日元。[③] 2021 年《防卫白皮书》和 2022 年度防卫预算案均反映出，日本继续强调发展太空、网络和电磁领域的能力，以

---

① 「日米首脳間の懇談」、外務省、2021 年 11 月 21 日、https：//www. mofa. go. jp/mofaj/na/na1/us/page4_005435. html。（上网时间：2022 年 6 月 30 日）

② 「日米首脳テレビ会談」、外務省、2022 年 1 月 22 日、https：//www. mofa. go. jp/mofaj/na/na1/page1_001086. html。（上网时间：2022 年 6 月 30 日）

③ 「我が国の防衛と予算——令和 4 年度概算要求の概要」、防衛省、2021 年 8 月 31 日、https：//www. mod. go. jp/j/yosan/yosan_gaiyo/2022/yosan_20210831. pdf（上网时间：2022 年 11 月 16 日）

应对地区国家的军事现代化；会继续加强日本偏远岛屿的防御能力，会在上述岛屿上部署地对空和反舰导弹系统；改装“出云”级直升机航母等。2022 年 12 月 16 日，日本政府召开临时内阁会议，批准了《国家安全保障战略》《国家防卫战略》《防卫力量整备计划》三份安全保障文件，明确写出日本将拥有打击敌方发射其他设施等的“反击能力”，这标志着日本防卫能力从和平宪法第九条规定的“专守防卫”正式转向“攻守兼备”，实现“反守为攻”的目标。在此背景下，日本政府将大幅增加军费以购买美国“战斧”导弹等优势武器和新式武器，同时日美将就远程打击行动制定联合作战计划。

其次，以日美同盟为外交基轴，加深与志同道合国家间的关联度。从菅义伟内阁到岸田内阁，日本政府一直在强调民主价值观之于日本的重要意义。以此为基点，日本政府对外扩宽志同道合国家的范围，以争取在国际事务中发挥更大作用。“四方安全对话机制”被称为亚洲版的“北约”，是以美国为主导、日印澳积极参与的“小多边”组合。日本是“四边机制”的创建国，2006 年，时任日本首相的安倍晋三提出要建立美日印澳“民主国家的集合”，四国要在印太地区发挥自由主义价值观。可以说，自“四边机制”创建之日起，该组织就带有典型的意识形态色彩。在此框架下，日本积极展开与其他三国的双边、三边乃至四边的互动，经过四国不断磨合与互动，使得“四边机制”从初始阶段的松散行为体状态逐渐过渡至同盟结合体。2021 年 2 月 18 日，日本外相茂木敏充、美国国务卿安东尼·布林肯、印度外长苏杰生和澳大利亚外长玛丽斯·佩恩召开电话会议，重申将努力实现至少每年举行一次部长级的四边对话，并定期举行高级和工作级别的四边对话。日本同其他三国一致认为，要以共有价值观为基础，构建基于法治的、自由开放的国际秩序。[①] 2021 年 3 月 12 日，在美国主导下，四国再次召开视频会议，重申共同价值观的重要性，同时表示要“致力于利用我们的伙伴关系帮助这个世界上最具活力的地区应对历史性危机，使之成为我们共同寻求的自由开放、无障碍、多样化和繁荣的印太地区”[②]。2021 年 9 月 24 日，四国首脑在白宫召开首次线下会议。日本与其他三国决意继续在共同价值观的框架下，持续关注印太地区安全；继续在高质量基础设施建设、海洋安全保障、反恐、网络安全、人道主义救助以及太空领域展开密切合作，同时展开绿色能源经济和人文交流方面的互动。会议还表现出对中国相关议题、朝鲜核问题、缅甸局势和阿富汗局势的极大关注，同时决意进一步扩大合作伙伴范围，包括东盟和欧盟。[③]

2022 年 2 月 11 日，四国外长在澳大利亚墨尔本举行第四次四方外长会议；3 月 19 日，岸田首相对印度开展为期两天的访问；5 月 24 日，“四方安全对话机制”首脑会谈在日本东京首相官邸举行。三次会议均呈现出四国加强共同机制内互动的决心，重申“致力于建立一个自由、开放安全和繁荣的印太地区”。四国基于价值观加强合作，试图达到以下目的。通过增强在南海的军事活动频次，强化彼此间的战略协作能力，还扩大在该地区的影响力；不断强调与东亚以及东南亚国家的价值观共性，试图扰乱中国与上述国家的正常交流与合作，如在 2022 年 2 月 11 日的“四边机制”的外长会议中，四国外长均认为推进世界各国深化认识“自由开放的印太”框架的真谛，强化《东盟印太展望》（AOIP）与“四边机制”

① 「日米豪印外相電話会談」、外務省、2021 年 2 月 19 日、https://www.mofa.go.jp/mofaj/press/release/press3_000427.html。（上网时间：2022 年 8 月 16 日）

② 「日米豪印首脳テレビ会議」、外務省、2021 年 3 月 13 日、https://www.mofa.go.jp/mofaj/fp/nsp/page1_000939.html。（上网时间：2022 年 8 月 16 日）

③ 「第 2 回日米豪印首脳会合」、外務省、2021 年 9 月 25 日、https://www.mofa.go.jp/mofaj/fp/nsp/page4_005424.html。（上网时间：2022 年 8 月 20 日）

的对接；[①] 通过双边或三边等多种形式开展演习，不断加强安全方面的联系。

二、周边外交：有务实之心，但无平衡之力

（一）构建“建设性的、稳定的”中日关系

菅义伟内阁重在强调稳定的中日关系。2021 年 4 月 5 日，中日两国外长通电话。日本外长茂木敏充表示，日中互为近邻，日方高度重视对华关系，确保日中关系稳定发展的态度没有变化，愿同中方加强各领域交流合作。岸田政府重在强调“建设性的、稳定的”中日关系。2021 年 10 月 8 日，两国领导人互通电话。岸田首相表示，日方愿同中方一道，从日中关系中汲取重要启示，以明年日中邦交正常化 50 周年为契机，共同努力构建契合新时代要求的建设性的、稳定的日中关系。2022 年 11 月 17 日，两国领导人在曼谷实现会晤，这是中日首脑三年来举行的首次面对面会谈。岸田首相表示，日中关系存在各种各样的合作可能性，也直面诸多课题与悬而未决的问题，双方一致同意，要做好风险管控，增进政治互信，推进务实合作，扩大人文交流，共同致力于构建契合新时代要求的稳定和建设性的中日关系。[②]“稳定”的中日关系对日方而言至关重要，但同时日方也看到了存在分歧的“建设性的”问题，主要体现在两国间的海洋争端和意识形态方面的冲突。2022 年 6 月 23 日，日本外务

---

① 「第 4 回日米豪印外相会合」、外務省、2022 年 2 月 12 日、https://www.mofa.go.jp/mofaj/fp/nsp/page6_000663.html。（上网时间：2022 年 10 月 27 日）

② 《习近平会见日本首相岸田文雄》，中国新闻网，2022 年 11 月 17 日，https://baijiahao.baidu.com/s?id=1749764104420495798&wfr=spider&for=pc。（上网时间：2022 年 11 月 20 日）

省亚洲大洋洲局局长同中国外交部边界与海洋事务司司长进行了中日海洋事务高级别磋商团长会谈。中方敦促日方尊重中国领土主权和安全关切，切实谨言慎行；日方对中方船只绕行钓鱼岛、开发东海资源等问题表示密切关注。中日双方在关涉海洋主权归属方面仍存在明显分歧，但同意会积极促进海洋生态、环保、科研、气象、搜救和渔业等涉海务实合作。①

总体而言，新冠病毒感染疫情暴发之初，日方基于一衣带水邻邦的意识，对中国进行了较大规模的、友好的援助。2020 年夏天至今，日本政府对华政策重回战略竞争轨道，联外遏华色彩日渐浓厚。菅义伟内阁时期，首相面临“党高政低”的政治局面，政策倾向受党内强硬派诸多牵制，导致日本对华政策偏离日本传统的外交平衡感。岸田首相上台后，在前期国内演讲以及与中国领导人对话过程中，虽然表达出有意构建“建设性的、稳定的”中日关系，志在修复受损的两国关系，但进入 2022 年，岸田政府不断渲染中国在人权问题和海洋问题上的所谓“不正”或“威胁”行为，不但碰触中日关系的敏感神经，给中日关系造成持续性的负面影响。2022 年 12 月 16 日，日本通过内阁决议案的形式通过《日本安全保障战略》等三份文件，将中国定位为“迄今最大战略挑战”，妄称中国对外姿态和军事活动是国际社会“严重关切事项”，指责中国在台海地区军演发射导弹对当地居民构成“威胁”，并给中方贴上“经济胁迫”等标签。② 日本政府背离中日之间的四个政治文件精神，肆意煽动中国威胁，引起中国政府的强烈抗议和严正交涉。但同时，中日之间还存在缓和的可能性：一是日本国内仍保留广泛的反战阵营和和平友好

---

① 「日中高級事務レベル海洋協議団長間協議」、外務省、2022 年 6 月 24 日、https：//www. mofa. go. jp/mofaj/press/release/press1_000934. html。（上网时间：2022 年 11 月 16 日）

② 「日本の安全保障の大転換“安全保障 3 文書”閣議決定」、NHKニュース、2022 年 12 月 16 日、https：//www3. nhk. or. jp/news/html/20221216/k10013925081000. html。（上网时间：2022 年 12 月 16 日）

人士；二是日本高层持有缓和中日关系的意愿，2022 年 11 月 26 日，日本共同社援引消息人士的话报道称，日本联合执政的公明党党首山口那津男寻求访问中国，山口希望通过访问中国来增强存在感，并推动两国关系改善；日本外相林芳正预计 12 月下旬访问中国，将与中方就如何构建“建设性、稳定的日中关系”的具体方案进行沟通。

从未来走势看，安倍遇刺使得自民党与“统一教会”之间的关系浮出水面，自民党政权面临重大危机，岸田政府会进一步渲染外部威胁，以减轻国内民众对自民党政权的关注度；美国对华发动的大国战略博弈走向长期化和深刻化，日美同盟强化趋势日益明显，上述原因均会造成中日关系的短期未来走势存在多变性和复杂性。

（二）对俄罗斯的外交

迄今为止，横亘在日俄两国间的领土问题始终没有得到解决，日俄关系一直处于“兜圈子”的状态。2012 年底，安倍晋三再次执政后，提出了不同于以往的对俄外交“新思路”，以展开人文交流和经贸合作等务实交流，试图“以经促政”，两国关系由此在 2019 年和 2020 年互动频频，一度升温。菅义伟上台后，日本未能实现与俄罗斯普京总统的正式首脑会谈，两国关系明显降温。2021 年 8 月 11 日，日本外相茂木敏充和俄罗斯外长拉夫罗夫通电话，就两国首脑会面达成初步一致。9 月 2 日，由于未接到普京总统的正式邀请，菅义伟内阁官房长官加藤胜信在记者会上表示，经过综合考虑，首相将不会出席在俄罗斯举办的东方经济论坛，也不会以线上方式参与或发送录制视频。

2021 年 10 月 7 日，岸田文雄首相与普京总统进行了长达 25 分钟的电话会谈。会谈中，岸田文雄祝贺普京生日，普京也祝贺岸田文雄成为新首相。日方提出希望早日同俄罗斯缔结和平条约，开展两国间的互惠关系；普京总统对未来的日俄关系表示期待，希望两国继续展开对话。对日本而言，与俄罗斯增加政治互信，缔结和平条约，是最优先的外交选择项。

2022 年 2 月 21 日，俄罗斯总统普京签署关于承认乌克兰东部两个共和国的命令；22 日，日本外相林芳正在记者会上予以谴责，称不会承认俄罗斯对两个共和国的主权所有；2 月 24 日，俄乌冲突爆发，日本紧随美欧等国对俄罗斯采取了一系列严厉制裁措施，并通过各种形式支持乌克兰。日本对俄采取的制裁措施包括：对上述两个地区的相关人员停发签证并冻结资产、剥夺上述地区与日本展开国际贸易的权力、冻结俄罗斯总统等政府相关人员的在日资产、停止俄罗斯的最惠国待遇、禁止从俄罗斯进口煤炭等关键能源等。日本的系列制裁措施引起俄罗斯的强烈反击，包括停止与日方展开缔结和平条约的谈判、将在建的“萨哈林 2 号”石油天然气项目主体事业移交俄罗斯国有企业管理等。[①] 两国关系跌至冷战后的最谷底。但同时出于保护自身利益的考量，岸田政府在一些外交事宜上展现出了与西方不同的立场，包括关闭领空、慎重表态完全禁止进口俄罗斯石油、保留与俄方建设“萨哈林 1 号”和“萨哈林 2 号”的权限等。[②] 2022 年 8 月 17 日，俄罗斯媒体援引俄财政部的消息称，日本已在 7 月份恢复进口俄罗斯石油。总之，能源匮乏的日本始终在能源进口等敏感问题上尽可能弱化制裁政策产生的负面影响，保持对俄制裁的“日本节奏”与“日本特色”。

---

① 「プーチン大統領『サハリン2』主体をロシア企業へ 大統領令署名」、NHKニュース、2022 年 7 月 1 日、https：//www. nhk. or. jp/news/html/20220701/k10013697111000. html。（上网时间：2022 年 11 月 16 日）

② 《依赖俄天然气，岸田文雄：不会退出俄远东“萨哈林二号”项目》，观察者网，2022 年 4 月 1 日，https：//www. guancha. cn/internation/2022_04_01_632796. shtml。（上网时间：2022 年 11 月 16 日）

北方四岛问题的解决与否是日俄两国缔结和平条约的最关键因素，围绕这一问题的解决，日本国内长期存在对俄强硬派和温和派的争论。安倍第二次执政期间，强调“以经促政”，试图通过与俄罗斯展开经济合作的务实方式，促进解决领土争端问题。直至2022年，这一温和方式依然在持续中，作为后安倍时代的表现之一，是2022年2月17日，日本外相林芳正与俄罗斯经济发展部长就两国经贸合作依然在展开磋商。但此举招致自民党政调会长、强硬派代表人物高市早苗的强烈批评，认为这会直接影响即将召开的七国峰会效果。俄乌冲突带来西方阵营的广泛团结，日本政坛中对俄强硬派重占上风，在此背景下，日本对俄政策呈现较强的现实性色彩。但值得注意的是，西方内部对俄政策方面存在一定分歧，法德等国在2014年克里米亚危机发生后期均不同程度地调整了对俄政策，[①] 这为日本政府继续在对俄政策上采取务实合作提供了空间。

（三）对韩国的外交

2021年至2022年，日本政府对韩政策并未呈现明显变化，韩国是日本的重要邻国，日韩关系置于美国同盟框架之下，是一种准同盟的关系。日本政府以务实的态度推进历史问题的解决，在准同盟的框架下，展开美日韩三国的互动，是日本政府对韩政策的重点内容。

1. 通过高层互动修复两国受损的关系

2021年2月1日，日本政府向联合国教科文组织递交文件，申请将“佐渡金山”列为世界文化遗产。[②] 由于“佐渡金山”是二战

---

① 焦一强、朱艳：《“选择性互动”与乌克兰危机以来德俄关系回暖评析》，《俄罗斯研究》2021年第5期，第5页。

② 卢昊：《“佐渡金山”申遗加剧日韩关系紧张》，《世界知识》2022年第5期，第24页。

时日本强征及奴役朝鲜半岛苦工的劳动地点，使得双方日趋紧张的关系再度下行。2021 年 2 月 2 日，韩国国防部发布新版《国防白皮书》，不再用“伙伴”描述日本，而是称其为“邻国”。日本在韩国这一重要文件中被降级，显示日韩关系呈现不断恶化的趋势。[①] 2021 年 10 月 15 日，岸田文雄就任日本首相的第 12 天，日韩首脑完成了首次电话沟通。双方承认在历史问题上的巨大分歧，但岸田首相表示，“虽然处于非常严峻的状况，但不能搁置不管”，表明了打破现状的积极态度；同时希望韩方在解决日朝的“绑架人质问题”上予以斡旋。[②] 2022 年 3 月 10 日，韩国国民力量党候选人尹锡悦赢得第 20 届总统大选；3 月 11 日，岸田首相同尹锡悦总统通电话，强调两国在价值观上的一致性，决意修复并强化 1965 年日韩邦交正常化以来的日韩友好合作关系。2022 年 6 月 29 日，美国总统拜登、日本首相岸田文雄、韩国总统尹锡悦在北约马德里峰会期间举行三方首脑会谈，这是日韩首脑自 2019 年 12 月以来的首次首脑会谈。三方会谈的首要议题是加速以美国为核心的防务合作，2022 年初以来，朝鲜大幅增加实施导弹发射试验的频次，美、日、韩有意通过首脑级别展现团结以提高威慑力。在此次三边会晤中，日方希望美方和韩方协力，尽早解决日朝间的“绑架人质问题”。2022 年 11 月 13 日，东南亚国家联盟峰会在柬埔寨金边举行，日韩两国领导人 9 月在美国纽约联合国大会的非正式会晤后时隔两个月再次会晤，会谈持续 45 分钟。在会谈中，日方努力寻找双方需要共同应对的问题，以最大化地消除分歧。双方涉及的共同点包括：深化构建更高层次的“印太战略”的意识、渲染“朝核威胁”以在防务上保持密切合作、

---

① 《“伙伴”变“邻国”韩日关系再度趋冷》，新华网，2021 年 2 月 18 日，https：//baijiahao. baidu. com/s？ id = 1691107735098022345&wfr = spider&for = pc。（上网时间：2022 年 11 月 21 日）

② 「日韓首脳電話会談」、外務省、2021 年 10 月 16 日、https：//www. mofa. go. jp/mofaj/a_o/na/kr/page4_005429. html。（上网时间：2022 年 11 月 30 日）

争取年内解决强征劳工诉讼问题等。截至 2022 年 11 月底，韩国外交部已证实，韩日就正在协商的劳工诉讼案的分歧有所拉进，两国在就更具体的解决防范问题进行讨论，但目前还未确定最终采取哪个方案。

2. 在美日韩三边框架下强化共识

对美国而言，良好的美日韩三边关系是其应对朝核危机、遏制中国崛起、提高延伸威慑力的重要凭借；对日本政府而言，与韩国重塑价值观和防务准盟友关系，是维护日本周边安全的重要选择。日韩关系交恶，源于两种因素：一是日本未能妥善处理二战劳工索赔问题为代表的历史问题；二是特朗普政府期间推行“以美国优先”政策，在同盟关系中更多考虑自身利益，缺乏推动解决日韩矛盾的意愿。日本政坛进入后安倍时代，美国政坛也迎来拜登时代，与特立独行的特朗普政府相比，拜登政府更多采取“价值观外交、打情怀牌”与“对双方施加压力、提出折中妥协方案”的两手策略。①

2021 年 2 月，韩国发布官方白皮书，下调日本在韩国外交层面的等级。2021 年 3 月 18 日，美国防长劳埃德·奥斯汀、美国国务卿安东尼·布林肯、韩国外长郑义溶和韩国国防部长官徐旭在韩国首尔举行美韩“2 +2”会议，美方要求韩方保持美日韩三方军事合作。2021 年 6 月 5 日，韩国参加了在美国阿拉斯加举行的美日韩三国联合军事演练，致使停滞三年的日韩两国军事交流借助美方的撮合有所恢复。三国外交系统、防务系统的频繁互动，标志着美国已经开启了修补特朗普在任期间受损的盟友间关系，日韩关系也在此框架下开始了修复。

与 2021 年的两次三边会谈相比，2022 年三边互动明显增多，达

---

① 郭锐：《拜登政府时期美日韩三边关系走向》，《当代韩国》2021 年第 2 期，第 3—9 页。

到14次。2022年的三边互动中，美日韩三国认为有效应对朝鲜核威胁是首要课题，因为朝鲜接二连三发射导弹“是重大且迫切的威胁，是对国际社会的严重挑战”①。基于此，三方确认为实现朝鲜无核化，将加强包括日美韩安保合作在内的威慑能力，并在联合国安理会的应对中紧密协作。其次，三国均同意将合作从防务扩大至全球层面，以有效应对全球化挑战。2022年9月23日，美国国务卿布林肯、日本外务大臣林芳正、韩国外交部长官朴振在联合国大会期间举行会晤。会后发表的联合声明强调，为维护基于规则的经济秩序、促进印太地区及全球的繁荣，三国有必要加强合作。三国商定共同应对“经济胁迫”行为，并承诺努力维护国际秩序，争取各国在没有压迫的情况下自由选择各自道路。再次，重申对俄乌冲突的立场是凝聚三边价值观和国家战略共识的有效手段。2022年中的三边首脑和外长会晤中，三国多次谴责俄罗斯侵略乌克兰，并对乌方表示支持。三方强调，三国将坚决反对以武力或胁迫手段改变领土和地区现状的企图。

三、结语

从菅义伟内阁到岸田文雄内阁，日本政府发表的施政演说中可以看出三个共通点：维护普世价值观、捍卫日本领土主权和国民生命财产安全、努力投身全球性课题，谋求国际社会中的主导地位。至2022年11月，美国业已举行了中期选举，拜登政府的本届执政时间还余两年，但无论是共和党人总统还是民主党人总统，中美间

---

① 「日米韓次官電話協議」、外務省、2022年11月22日、https：//www. mofa. go. jp/mofaj/press/release/press1_001169. html。（上网时间：2022年11月29日）

的战略竞争底色在较长时间内不会变，这直接影响日本的外交政策，使其以日美同盟为基轴，积极拉拢价值观相同或类似的国家或地区，以抱团形态形成对华态势，保持在民主国家阵营和世界范围内的影响力。在“后安倍时代”两届政府的施政演说中，外交层面层级先后次序为日美同盟、联合价值观相同的国家和地区、周边外交。对于日本政府而言，依托强大的美国核保护，与周边国家展开务实外交，是较为常见的选择，这一惯性战略思维在较长时间内会得以维系。

第七章　美国新版《国家安全战略》评析

闫　驰

2022 年 10 月 12 日，美国新版《国家安全战略》报告姗姗来迟，俄乌冲突的爆发使拜登政府对这份报告的最初版本进行了大幅修改。发布《国家安全战略》是美国政府的常规操作，旨在明确美国面临的国家安全挑战，并制定美国应对这些挑战的总体方略。报告是对美国国家安全和对外战略的顶层设计和未来设想，也是美国政府各机构围绕对外战略部署工作的重要指南。

一、拜登政府对外部威胁的评估

新版《国家安全战略》报告发布时美国所处的背景极为复杂。国际上大国战略竞争日趋激烈，俄乌冲突持续发酵，新冠病毒感染疫情扩散对全球公共卫生安全构成严重挑战；国内政治上中期选举迫在眉睫，经济上面临通货膨胀等重重压力。此时，美国亟需一份内外战略设计的引领。不过该报告中的诸多政策已在推出前渐次铺开，2021 年 3 月拜登政府率先发布了《临时国家安全指南》[①]，可以

① Biden – Harris Administration, *Interim National Security Strategic Guidance*, March 2021, Washington, D. C.

视为《国家安全战略》报告的预览版。因此，新版报告与其说是一份战略指南，不如说是对拜登第一任期接近半程时的阶段性总结。

回顾二战结束以来美国历届政府，每逢总统更迭后，美国安全战略都会出现重大转向，但此次新版《国家安全战略》报告相较于特朗普 2017 年版报告并无多大创新。报告中对美国外部威胁概括为两部分：

第一，后冷战时代国际秩序已经结束，美国面临日益增加的大国战略竞争。特朗普入主白宫后便宣布世界进入大国战略竞争时代，中国从合作伙伴变为竞争对手，美国对华政策由接触与合作转为竞争与对抗。拜登政府继承了特朗普政府对中国的定位和基本政策，关于大国战略竞争的内容是报告的重中之重，着墨最多。不过，该报告对中国与俄罗斯这两个主要对手做了区分，认为俄罗斯和中国构成不同的挑战。俄罗斯对乌克兰发动特别军事行动，对国际体系构成了直接威胁。相比之下，中国是“最严峻的地缘政治挑战”，是“唯一一个既具有重塑国际秩序的意图，又具有越来越多经济、外交、军事和技术力量来推进这一目标的竞争对手。”① 换言之，在美国眼里，俄罗斯的挑战是“疥癣之疾”，而中国的挑战则是“心腹之患”。美国“将优先保持对中国的持久竞争优势，同时限制极其危险的俄罗斯。”②

在《临时国家安全指南》中，拜登政府并没有如特朗普政府那样将中国界定为“修正主义国家”，但本次报告则使用了“修正主义”一词，中国显然是其所指对象。该文件提出：“我们的愿景面临的最紧迫战略挑战来自将威权治理与修正主义外交政策相结

---

① Biden - Harris Administration, *National Security Strategy*, October 12, 2022, Washington, D. C. , p. 23.

② Biden - Harris Administration, *National Security Strategy*, October 12, 2022, Washington, D. C. , p. 23.

合的大国。”[①] 可见，无论是共和党，还是民主党，对于中国战略身份的界定进一步趋同，即中国是有能力与意愿给美国主导的国际秩序带来实质性挑战的最大的战略竞争对手。拜登政府对华认知定位本质是对中国战略意图与实力增长的高度质疑。其一，在拜登看来，中国所走的不同于欧美民主的政治道路及所取得的成就，导致了世界对于西式民主政体能力的信任溃败；中国在其他国家和地区的影响限制了美国及其盟友的能力发挥，进而削弱了美国的影响力。其二，拜登认为中国在各个领域的实力提升可能给美国带来安全风险。他多次宣称，中国在军用技术发展上产生了对美国的直接挑战，如空间技术、网络能力和高超声速导弹技术的发展。拜登也表现出在非传统安全议题上对华遏制的思维，屡屡在市场地位、知识产权、网络安全与高新技术发展等议题上专门提及“中国对美国的威胁”[②]。但是，鉴于中国在全球经济中的中心地位，以及在应对全球性挑战方面的显著影响，美国有可能与中国和平共处，并共同为人类进步做出贡献，故而美国将与中国展开长期的、负责任的竞争。拜登政府强调，未来 10 年是美国与中国进行较量的“决定性 10 年”，美国对华战略的总目标就是实现最终的竞赢（out - compete）。[③]

鉴于俄乌冲突的发生，美国将俄罗斯视为直接而紧迫的安全威胁。因而，美国对俄罗斯的战略是以限制为主，即限制俄罗斯的领土扩张与实力地位，约束并阻止俄罗斯可能采取的极端行为（如对美攻击、使用核武器等）。在拜登的安全思维中，俄罗斯一直被视作

① Biden - Harris Administration, *National Security Strategy*, October 12, 2022, Washington, D. C. , p. 8.

② 朱晨歌、尹继武：《美国拜登总统的国家安全战略思维》，《国家安全研究》2022 年第 6 期，第 27 页。

③ Biden - Harris Administration, *National Security Strategy*, October 12, 2022, Washington, D. C. , p. 6.

美国的安全威胁。在长期的政治生涯中，拜登一直认定，俄罗斯作为非传统西方政体的军事大国可能会在安全领域对美国发起挑战。他认为当前的美俄关系是美苏冷战的延续，尽管美国获得了冷战的胜利，两国仍然保持着高度安全与价值观的竞争关系。[①] 2022 年俄乌冲突的发生又加剧了拜登这一威胁认知，自 2022 年俄乌冲突升级以来，拜登迅速联合西方国家开启对俄制裁，并向乌克兰提供军事装备。同时，可以注意到拜登明确要避免两国在军事安全上爆发直接冲突。较之前一届政府，拜登更为积极地推动两国军备管控和冲突管理议程。2021 年，美俄分别达成了《新削减战略武器条约》（New START）与《美俄战略稳定联合声明》（U. S. – Russia Presidential Joint Statement on Strategic Stability）。

第二，许多全球范围的问题对包括美国在内的世界各国构成挑战，需各国合力应对。报告中列出气候变化、粮食安全、流行病传播、恐怖主义、能源短缺与通货膨胀等诸多全球性挑战，在拜登政府看来这些挑战并非是边缘问题，而是国家安全和国际安全的核心。很显然，2020 年疫情大流行给美国国家安全认知产生重大影响，报告中提及如果没有国家间合作无法应对包括流行病传播在内的跨国挑战，美国也认识到在应对跨国挑战所需的国际合作与面临的大国战略竞争间需要协调与平衡。而如何在推进大国竞争与应对跨国性挑战之间寻求新的平衡点，是贯穿这份报告的一条主线。美国认识到，中国对全球经济而言依然至关重要，在解决流行病传播、粮食危机、能源转型等跨国挑战方面，美国和中国存在共同利益。报告表示，“美国与中国的和平共处是可能的，两国共享并共同为人类进步做出贡献也是可能的”。报告称，美国寻求与中国实现“更大的战

---

① 朱晨歌、尹继武：《美国拜登总统的国家安全战略思维》，《国家安全研究》2022 年第 6 期，第 24 页。

略稳定性”，提升危机沟通，减少军事冲突升级风险，建立“相互的透明性”。值得玩味的是，报告强调中美在政府和制度层面存在深刻分歧，但是两国民众之间的友好依然存在，美国“深切地尊重中国人民的成就、历史和文化”①。

在全球卫生治理领域，拜登政府承诺将与国际社会一道共同抗击新冠病毒感染疫情和其他具有大流行潜质的传染病带来的持续威胁。2021 年 1 月 20 日，拜登致信联合国秘书长古特雷斯，宣布撤销特朗普政府退出世界卫生组织的决定，承认世界卫生组织在全世界抗击新冠病毒感染疫情过程中发挥着至关重要的作用，并表示美国愿意为世界卫生组织提供支持，在增进全球卫生安全中继续做一个全面参与者和全球引领者。2 月 17 日，美国国务卿布林肯在联合国安理会新冠疫苗问题视频会议上宣布，将在月内向世界卫生组织支付超过 2 亿美元的款项，其中包括特朗普执政期间拖欠的款项。但拜登政府并不满足于当前美国在世界卫生组织中的现状，希望由美国“领导世界卫生组织，努力改革并强化该组织”。

在全球气候治理领域，2021 年 1 月 20 日，拜登入主白宫后就立即颁布行政命令，宣布重返《巴黎协定》。1 月 27 日，拜登签署了《关于应对国内外气候危机的行政命令》，“将气候危机作为美国外交政策和国家安全的中心点”，宣布美国“将与其他国家以及双边和多边合作伙伴合作，使世界进入可持续的气候道路”。并表示，美国将在实施《巴黎协定》的三个总体目标时发挥领导作用。3 月 26 日，拜登向 40 个国家的领导人发出邀请，宣布于 4 月 22—23 日主办“气候问题领导人峰会”。此外，拜登政府还在峰会召开时公布了其根据《巴黎协定》要求制定的 2030 年减排目标。

---

① Biden - Harris Administration, *National Security Strategy*, October 12, 2022, Washington, D. C. , p. 25.

拜登政府上台以来在全球治理领域的一系列政策举动充分说明其主张应对气候变化、公共卫生等全球性挑战，但又将战略竞争作为其面临的首要和支配性挑战。同时报告中又提出“包容性联盟”概念，[①] 表示美国将建立广泛的国家联盟以加强集体影响力和提升美国在大国竞争中的地位。根据报告，美国将加大对国际组织的参与力度，并寻求加强在各领域的同盟体系以主导国际规则制定。

二、新版《国家安全战略》的总目标和手段

报告中提出的美国战略总目标十分明确，构建一个自由、开放、繁荣和安全的国际秩序——即一个按照美国意愿塑造的世界。[②] 其背后反映的是美国全球安全观，二战以来，美国的安全空间随着国家实力的增强从半球安全扩展到全球安全。美国认定国家利益遍布全球，任何有美国人、美国企业、美国组织、美国军队所在的地方，无论主权属于哪个国家，都属于美国安全利益边界范围内，理应受到保护；任何国家或地区的变化、不稳定都会对美国的安全构成威胁；美国必须对威胁国家安全的行为体进行某种形式的干涉以维护国家安全。美国前国务卿科林·鲍威尔就曾称：“世界上没有一国与我们无关。我们是诸国之国，每片土地上的公民都在我们的排序中……我们在地球上的每寸土地都有利益，我们需要去领导、指挥、帮助每个想要自由、开放和繁荣的国家。”[③] 这句话深刻阐释了美国

---

① Biden - Harris Administration, *National Security Strategy*, October 12, 2022, Washington, D. C. , p. 18.

② Biden - Harris Administration, *National Security Strategy*, October 12, 2022, Washington, D. C. , p. 10.

③ U. S. Department of State, "Confirmation Hearing by Secretary - Designate Colin L. Powell," January 17, 2001.

的全球安全观。同时，美国将中国视为“最严峻的地缘政治挑战”，这意味着，当前美国的国家安全战略聚焦于在全球范围和各领域与中国展开“秩序之争”，本质上仍是维护美国霸权。

为维护美国主导的国际秩序，报告中明确提出美国未来在全球事务中最优先的三个任务。第一，美国要竞赢（out - competing）中国、限制（constrain）俄罗斯。报告对中国和俄罗斯的定位进行了明确区分，指出“中国和俄罗斯带来的挑战在重要性方面是截然不同的。俄罗斯对欧洲地区安全秩序构成了直接和持续的威胁，它是全球混乱和不稳定的根源，但它缺乏中国具备的那种全方位能力。中国是美国最重要的地缘政治挑战，尽管印太地区将是中美竞争最激烈的地方，但中国构成的挑战也具有重要的全球层面”。第二，世界各国应合作应对共同挑战，聚焦气候与能源安全、流行病传播、粮食安全、军控与反核扩散、反恐等领域。第三，美国要加紧重塑全球化，改造国际机制，在技术、网络安全、贸易等领域确立美国主导的新规则。报告罗列了拜登政府在推动“印太经济框架”、实施“全球投资和基础设施伙伴关系”倡议、构建“美洲经济繁荣伙伴关系”等方面的政绩，强调美国将更新既有的贸易体制，建立更加符合国际经济新现实的机制和安排，以应对中国这类“非市场行为体”带来的挑战。报告还提出“互联互通武器化”等问题，渲染中美在国际发展领域的竞争，称将确保世界银行等国际机制为美国的价值观和利益服务。

为此，拜登政府提出了具体政策手段，重审了此前美国国务卿布林肯提出的“投资、结盟和竞争”三要素，但较此前的表述也有一些新思路、新内容。包括三个层面：

第一，投资美国国家力量，维持竞争优势。美国将通过实行现代产业创新战略、通过“战略性公共投资”举措投资美国人民、增强美国民主的方式来推进这一进程，扩大针对中国的经济和技术优势。报告认为："美国在国际上的强大源于其国内的强大。在一个相互关联的世界里，外交和国内政策之间没有明确的界限。美国未来在世界上的成功取决于我们在国内的力量和韧性。为了战胜美国的竞争对手，美国需要通过关键的国内投资来保持和完善其竞争优势。"报告进而指出，从拜登政府上台以来，美国一直并将继续下大力实施现代工业重振和高技术创新战略，改造国内关键基础设施。这里一个特别重要的领域是半导体供应链。出于半导体对美国国家安全的重要性，美国正寻求大力重振其半导体产业。《芯片与科学法案》（CHIPS and Science Act）批准了2800亿美元的研发投资，特别是在半导体和高级计算、下一代通信、清洁能源技术和生物技术等关键领域。美国还将通过加强投资审查、出口控制和反情报资源来"打击知识产权盗窃、强制技术转让和其他削弱美国技术优势的企图"。总的来看，报告在阐述如何解决美国国内挑战方面着墨甚多，强调要打破美国国内政策和外交政策之间的区隔，要进一步强化美国在芯片等产业的供应链安全，并在先进计算、生物制造、人工智能、清洁能源等方面切实维护美国的"技术领导地位"。

第二，运用外交手段构建最强大可能联盟（possible coalition），包括加强已有同盟和伙伴体系、构建志同道合者联盟以及组建议题联盟；报告认为，第二次世界大战结束以来，美国的联盟和伙伴关系在美国的国家安全政策中发挥了至关重要的作用，今后必须深化和现代化。北约正在全力应对俄罗斯在欧洲的"侵略"，并在马德里峰会上通过了一项广泛的新议程以应对来自"中国的系统性挑战"，以及从网络到气候的其他安全风险，并同意芬兰和瑞典加入北约。新成立的美国—欧盟贸易和技术委员会正在协调各种方法，为全球技术、经济和贸易问题制定新的规则。在印太地区，美国建立和加强了美英澳安全伙伴关系（AUKUS）、美日印澳四国集团、美英澳加新"五眼联盟"等安全联盟。报告称美国将继续优先寻求整合美国在印太地区和欧洲地区各种联盟的新途径，并发展新的和更深入的合作方式。不仅如此，美国将与欧盟和英国合作，推动欧洲盟友和伙伴在印太地区发挥积极作用，包括支持航行自由和维护台湾海峡的“和平与稳定”。同样，美国也将积极推动其印度—太平洋盟友与欧洲的盟友合作，在与中国进行竞争的同时对抗俄罗斯。同时，美国还将在中东、非洲、大西洋沿岸、南美洲开展内容广泛的经济、环境、科学、海洋和安全合作，以扩大美国的盟友和伙伴关系，扩大美国的影响。

值得注意的是，报告公然将人权和干涉别国内政作为推进“美国安全利益”的政治工具。提出“美国将在全球推进民主，反对独裁主义，反对腐败、数字压制以及对选举和独立媒体的攻击。美国将通过与有关国家政府、公民社会、独立媒体和私营部门合作来防止可信信息被挤出，揭露虚假信息运动，并加强媒体环境的完整性”。声称将“追究侵犯和践踏人权的国家的责任，打击跨国镇压”。这些充分说明，美国的政治和经济胁迫行为，以及干涉主义、霸权主义、强权政治的行为将成为世界产生动荡和不稳定、不安全的根源。

第三，推进与加强军事现代化，明确武力使用标准，加大尖端技术投资，增强核战略威慑力，践行“一体化威慑”战略，提升军事部门人员能力与福祉等。报告声称，“强大的军队是推进和捍卫美国利益的重要手段。必要时，美国将毫不犹豫地使用武力捍卫其国家利益”。报告强调美军的主要职责是：保卫国土，遏制对美国、美国的盟友和伙伴的攻击和侵略，同时做好准备，在外交和威慑失败的情况下，打赢国家间的战争。

值得注意的是，报告明确将中国列为美国在军事上的主要挑战，提出对中国将采取“综合威慑”的战略，遏制和战胜中国。所谓“综合威慑”战略，就是综合运用经济制裁、常规力量和核力量对中国、俄罗斯可能的“侵略”实施多种威慑，迫使中俄等国放弃“侵略行为”，一旦威慑失败，将毫不犹豫地诉诸战争，并确保打赢。具体措施可以概括为一个词：“整合”——在军事和非军事领域加强力量整合、在美国本土以及利益攸关地区进行跨地区整合、在所有可能发生冲突的领域内实施整合、在美国政府内部实施整合，以及在盟友和伙伴之间进行整合。

报告提出，俄乌冲突凸显了生机勃勃的国防工业基础的重要性。美国将投资一系列先进技术，包括网络和空间领域的应用、导弹防御能力、可信人工智能和量子系统，并及时将新能力部署到战场，使美军更加现代化，使其具有致命的、有弹性的、可持续的、可生存的、敏捷的、反应灵敏的、作战概念先进的作战能力。美国还将与盟国和伙伴进行更深入的国防技术合作，以保障共同的军事技术优势。报告还认为，核威慑仍然是美国的首要任务，也是综合威慑的基础。报告妄称，“美国的竞争对手和潜在对手正在大力投资新型核武器。到21世纪30年代，美国将首次需要威慑两个主要核大国（显然指的是中俄），它们都将部署现代化和多样化的全球和地区核力量。为了确保美国的核威慑能够应对美国面临的威胁，美国将对三位一体核力量、核力量指挥、控制和通信系统，以及核武器基础设施进行现代化改造，并强化美国对盟国的延伸威慑承诺”。

三、新版《国家安全战略》的布局

在战略实施上，拜登政府的《国家安全战略》主要体现在地区层面的布局，包括印太、欧洲、西半球、中东、非洲、北极等地区以及海洋、空中与太空等领域。

报告从地缘上以印太地区与欧洲地区为重点，重视增进两个区域的联动，以更具创新性的方式打造更具行动力的盟伴体系。报告强调，俄乌冲突表明，国际秩序在一个地区的崩溃将最终会让其他地区的秩序陷入危险境地。美国希望欧洲的盟友能够在印太地区发挥更大作用，同时也将推动日本、韩国、澳大利亚、印度等印太盟友与欧盟、英国展开更深入合作，从而共同应对与中国的竞争。报告特别指出，美国试图构建的“大阵营”不仅包括政府力量，也注重吸纳企业、媒体、公民社会组织等民间力量，形成一种“公共部门—私营部门联盟”。在印太地区，报告指出，美国一方面“将扩大区域外交、发展和经济接触”，增强同亚太国家经贸联系与合作，建设“自由开放的印度—太平洋”，另一方面还将持续保持在该地区的军事存在，通过不断强化同澳大利亚、日本、韩国、菲律宾和泰国的同盟关系，做好对包括南海问题、台海问题、钓鱼岛问题、朝鲜核问题等地区事务的威慑和干预准备。在欧洲地区，报告指出，“欧洲一直是并将继续是美国应对各种全球挑战的最主要伙伴”。美国在欧洲的区域战略主要是立足于加强北约，“支持北约继续适应现代安全挑战，包括强化网络空间防御、气候安全以及中国政策和行动带来的日益增长的安全风险”，此外还将继续扶持乌克兰与俄罗斯开展对抗，并将中亚事务纳入美国欧洲战略，强化对中亚的渗透。

报告认为在中东、非洲、拉美等地区应灵活施策，更好地回应相关发展中国家和“非民主国家”的需求。拜登政府认识到，“民主对抗威权”的两分法令世界上的不少国家不满，进而会阻碍竞赢中国的国际阵营的构建。报告称，美国不寻求将相关国家改造成美国的模样，将努力构建“包容性的阵营”（inclusive coalition），共同维护以规则为基础的国际体系。报告提出，美国不会只从战略竞争的棱镜去看待世界，将更加重视满足相关伙伴国家的经济和发展需求，确保它们在面对中国时仍能保持自主性。在中东地区，报告指出，当前拜登政府新的中东政策框架发生了根本性的转向，新政策框架的基础是“利用外交手段缓和紧张局势、降低新冲突风险并为地区稳定奠定长期的基础”，重点是“军事威慑、加强伙伴能力、促进区域安全一体化、打击恐怖主义威胁和确保全球商业自由流动”。同时保持姿态，准备在外交手段失败的情况下使用其他手段，减少不稳定，防止恐怖主义输出。在非洲地区，报告认为“非洲政府、机构和人民是一支重要的地缘政治力量……非洲国家是联合国最大的区域投票群体之一”。美国未来将通过加强与非洲国家以及与“非洲联盟、地方政府、公民社会、私营部门和侨民社区等地区机构的合作”实现美非关系的调整。在美洲地区（西半球地区），美国将该地区视为自家“后院”。报告指出，美国将“从该地区的民主稳定和制度中获得安全和经济利益”，因此美国的美洲战略主要目标是发展地区经济、维持地区稳定，同时“防止外部，包括来自中国、俄罗斯或伊朗的干涉或胁迫……并支持委内瑞拉、古巴、尼加拉瓜和任何民意遭到压制的国家的人民实现民主自决”。

在北极地区，报告指责“俄罗斯在北极地区进行了大量的投资，实现了军事基础设施的现代化，并加快了演习和训练行动的步伐。其咄咄逼人的行为加剧了北极的地缘政治紧张，造成了新的意外冲突风险并阻碍了合作。报告还妄称，“中国试图通过快速增加在北极的投资、开展新的科学活动，以及利用这些科学活动进行具有情报或军事应用双重用途的研究，增加在北极的影响力”。指出美国必须加强在该地区的存在，并通过深化与北极地区盟友和伙伴的合作，维护美国在该地区的利益。而在海洋、空中和太空领域，报告强调了现阶段对环境的污染和破坏行为造成的系统性威胁，指出需要利用国际法和国际惯例来解决一系列无节制的破坏行为；空间探索则强调美国先发优势，认为美国应尽快在太空治理上采取行动，订立标准与规则。

四、新版《国家安全战略》的内在矛盾和启示

新版《国家安全战略》中拜登政府回答了美国应当如何看待当前的国际形势、如何应对严峻挑战、如何推进对外战略、如何维护自身利益等关键问题。这份报告一定程度上标志着美国《国家安全战略》以“大国战略竞争”为主线的阶段已经定型。然而，该报告仍然以固有思维应对国际新形势、新问题，暴露出拜登政府在谋划国家安全和对外战略时难以化解的内在矛盾。

报告序言部分扑面而来给人一种紧迫感和压迫感，包括重提世界正处于“拐点”，强调美国必须抓紧“决定性的十年”，以维护自身关键利益，“智胜”（outmanoeuvre）地缘政治对手，应对共同挑战。这种“时不我待”的感觉几乎充斥在第 48 页报告的字里行间：“决定性十年”在报告中出现了六次，“竞争”一词更是频繁映入眼帘。从报告的内容可以看出，拜登政府并未改变前任特朗普政府对国际形势的基本判断和认知，认为“战略竞争”是美国必须面对的最严峻挑战之一，今后世界的主流是竞争，地缘政治、大国博弈已经全面回归。而且拜登政府还认为在这个“决定性十年”的最初几年，地缘政治竞争的性质将得以确定，大国之间应对共同挑战的机会窗口将不断缩小。与前任有所不同的是，拜登政府仍试图为报告抹上一丝国际主义的色彩，认为即使是在“国家间竞争加剧的时代”，美国也必须保持并加强国际合作，以应对共同挑战。报告将共同的跨国性议题列为美国必须应对的挑战之一，包括气候变化、粮食安全、传染病防治、通货膨胀等，并声称这些议题并非是次要于地缘政治的“边缘问题”，而是国家和国际安全的“核心”。正如白宫在针对报告所发布的“事实清单”中所言，美国应当思考的是如

何谋求“竞争时代的合作”。

拜登政府试图在应对“战略竞争”和跨国性挑战之间寻求平衡，但报告却没有给出如何实现在“竞争时代”谋求全球合作的具体路径。“战略竞争”本质上与全球合作是冲突的，美国的这一战略设计只是一种美好的战略幻想。美国推动的“战略竞争”以大国竞争为核心，而全球合作却极为需要大国之间的共识与协调。在美国将全球化“武器化”、通过构建各类“小圈子”造成世界分裂的情况下，各国之间的信任遭到削弱，难以团结一致地应对跨国性挑战。拜登政府似乎也意识到了“战略竞争”与全球合作的不可调和性，在报告中看似聪明地又提出了“双轨政策”——既要在“基于规则的国际秩序内”与竞争对手合作应对挑战，也要与“民主国家”合作，建立强大、有韧性和相互强化的关系“网格”（lattice work）。但报告却没能对“基于规则的国际秩序”给出太多解释。这只会让其他国家认为，美国是希望以自己的规则重新定义国家间相互依存的条件，真实目的则是拉拢更多国家加入其“战略竞争”的行列。这只会将世界进一步向“阵营化”的方向推动。

为了应对美国面临的挑战，拜登政府仍然强调“投资国内”（investing at home）的重要性，呼应了其执政之初提出的“中产阶级外交”理念。这是基于拜登政府的一种认识，即国内与国外实力密不可分，应当打破国内政策和外交政策之间的分界线。为此，报告在“塑造规则之路”部分暗藏“美国优先”理念，强调推动建立“公平的规则”实质是为了保持美国自身经济和技术优势，塑造以“公平竞争”为特征的未来，也是为了帮助美国工人和企业在竞争中获胜。对此，拜登政府在报告中提出三条举措：一是不断完善美国国内的民主和法治；二是以现代工业战略补充私营部门的创新力量，对美国的劳动力、战略部门和供应链进行战略性公共投资；三是强军政策，为战略竞争时代做好军事准备。同时，报告也强调要把自身实力转化为持久的国际领导力，利用自身国家优势和联盟、伙伴关系力量，将国内外挑战转化为机遇。

报告并没有清晰描述出投资国内和转化为持久的国际领导力之间的逻辑联系。一种可能的解释是，拜登政府承袭了特朗普任内“美国优先”的内核，对外推动的战略调整只是切换政策实施方式，通过极具地缘政治色彩的伪多边主义和“民主”振兴战略，如实施供应链“韧性”战略、推动“印太经济框架”等，继续推行“战略竞争”，以实现报告中所说的“重塑全球战略环境”，在确保美国全球领导力的同时壮大自身实力。但拜登政府将外交战略与国内政策挂钩充满矛盾与风险。报告发布后，已有美国学者批评该报告本末倒置，对“中产阶级外交”强调不足，没有真正推动外交战略为国内利益服务。如果美国在中期选举后，民主党失去对国会一院乃至两院的控制，拜登政府将面临“府会分治”这一不利的国内政治地位，其“以外促内”的压力将更大，外交政策遭遇国内政治“绑架”的可能性也更高。截至目前，美国中期选举结果已出炉，在参议院中，民主党 51 席、共和党 49 席；众议院中，共和党 222 席、民主党 213 席。[①] 共和党在拜登执政的后半程已然进场，拜登对外施策将不得不向共和党做出一定妥协，美国发挥国际领导力的能力也会再次受到严峻挑战。

从更长远的角度看，美国外交政策与国内政治一旦高度绑定，在当前美国国内政治愈加极化、两党斗争愈发激烈的情况下，其他国家，尤其是美国的盟友，对美国外交政策的延续性和稳定性只会产生更多质疑，担忧美国政府经历政党轮替之后将调整外交方向，从而使得美国建立更强大联盟的目标发生动摇，盟友的利益将会再

① 中国侨网：《美国 2022：中期选举的“驴象之争”》，https：//baijiahao. baidu. com/s? id = 1752741172417101155&wfr = spider&for = pc。（上网时间：2022 年 12 月 25 日）

次受损。例如，作为美国盟友的欧洲国家，就对美国的国内政治动向极为关注。部分欧洲战略界人士担心，倘若2024年后特朗普卷土重来，跨大西洋关系将再次遭受冲击，因而他们呼吁欧洲应当与拜登政府所推行的“战略竞争”路线保持距离，避免深度卷入。

新版《国家安全战略》报告呈现的大国战略竞争与全球合作内在矛盾性难以调和，未来美国的对外战略与国内政策之间或许将出现更多矛盾和冲突，距离其设定的战略目标也可能渐行渐远。归纳起来，这份报告具有四个特点：

一是折射出美国强烈的焦虑心理。这份报告反复指出，世界处于转折点，未来十年将是“具有决定意义的十年”。特朗普政府《国家安全战略》报告则无此表述。拜登政府强调，当下美国的政策选择将会影响到未来国际秩序的性质与美国的全球地位，美国必须严肃认真地进行战略抉择，并以时不我待的精神加以政策推进。报告在最后以“没有时间可以浪费了”作为结束语，充分显示了美国的紧迫感。

二是聚焦主要战略挑战并重新配置全球战略资源。该战略文件聚焦中国所带来的长期战略挑战与俄罗斯所造成的直接而紧迫的现实挑战。在美国眼中，无论是中国还是俄罗斯，都是试图改变国际秩序性质的国家，但美国将中国作为最主要且有可能改变国际秩序性质的战略竞争对手。为此，美国将印太地区作为其全球战略的最优先地区，也是其战略资源部署的重点地区。其次才是欧洲地区。这是冷战后美国地区战略的重大转变。与此同时，美国调整了在中东地区的战略目标，不再将武力干预与政权更迭作为主要手段与目的，而是侧重于推进地区局势降温与区域一体化，促使合作伙伴有能力“保护他们的领土免受外部的和恐怖分子的威胁”。一定程度上，美国要求其伙伴承担更大的安全责任，这意味着美国可能进一步减少在该地区的资源投入。

三是强烈的意识形态色彩。拜登政府将未来十年的国际秩序之争看作民主与专制之间的较量，强调“民主国家和专制国家正在展开一场竞赛，以展示哪种治理体系能够最好地为其人民和世界服务”。报告使用“威权”“专制”“民主”等字眼的数量远多于特朗普政府《国家安全战略》报告。显然，拜登政府《国家安全战略》报告的意识形态色彩更加浓厚。不过，对美国来说现在的关键任务是重建美国与国际社会对民主价值观的信心。拜登政府强调要“继续在世界范围内捍卫民主”，这一定程度上意味着美国在民主推广问题上处于“守势”。

四是突出国际战略与国内战略的互动性。拜登政府意识到国内政策与国际战略之间已经界限模糊，两者相互影响、密切联系。美国在世界的领导地位取决于美国国内事业的发展振兴与民众的支持，而美国国内的发展振兴又将进一步加强与巩固美国的世界领导地位。报告宣称：“我们将遵循一个不争的事实，即美国在国内项目的实力和质量与我们在世界上的领导地位以及我们塑造世界秩序的能力密不可分。”为此，拜登政府将对美国《国家安全战略》进行评估与再评估，以确保该战略能“最好地为美国人民服务”。其首要评估标准，是该战略“是否令美国人民生活得更好、更安全、更公平”。其第二个评估标准，是该战略“是否能激励世界上与我们对未来有共同愿景的国家和人民”。从这个角度来说，拜登政府《国家安全战略》报告呈现出“美国优先、兼顾国际”的特点。

总之，拜登政府的这份《国家安全战略》报告体现了美国对中国“竞而胜之”的强烈意愿，也揭示了美国对华战略诸多新的动向。拜登在为报告撰写的前言中强调，世界正处于“拐点”时刻，民主依然管用，美国能够赢得 21 世纪的这场竞争，最好别赌美国输。显然，美国在中美之争问题上越来越有一股志在必得的劲头，中国需要做好在所谓“决定性十年”应对美国更大压力的准备。

第八章　新时期韩国的国家定位与战略调整

赵　阳

2022年以来，国际形势仍存在很多不确定因素，形势更趋复杂。从俄乌冲突到全球通胀、粮食危机、气候变化，方方面面都显得很严峻。全球主要大国或国家集团之间的竞合关系处于深度调整期，各方都在积极推动或调整对外战略以应对新的国际局势。受新冠病毒感染疫情的持续冲击，亚太地区各经济体的增长出现明显差异与分化，地区供应链也存在断裂风险，数字技术正成为推动亚太价值链重构的新动力。新上任的尹锡悦政府面临不小的挑战。那么，韩国接下来将如何改变自身国家定位与调整国家战略以应对新的国际局势，值得我们密切关注与研究。

一、尹锡悦政府赋予韩国国家的新定位

从20世纪90年代开始，韩国逐渐提出并主张自身中等强国身份。经过一系列努力，韩国中等强国领导力越来越受到国际社会的重视。在中国的国家认知层面，韩国也一直是“汉江奇迹”、亚洲经济腾飞的代表，被誉为“亚洲四小龙”之一。但随着新一届韩国总统尹锡悦的上台，他在竞选期间阐述的“韩国要做全球枢纽国家”的主张也成

为未来韩国主要的施政方针。韩国中等强国外交战略曾对中国完善周边外交布局、改善周边地缘政治环境、运筹大国竞争都有明显的影响。如今，韩国自身定位的改变也将或多或少对中国的周边外交布局、亚洲地缘政治环境，甚至全球安全体系与全球治理产生影响。

（一）韩国综合实力的变化

过去 75 年里，韩国经济取得了举世瞩目的成就。1948 年大韩民国政府成立之时，韩国还是世界上最贫穷的国家之一。而现在，它已经发展成为世界十大经济体之一，是发达国家中为数不多的制造大国。可以说，韩国是在第二次世界大战之后将经济发展与民主转型成功结合的、屈指可数的国家之一。①

20 世纪 60 年代初，韩国经济开始起飞，经过 50 多年的发展，人均国民总收入（GNI）由 1960 年的 120 美元增加到 2017 年的 28380 美元，成为发达国家，创造了“汉江奇迹”。2020 年，韩国 GDP 达到了 1.63 万亿美元，是世界第十大经济体。世界上有 14 个国家人口超过 1 亿，世界前十大经济体只有 4 个国家人口过亿，换言之，韩国的经济体量超过了世界上大部分人口过亿的国家。

韩国经济不但规模足够大，而且结构科学且质量高。世界上许多发达国家的经济脱实向虚，经济结构存在很大的问题。比如英国制造业增加值在 GDP 中只占 8.29%，法国制造业增加值在 GDP 中只占 9.29%，而韩国制造业增加值在 GDP 中占比达到 24.95%，远超世界平均值 14.46%，韩国的经济结构比较合理。2020 年韩国制造业增加值 4068 亿美元，排名世界第五，仅次于中国、美国、日

---

① ［韩］司空[illegible]、高永善主编，刘平、郁步利译：《跨越中等收入陷阱 韩国经济 60 年腾飞之路》，南京：江苏人民出版社，2021 年版，第 1 页。

本、德国。韩国制造业增加值是英国的1.79倍、法国的1.68倍、俄罗斯的2.07倍。

韩国的经济质量高且大部分集中在中高端，同时在芯片等领域是世界级强国。在船舶制造业长期与中国竞争世界第一的位置，而韩国在中高端领域更具优势。2020年韩国工业增加值5348亿美元，排名世界第六，仅次于中国、美国、日本、德国和印度。而这5个国家的人口都远超韩国，足见韩国工业制造的实力。

韩国历任总统，不论是“进步派”还是“保守派”，都力推“中等强国外交”，主张塑造韩国国际领导力。金大中、卢武铉先后提出“阳光政策”“东北亚均衡者论”，试图摆脱韩国在东北亚地区一味依附大国的从属角色，提倡以中等强国身份扮演地区事务协调者。李明博提出“全球韩国”战略构想，朴槿惠则强调韩国应该在为世界和平与发展做出贡献方面成为一个负责任的中等强国，韩国的领导力逐渐从地区走向世界。①

同时，韩国的对外贸易占国内生产总值的比重大，对外贸易的持续增长，也大大增强了韩国的综合国力。在全球化经济结构下，韩国GDP的90%依赖于海外贸易。为了提高世界经济中韩国经济的地位，必须重新部署经济增长战略。这也就不难理解为什么韩国要扩大全球的影响力，主要是为了拓展欧洲、印太地区的市场，降低对华依赖程度。

（二）保守派的政策传统

伴随着工业化进程，韩国的民主化走了条艰难曲折的道路。韩

---

① 邢丽菊、安波：《韩国中等强国领导力的发展演变及特征》，《复旦国际关系评论》2020年第2期，第168—187页。

国在建国以来的历史中，在工业化和社会发展的过程中，逐步形成了两种政治倾向、两大政治势力，同时在其背后也具有相应的两大利益板块，即主张发展优先的“保守派”和强调社会平等公正的“进步派”。

韩国“保守派”与“进步派”的两极对峙最早出现在20世纪七八十年代的民主化运动过程中。当时“保守派”所坚守的是二战后在美国扶持下建立起的政治经济体制，而作为“保守派”对立面的“进步派”追求的是选举制度的正常运行。①

表1　“保守派”与“进步派”外交政策差异的一般认知

派别	“保守派”	“进步派”
朝韩关系	对朝强硬，寻求与美政策协调	对朝柔和，寻求与朝和解
美韩关系	强化美韩同盟	在美韩同盟框架下寻求自主
中韩关系	“安美经中”“均衡外交”	“安美经中”，在半岛问题上积极合作
日韩关系	恢复经贸关系，加强安保合作	恢复经贸关系，适当加强安保合作

资料来源：笔者根据相关资料整理。

韩国的政党及领导人因所属派系的不同而通常被划分为“进步派”和“保守派”。“进步派”被认为是“左翼”，具有“反美”特征；而“保守派”则是“右翼”，具有“亲美”特征。前者的主要立场是将美国看作是半岛双方和解和统一的障碍，因此，当“进步派”执政后，往往会采取疏远与美国关系、离心韩美同盟的政策。而当“保守派”执政时，亲美政策则是其必选政策。这种认识由于冷战时期与共产主义的斗争而根植于韩国的政治生活之中。

冷战之后东北亚的矛盾主要表现为美朝之间的冲突。当美朝之

① 王晓玲：《韩国社会基本外交立场分析——一项基于问卷调查结果的观察》，《太平洋学报》2020年第11期，第50—52页。

间关系紧张时，韩国的政策选择就十分关键。“保守派”更倾向于采取亲美政策，因为它们认为与美国站在一起获益更多，因此，它们会采取有利于美国的对朝政策，如对朝强硬政策。然而，“进步派”即便是面临朝鲜威胁的情况下，也倾向于采取对朝缓和的政策以缓解半岛的紧张局势。

近年来，受国际大环境经济下行的影响，韩国经济增速放缓，而高物价、高房价、高失业率所带来的社会分化却在不断加剧；再加上朝鲜核导问题依然严峻，中美博弈的不断激化，韩国内外环境不容乐观，各阶层保守化趋势加强。同时，随着中国科技发展、产业结构的更新换代，中韩在经贸领域的竞争趋势加强。为此，韩国保守势力对民众展开全方位宣传和舆论引导，将中国塑造为韩国的主要竞争对手，以转移国内矛盾，加强社会控制。特别是近年来出于反建制、夺回政权的目的，韩国保守势力利用其媒体鼓动民众情绪，在涉及政治、历史等敏感问题的报道中刻意曲解中国政策，甚至将韩国发展和安全中遇到的一些问题归因于中国，误导民众对华认知，恶化中韩关系。[①]

尤其是尹锡悦上台之后，大力加强韩美关系，抛弃原先的“均衡外交”，使得中韩关系进入调整期。而在中美博弈的大背景下，尹锡悦选择站在美国一边，积极加入美国构建的“小圈子”，企图挤压中国的生存空间。随着朝核危机升级，中美竞争态势加剧，“民族主义”心理在韩国外交里不断弱化，“现实主义”诉求更加明显。这也是导致韩国社会日益“亲美保守化”的重要原因之一。

朝核危机不断推高韩国对美国的安全依赖，虽然在解决朝鲜半岛问题上需要中国发挥作用，但是韩国社会更认可美国。面对中美竞争，韩国持实用主义和机会主义的态度，以灵活多变的姿态在中

① 刘天聪、钱政宇：《韩国尹锡悦政府对华政策评析与展望》，《国际经济合作》2022 年第 4 期，第 40 页。

美之间斡旋辗转。一方面在中美贸易战的大背景下，韩国政府批评贸易保护主义，支持经济全球化；另一方面中国产业升级不断刺激韩国社会的危机意识，使得两面下注的韩国更容易靠向美国一方。

（三）国际格局的变化

美国将中国视为全球性竞争对手，调集同盟资源予以应对，加强与亚太伙伴的安全合作。在实力相对下降的情况下，美国借助盟友的力量对付中国。一方面鼓励亚太盟友和伙伴发挥“地区领导”作用，重视美日澳印“四方安全对话”；另一方面美国认识到单靠亚太盟友和伙伴不足以应对中国挑战，转向借重北约和欧盟。①

美国总统拜登在上任 16 个月后开启的“亚洲首访”引起广泛关注，最具争议的莫过于其正式推出的“印太经济框架”（IPEF）。为弥补“印太战略”中的经济短板，拜登于 2021 年 10 月首次提出 IPEF 构想，试图将“印太战略”构筑成一个集政治、经济、军事、社会、科技于一体的、全新的大战略。2022 年 5 月 12 日，拜登在美国—东盟特别峰会上重提 IPEF，宣布拨款 1.5 亿美元用于在应对气候变化、清洁能源、建设高标准基础设施等领域深化与东盟的合作，以“证明印太和东盟对于美国的意义”。

在此访第一站韩国，拜登强调在供应链、半导体等领域“基于共同价值观”的重要性。在第二站日本，拜登出席日美澳印“四方安全对话”机制（QUAD）领导人会议并正式发布了 IPEF 框架声明。声明内容包括公平和有弹性的贸易、供应链弹性、清洁能源和基础设施建设、税收和反腐败四大支柱，试图在高精尖技术与新经济领域进行谈判，构建一个“反制中国”的印太经济圈与规则重塑体。

---

① 孙茹：《中美全球博弈下的北约亚太化》，《现代国际关系》2022 年第 7 期，第 55 页。

面对中美战略博弈，韩国政府的主要思路分为“追随大国”和“战略自主”两大派别。从历届韩国政府的政策实践来看，无论是保守阵营的李明博、朴槿惠，还是进步阵营的卢武炫、文在寅，他们在应对中美博弈的思路上，基本都是在“亲美平衡”和“维持现状”之间左右徘徊。虽然不同阵营在执政时对两者的强调程度不同，但大体上的策略都是既要维护好美韩同盟这个基础，又要避免释放出清晰的选边信号。

随着美朝谈判进程陷入僵局以及中美关系的恶化，在文在寅执政后期，虽然“维持现状”的原则没有改变，但是亲美的色彩有所加强。在政策层面上，文在寅也增强了韩美同盟在涉华议题上的配合，议题内容也扩展到台海、亚太、经济、科技、国际秩序等多个中美战略竞争重点领域。因为中美博弈的激化，限制了作为“中等强国”——韩国的战略选择空间。许多韩国专家认为，若中美竞争最终难以调和，韩国必须以美韩同盟为首要考量，站在美国一边，因为韩国在半岛问题和日韩贸易摩擦上期待美国的帮助。自从拜登上台后，一改过去特朗普的施压政策，强调韩美在民主价值上的联结，积极主动拉拢韩国。而韩国对朝政策陷入僵局，也加速韩国靠近美国。进入2022年后，朝鲜频繁进行导弹试射，朝鲜对韩国的威胁加剧，而拜登上台后，决定废除特朗普时期的涉朝工作组，代之以司局级官员对话，协商层次更高，韩美在对朝政策上的声音也趋于一致。

韩国长期采取“双向对冲”路线管控中美博弈风险，面对拜登政府构建排他性全球经济合作框架的局面，尹锡悦政府对外经济合作重心进一步对美“偏移”，以避免在美国主导下的全球经济合作框架中被“边缘化”。尹锡悦政府试图借韩美合作开拓欧亚、印太市场，降低对华经济依赖，并以“经济安全”加强韩美供应链合作。[1]

---

① 金香丹：《中美博弈与韩国对外经济合作政策调整》，《亚太经济》2022年第5期，第80页。

最后，俄乌冲突引发的外溢效应将使中韩关系面临新挑战。美国以冲突为契机，根据意识形态刻意营造两个敌对阵营，刺激半岛遗留的冷战思维，使价值观因素对韩国外交影响扩大。尹锡悦在就职演说中35次提及“自由”，誓言捍卫民主和市场经济。由于中韩在政治制度和意识形态存在较大差异，价值观外交在一定程度上的回归会放大中韩之间的分歧，推动韩国对美国的战略追随。所以尽管紧密的经济相互依赖是中韩关系牢不可破的“压舱石”，但是韩国也在有意降低经济上对中国的依赖，扩大外交上的选择空间。

二、韩国的战略调整

作为“保守派”当选的总统，尹锡悦无法摆脱亲美保守倾向，对文在寅政府“战略模糊”路线的修正以及突出“价值观外交”成为其对外政策的主要内容。按照惯例，韩国候任总统在正式上任前会向中、美、日、俄派遣特使，给对方国家的领导人转达亲笔信。不过，候任总统尹锡悦方面随后表示，这次将仅向美国和欧盟派遣特使，不向中、日、俄派遣特使。[①] 这既表明了以美为中心的外交政策，也展示了其务实外交的本质。

（一）追求“战略清晰”

尹锡悦上台以后，一反文在寅的“战略模糊”战略，寻求“战

① 金惠真：《韩媒：尹锡悦打破“四强外交”惯例，将不向中日俄派遣特使》，《环球时报》，2022 年 3 月 16 日，https：//www. huanqiu. com/a/de583b/3460366076041275291？ agt = 12。（上网时间：2022 年 11 月 19 日）

略清晰”，不满足于前任政府所制定的地区战略，试图扩大自身影响力，走向全球战略。首先，将美韩关系提升至“全球全面战略同盟”水平，与此同时，美国也积极修补美韩分歧，美国在特朗普时期奉行“美国优先”，罔顾盟友利益，与韩国有诸多矛盾。特别是在防卫费分担的问题上，特朗普坚持将战略武器在朝鲜半岛的活动费用作为“作战支援”费计入韩国承担的份额，但是韩方拒绝。最后为了对韩方施压，特朗普甚至打出裁军牌，而文在寅并没有妥协，由此从2019年9月开始的为签署第11份驻美韩军防卫费分担特别协定，一直陷于僵局。随着2021年拜登政府的上台，谈判顺利，达成特别协定，开启了韩美同盟正常化的第一步。这也显示了拜登政府致力于重振联盟并使之现代化。[①]

2022年3月10日，“保守派”国民力量党总统候选人尹锡悦以微弱优势当选韩国新任总统。竞选期间，尹锡悦即提出全面提升美韩同盟的外交路线，其阐述的外交安保政策的重点是“重建美韩同盟关系和加强全面战略同盟关系”。

韩国将美国视为最关键的合作伙伴。二战后，美国对韩国进行了大量经济技术援助，在政治体制、经济体制等方面对韩国进行全方位塑造，对韩国经济政策走向形成重要影响力。2021年韩国对美国直接投资达到275.9亿美元，达到历史新高。在韩国看来，美国作为世界最大经济体及最重要的技术研发国、全球贸易规则发展主要引导者，维持与美国的经贸合作是韩国产品顺利进入西方国家市场、参与全球贸易规则构建的必要前提。

同时，韩国认为应与中国发展建设性合作。因为韩国与中国经济合作规模庞大，韩国对华供应链已形成较高依赖，所以无论是保

---

① 李家成：《美韩防卫费分担谈判——从特朗普时期的争吵到拜登时期的共鸣》，《公共外交季刊》2021年第2期，第86页。

守阵营还是进步阵营，都致力于在中美之间维持中间路线，目的是防止在经济、安全等重要领域对一个大国的过度依赖，保持国家战略选择的相对自主性。而随着中国技术革新的快速发展，中韩产业互补性有所下降，两国分工结构逐渐演变为水平竞争的状态，中国产品正逐步挤占韩国的国际市场份额。韩国认为，一旦在尖端芯片等战略性关键产业失去竞争优势，将在大国博弈的进程中处于不利地位。文在寅政府时期不仅积极参加美国主导的半导体联盟（SIAC），同时在 2021 年 12 月公布“技术保护战略”，尹锡悦政府也继承了这种“经济安全”的思想。

美国则极力提升韩国地位。2021 年 5 月 21 日，文在寅总统和拜登总统重申了《韩美共同防御条约》中有关对韩国和韩美联合防御态势的相互承诺，拜登总统重申美国会动用一切力量来提供延伸威慑的承诺。① 韩美都强调维护台湾海峡和平与稳定的重要性，试图让韩国大踏步加入到“印太战略”之中。随后在 5 月 27 日，美韩签署了《阿尔忒弥斯协定》（Artemis Accords）。韩国加入之后，将进一步扩大同美国在太空领域的合作。双方承诺在保障国际原子能安全、核安全、核不扩散的最高标准的前提下，开展开发包括共同参与核电站项目等形式的海外核电市场合作。

（二）调整中韩关系

2022 年是中韩建交 30 周年，尹锡悦也曾称自己的手机里至今保存着建交影像。虽然政治家的发言在很大程度上不可信，但是也发出了一个信号，就是中韩关系对尹锡悦政府的重要性。而且中韩建

① The white house，U. S. – ROK Leaders’ Joint Statement，May 21，2021，https：//www. whitehouse. gov/briefing – room/statements – releases/2021/05/21/u – s – rok – leaders – joint – statement/.（上网时间：2022 年 11 月 20 日）

交就是在国民力量的前身——民主自由党执政时期发生的，彼时正值卢泰愚总统推行“北方外交”之际。

中韩建交以后，1992年其贸易额仅仅达到63.8亿美元，但到2005年就已经超过1000亿美元，2015年更达到了2273.7亿美元①。伴随着经济贸易规模的扩大，中韩之间也发生了较多问题。贸易摩擦不断，许多领域也存在着激烈的竞争。随着中国经济的高速发展，中韩之间的差距越来越小。早期的垂直互补关系向水平竞争关系转变。伴随中国产业结构不断升级以及中国产品竞争力的提升，中韩出口结构越来越相似，竞争也日趋白热化。

自20世纪90年代起，美国市场即为中韩两国最大对外市场，当前，中国在美国市场上的占有率激增。随着将来中国产业结构高度化的发展，将会逐渐威胁韩国在世界市场的位置。中国的产业结构也逐渐转换到钢铁、汽车等资本密集型产业，并且中国利用海外的技术转移的契机很快达到了世界水平，而这些产业恰恰是韩国的主导产业，导致韩国面临的压力日益增大。

但是，韩国对中国经济的依赖程度高，中国既是韩国最大的出口市场，又是最大的投资对象。韩国经济对中国的依赖性上升，如果中国经济发生动荡，韩国经济将出现很大危机。2015年韩国对外贸易总额为9632.6亿美元，其中对中国大陆出口所占的比重超过26%。据推算，中国经济每增长1%，韩国对中国出口就增加2.9%，因此如果中国增长减弱，韩国经济也将走向萎缩。

① 崔文、金华林：《现代韩国经济》，吉林：延边大学出版社，2008年版，第301页。

表 2　中国对韩国直接投资状况

年份	世界		中国		比重（%）	
	申报项目（个）	申报金额（百万美元）	申报项目（个）	申报金额（百万美元）	申报项目（个）	申报金额（百万美元）
2015	2692	20908	677	1977	25.4	9.5
2016	2988	21295	769	2049	25.7	9.6
2017	2772	22948	562	809	20.2	3.5
2018	2667	26901	508	2742	19	10.2
2019	2674	23328	548	975	20.5	4.2
2020	2190	20746	397	1991	18.1	9.6
2021	3087	29511	686	1888	22.2	6.4
2022	2493	21517	356	1218	14.3	5.7

资料来源：作者根据韩国产业通商部相关资料整理。

中国是韩国最大的贸易伙伴，而韩国是中国第三大贸易国，在相互尊重的原则下构建韩中关系是尹锡悦政府对华政策的目标。同时，他又强调中国应发挥“负责任的世界国家”作用，打破文在寅政府时期“安美经中”的“均衡外交”。

韩国产业对华进口依赖度高，主要集中在矿业、石化、木材、金属等领域。以汽车产业为例，2021 年韩国汽车零部件总进口的 34.9% 来自中国。其中进口的电动车负极材料 83% 来自中国，进口的锰占 93%，钴占 82%，镍占 65%，锂占 59%。[①] 由此韩国社会要求分散对华经济依赖的呼声日益提高。

① 고영득, ‘절대강자’ 된 중국산 부품…리스크 커진 국산차 업계, 경향신문, 2022.06.14, https://www.khan.co.kr/economy/industry-trade/article/202206142227005.（上网时间：2022 年 11 月 19 日）

表3 中国对韩国直接投资产业分布

年份	农林牧渔矿业		制造业		服务业		电力燃气及建筑业	
	金额（百万美元）	比重（%）	金额（百万美元）	比重（%）	金额（百万美元）	比重（%）	金额（百万美元）	比重（%）
2015	5719	21. 5	4554	17. 1	14731	33. 3	1617	6
2016	54660	72	5014	6. 7	15512	20. 4	714	0. 9
2017	21029	47. 8	7237	16. 5	15369	35	321	0. 7
2018	23686	46. 8	10049	19. 9	15584	30. 8	1246	2. 5
2019	9246	28. 4	8219	25. 2	14758	45. 3	341	1
2020	39731	65. 7	5970	9. 9	14354	23. 8	382	0. 6
2021	4443	13	5003	1. 5	23569	39	937	2. 8
2022	271	1. 2	7798	35. 8	12673	58. 1	1052	4. 8

资料来源：作者根据韩国产业通商部相关资料整理。

近年来，中国对韩国的直接投资主要集中在服务业和制造业，最近两年服务业所占比重比制造业大。尹锡悦政府上台后，通过呼应美国倡导的各项区域经济倡议，推动供应链多元化进程，积极将韩国打造为“全球枢纽国家”。在美韩关系升温后，尹锡悦总统借参加北约峰会之际，与日、澳、新领导人会面，并面向欧洲市场推广核电合作，同时积极开拓印尼、澳大利亚等印太国家市场。通过拓展矿产、核心原材料等进口渠道，分散对华依赖。此外，韩国试图利用美国重塑供应链机遇，通过加强韩美合作，维持对华技术代差，突出“经济安全”的理念，维护产业竞争优势。

但是韩国在对华合作方面与美国存在根本分歧。美国主张推进本国及其盟友与中国的部分经济“脱钩”，维护自身全球高新技术及供应霸权是美国的根本目标。韩国则将与美国的合作作为平衡本国对华经济依赖的主要路径，但随着美国对中韩经济合作干涉力度的加强，韩美之间围绕对华限制性举措的严厉程度必将出现分歧。而韩国可能会因为加强对美合作，削弱韩国对中韩经济合作走向的管控力度，压缩中韩合作的空间，无法实现其打造“全球枢纽国家”的战略目标。

同时，对美国而言，阻止中国获取高新技术，特别是在高精尖领域的关键技术是尹锡悦政府对华政策的关键所在。对韩国而言，扩大在华市场份额仍然具有重要的地位，加强韩美合作并不意味着阻止中韩之间高技术产品贸易与投资的合作，而这与美国的想法相悖。

此外，韩国政府强化高端技术制造业优势地位的目标与美国推动制造业重归本土的想法之间存在明显差距。无论是特朗普政府还是拜登政府都想让制造业回归美国本土。而在这一进程中，同为制造业大国的韩国也会受到冲击。美国要求三星等企业将半导体库存信息上交美国，根本目的在于强化其对关键产业链的控制力。由此可见，尹锡悦政府继续加强对美合作，并不会消除两国分歧，反而可能加速分歧进一步激化，韩国很可能成为中美双方的施压对象。韩国社会也已出现呼吁尹锡悦政府关注对美合作重心偏移负面效果的声音。那么如何塑造接下来的中韩关系将是尹锡悦政府所面临的主要问题之一。

（三）调整对朝政策

作为世界上唯一遗留着冷战结构与遗产的地区，东北亚安全局势在很大程度上还遗留着东西方冷战对立的结构特征，它集中体现为以美国为首的双边同盟的存在、朝鲜半岛南北双方分裂局面以及意识形态对立的存在。在地区结构层次上，美日正在推动两国主导的双边为主、多边为辅的地区安全格局的建立。

面对朝鲜不断加快的核试验频率，特朗普政府以“最大限度地施压”手段予以回应，并不惜以战争相威胁，半岛紧张局势随之升温。在这种情况下，韩国开始主动寻求与朝鲜和解。但美朝两国就无核化问题的谈判未能取得共识，美朝关系高开低走，美韩同盟在对朝政策上的分歧也逐渐凸显。随着“美韩工作小组”的成立，朝韩关系再次被置于美韩同盟的框架之下，韩国的能动性外交遭受挫折。在美朝韩三边特殊关系的互动中，美朝关系是关键，韩国是以“中间人”的身份出场并逐渐被边缘化。

对朝鲜而言，无论是开发核武器还是对韩国进行各种行动，目的之一就是实现与美国的直接对话。特朗普时期，金正恩与特朗普进行了两次会晤，实现了自冷战以来至今美朝最高级别的互动。以朝鲜半岛核问题为核心的问题，将美朝、朝韩两对双边关系交织在一起。与此同时，韩国也期待中国可以在六边会谈和朝核问题上发挥更大作用。

随着朝鲜在美朝、朝韩关系中独立性更加凸显，朝鲜提高了单独行动的频率，这对美国和韩国的影响将更加强烈。由于美朝关系的主导性更强，朝韩、美韩两组双边关系的影响力将随之减弱，那么韩国未来增强其在三边关系中的主导性，会更加侧重于美韩同盟关系。但是国内政局持续混乱，社会分裂不断加剧，人口也进入负增长状态，不可避免的导致其自身力量逐渐衰弱，所以韩国在美朝韩特殊三边关系中的影响力逐渐边缘化。

同时，韩国国内保守与进步势力的轮流执政，导致不同时期对朝政策会发生少许变化。在金泳三政府时期，采取了一系列对朝和解的措施，但由于朝鲜秘密进行核试验，和解政策宣告破产。在金大中政府时期，开始实施“阳光政策”，试图缓和朝韩关系。在卢武炫政府时期，韩国依然采取了对朝和解的政策，但是因为这一时期美国对朝政策趋于强硬，因此韩国逐渐失去对朝政策主导权。在李明博政府时期，选择与美协同对朝政策，但是朝鲜反而接连不断地进行核试验。在朴槿惠政府时期，采取强硬与缓和相结合的对朝政策。同时除了美韩同盟之外，转而求助中国以加强其他国家对朝影响力。最后在文在寅政府时期又回到了对朝和解的政策上，但是由于特朗普政府的极限施压导致其对朝政策破产。最终结果导致韩国在美韩朝三边关系中的地位进一步下降。

尹锡悦政府上台后，一改文在寅政府时期主张的协商对话的方式对待朝核问题。尽管在文在寅执政后期，朝鲜射弹的新闻频出，但韩国总体保持克制，朝鲜半岛局势也总体维持在可控范围之内。但尹锡悦在竞选时期就强调应加强韩美同盟，以提升同盟的延伸威慑力来应对朝核问题，主张对朝先发制人并追加部署“萨德”系统。

尹锡悦政府在上台之前就开始与文在寅政府的对朝政策划清界限。政府上台后，还对前任政府和朝鲜的“问题”展开了调查。在此过程中，尹锡悦政府提出的代表性政策口号是“加强韩美同盟”和“改善韩日关系”。[①] 而拜登政府奉行“联盟优先”，通过全面提升美韩同盟，试图拉高韩国的国际地位，同时加强美日韩三边军事联系，力图将韩国拉入“印太战略”。美国政府的种种行为加剧了东北亚的紧张局势，导致朝鲜半岛局势升级，朝鲜频频试射导弹和侦察卫星，发射洲际弹道导弹，美韩以联合军演强势回应。至此，东北亚地区阵营化趋势愈加明显。

2021 年 5 月 21 日，美韩首脑峰会发表共同声明。拜登政府表示接受“朝鲜无核化”用词，并将《板门店宣言》纳入其中，此后韩国一直积极协调起草《终战宣言》，但是美国却一直拖延。与此同时，在 2021 年 5 月，美韩双方商定终止《美韩导弹指南》，解除对韩国导弹射程不得超过 800 千米的限制，弹头重量也没有限制。[②]

---

① 김찬호, 최상의 ‘한미동맹’, 최악의 ‘남북관계’…그 끝은?, 경향신문， 2022. 11. 14， https：//www. khan. co. kr/politics/north - korea/article/202211141028001.（上网时间：2022 年 11 月 16 日）

② 李枏：《尹锡悦执政下的美韩同盟与东北亚阵营化趋势》，《东北亚学刊》2022 年第 5 期，第 107—108 页。

总而言之，亲美反共、对朝强硬、倚重同盟关系、强调意识形态将会是韩国尹锡悦政府外交及安全思想的基础。但是，随着近年来大国关系、东北亚局势和韩国自身利益诉求的深刻变革调整，以及韩国政策规划机制、权力运作体系、精英层战略思考能力的不断成熟，韩国外交的平衡性、稳健性、灵活性也逐渐提升，实用主义特点日益凸显。① 虽然尹锡悦政府的对外政策将更倾向于与美国等西方国家加强合作，以较为强硬、对抗性和集团性的态度应对外部威胁和挑战，但应不至于彻底“选边站队”，将自己推向“新冷战”的最前沿。

① 刘天聪：《尹锡悦将采取何种内外政策》，《世界知识》2022 年第 7 期，第 27—28 页。

下编

后疫情时代的国际关系与地区局势

第九章　中东地区格局重构：缓和与隐忧并存

马静曦

2022 年，面对抗击疫情、恢复经济、维护稳定三大任务，中东各国因时而动，地区格局重构稳步推进。中东地区各种高层互访和首脑峰会十分频繁，土耳其、以色列和部分阿拉伯国家之间双边互动活跃，埃及、以色列、阿联酋领导人在埃及沙姆沙伊赫举行三方会议，约旦、埃及、阿联酋、伊拉克四方举行亚喀巴峰会。多个地区主要力量握手言和，堪称 21 世纪中东安全局势中罕见的积极动向，未来发展势头看好。虽然一些长期热点问题仍未解决，但面对当前发展任务，各国愿意暂时搁置争议，交流合作，共同发展，且以当前状况来看，缓和基调有望延续。但是，伊朗核问题、巴以问题等结构性矛盾仍是当前不可避免的问题，在这种情况下，阿以关系的缓和并不意味着真正的稳定，中东局势仍有很大的不确定性。

一、美伊关系陷入僵局

2022 年，美国在中东进一步实施战略收缩政策，干预和操控中东地区事务的能力和意愿下降。不过，为了维护自身霸权，美国在中东保持“撤而不离”的态势。美伊关系有所缓和，由年初的局势紧张转为重启谈判，但双方在关键问题上无法达成一致意见，伊朗核问题仍会持续对中东地区稳定造成潜在威胁。

（一）美伊双方缺失互信

美国拜登政府一上台就制定了重返伊核协议的新目标，但是在行动上似乎与特朗普时期未有明显变化。美国在中东的收缩态势更加明显，对伊朗施加影响、逼其就范的手段和能力日趋减弱，但是，拜登政府既想在协议中增加更多新内容，如限制伊朗地区扩张、限制其导弹技术发展等，又不想放松制裁。因而这种自相矛盾的表现使得维也纳谈判陷入僵局。并且对于是美国及欧盟先解除对伊制裁，还是伊朗先重返伊核协议履行义务，双方也未能达成一致意见。

2022 年 7 月，拜登结束中东之行，并对外公开表示，美国绝不允许伊朗获得核武器。并且，拜登和以色列看守总理拉皮德签署了《美以战略伙伴关系耶路撒冷联合声明》，强调美国支持以色列安全。伊朗外交关系战略委员会主席哈拉齐在接受卡塔尔半岛电视台采访时表示，伊朗有制造核弹的技术能力，但还未做出研发核武器的决定。伊朗可以在短短几天内，将铀浓缩丰度从 20% 提升至 60%，并可以轻松达到 90%。哈拉齐表示，美国没有就维护协议做出任何保证，基于美国现有政策，伊朗对美国缺乏信任，美伊很难进行直接对话。此次中东之行，拜登不仅推动美国、以色列和阿拉伯国家建立遏制伊朗的统一战线，组建“中东防空联盟”，还表示不会将伊朗“伊斯兰革命卫队”从恐怖主义名单中移出。拜登的一系列做法与表态，加剧了美伊关系的恶化，影响了美伊双方的战略互信，使中东局势进一步紧张，给重返伊核协议谈判增加了更大难度。

同时，伊朗注重拉近与俄罗斯的距离，两国互动频频。1 月，伊朗总统莱希访问俄罗斯，并在克里姆林宫会见了俄罗斯总统普京。双方围绕双边合作、地区和国际热点、重返伊核协议等话题进行了意见交换。莱希表示，考虑到两国巨大的潜能，两国之间的互动和合作有助于维护双方的共同利益，有助于在全球抑制单边主义行为和创造地区的安全与稳定。其后，两国关系明显升温，各领域合作成果突出。7 月 19 日，在拜登离开中东的第三天，俄罗斯总统普京访问伊朗，并与伊朗最高领袖哈梅内伊会晤。乌克兰危机成为两国关系升级的“催化剂”，而美国制裁是两国推进全面合作的主要因素。

可以看到，美伊双方缺失互信是重返伊核协议迟迟未能实现的最大障碍。不过，虽然谈判存在阻碍，但是美国和伊朗还是表现出了想要推进谈判的诉求。

（二）美国中期选举影响谈判进程

进入 2022 年下半年，重返伊核协议谈判几乎处于停滞状态。在中期选举前，谈判不会再有进展。如果拜登在重返伊核协议谈判上对伊朗做出任何让步，民主党必会在中期选举中失败；同时拜登不会重拾极限施压政策，否则必然会激起伊朗的强烈反弹。在上台之初，拜登本想将重返伊核协议作为自己任期内一项重要的成果而为之努力。让伊朗的核开发得到控制，免除其对美国的威胁，自然可以让拜登和民主党在年底的中期选举中加分。可是，一年半的时间过去了，直至 8 月，重返伊核协议依旧处于拉锯状态，未有明显进展。鉴于此时的谈判情况，拜登政府很难在中期选举前在重返伊核协议上取得任何进展。当前的首要任务，就是在中期选举中获得民众的支持。因而，拜登将新一轮与伊朗的谈判暂时搁置。

11 月 8 日，美国四年一度的中期选举正式开始。虽然拜登政府几次通过信息交换向伊朗表示，希望推动谈判尽早结束，并且无意推翻伊朗政权。但实际上，在中期选举期间，拜登多次强调对“伊朗人民”的支持，此举获得了美国国内的广泛赞许，但也恶化了与伊朗的谈判氛围。拜登还联合欧盟多次对伊朗施加新制裁，推动国际原子能机构通过对伊朗的谴责决议，为重返伊核协议谈判蒙上了阴影。11 月 16 日，中期选举结果出炉，美共和党获众议院多数席位，未来可能通过调查、召开听证会等措施对拜登在重返伊核协议谈判中施加更大压力，这无疑会使美国对伊朗政策进一步复杂化。

（三）重返伊核协议前途坎坷

总的来说，2022 年拜登在重返伊核协议相关工作中并未能有明显突破。拜登对伊朗采取的依然是“以压促变”的政策目标。但是，在国内有保守主义势力的阻碍，在中东有以色列这一盟友对于伊朗“核力量”的忌惮，加之在俄乌冲突背景下伊朗又和俄罗斯越走越近，拜登政府很难把握在这三者之间的平衡，使得重返伊核协议谈判陷入僵局。拜登转而想通过外交手段联合中东地区国家共同组成地区“反伊联盟”，一方面可以安抚以色列，另一方面可以强化中东盟友体系，利用地区力量给伊朗施压，但由于拜登对这一“联盟”目前只停留在战略构想，落实仍面临困难，很多阿拉伯国家不愿同美国绑到一起反对伊朗，充当美国的马前卒，且拜登政府与中东盟友关系存在隔阂，因而未能如愿。

下半年美伊谈判最大分歧仍是是否将伊朗“伊斯兰革命卫队”移出恐怖组织名单。美国坚称对伊朗“伊斯兰革命卫队”的制裁与重返伊核协议无关。拜登甚至放狠话，威胁即便伊核协议崩盘，也不会将其该组织移出恐怖组织名单。另一个主要分歧就是伊朗要求美国提供保证，未来一旦美国总统再次退出伊核协议，伊朗将获得赔偿。在其他方面，美伊两方都有所退步，相比于之前，谈判有了一定的进步，但是围绕关键性问题双方仍存有较大分歧。最终，伊朗放弃要求美国将“伊斯兰革命卫队”从美国认定的恐怖组织名单中删除。

但是，伊朗的努力没有被美国放在眼里。9 月，美国对于新一轮谈判仍采取一贯盛气凌人的态度，试图要求伊朗无条件接受新的协议框架。在这一阶段，双方就在三个问题上存在分歧：一是解决伊朗与国际原子能机构之间的遗留问题；二是伊朗要求获得经济保障；三是要求西方国家不能将制裁扩大到第三方。美国在谈判中拒绝了伊朗在重返伊核协议“最终文本”中提出的所有附加条件，同时要求伊朗将浓缩铀浓度的上限定为4%，以及国际原子能机构检查人员不受阻碍地进入伊朗核设施进行检查。此前，美国还轰炸了叙利亚东部代尔祖尔市据信为伊朗“伊斯兰革命卫队”附属组织使用的基础设施，意在迫使伊朗放弃在重返伊核协议谈判中讨价还价的念头。谈判再一次陷入僵局。

二、地区国家关系发生新变化

从特朗普政府开始，中东逐渐远离美国大国竞争的主战场。美国推行的大国竞争战略中心在亚太和欧洲，进而扩展至中东。美国的战略收缩给了俄罗斯乘势在中东扩张势力的机会。2022 年，俄乌冲突与能源价格高企使得美国不得不重新评估中东地区的战略价值，并调整在中东地区的布局。美国推波助澜，以色列借势出击，共同推动以色列与阿拉伯国家关系正常化进程，并将政治、经济、安全等地区阿拉伯国家最迫切需要的筹码摆在台面上，迫使其做出让步。中东地区内部各种高层互访和首脑峰会十分频繁，不仅土耳其、以色列和部分阿拉伯国家之间双边互动活跃，不同国家之间的多边外交同样屡见不鲜。

（一）美国与沙特关系趋于恶化

2022 年 7 月 15 日，拜登前往沙特出席由 6 个海湾合作委员会成员国以及埃及、约旦、伊拉克领导人参加的“安全与发展”峰会，作为此次中东之行的最后一站，沙特之行被视为此次访问的“重头戏”。拜登此行的目的主要有三个：试图减缓正在加速的伊朗核计划，加快中东石油向美国的输送速度，重塑与沙特关系。峰会期间，拜登与沙特王储萨勒曼会晤。拜登有意借此缓解与沙特之间的关系，改善美沙两国由于“卡舒吉事件”引起的关系紧张的局面。2018 年 10 月，知名沙特籍美国记者贾迈勒·卡舒吉在沙特驻土耳其伊斯坦布尔的领事馆中遇害并被肢解。有众多证据指向沙特王储穆罕默德·本·萨勒曼。拜登在 2019 年 11 月大选期间，明确对卡舒吉遇害案表示强烈谴责，并称沙特为“被放逐的国家”。因此拜登上台后，美沙关系一度跌至“冰点”。2022 年 3 月，为稳定油价，白宫试图安排拜登与沙特和阿联酋领导人通话，商讨遏制油价，未料无论是沙特王储还是阿联酋阿布扎比王储都拒接拜登的电话。

拜登此行未能达成预期目标，在石油与安全问题上成果寥寥。沙特王储萨勒曼在吉达峰会上对是否增产含糊其辞，表示暂时没有额外的能力继续提高原油产量。不仅如此，拜登在与沙特王储的会谈中，还主动提及“卡舒吉事件”，遭到了沙特王储的回击。沙特王储称沙特方面完成了从调查到执行判决的所有法律程序，还列举了美国人权相关问题，包括伊拉克战争期间的阿布格里卜美军监狱虐囚丑闻。沙特王储回击称，将自己的价值观强加于别国的行为只会适得其反，美国在伊拉克和阿富汗推行美式价值观失败即为明证，

“沙特不欢迎美国的价值观外交”。[①] 可以说，此次出访，两国关系非但没能有所改善，甚至还有恶化迹象。俄乌冲突后，沙特的外交自主权更大，且拜登此行目的之一就是和沙特商讨提高原油产量，因此是有求于沙特。但拜登仍以居高临下的方式，再次提及“卡舒吉事件”，打着所谓民主自由人权的幌子推行价值观外交。这对于沙特来说是无法接受的。最终，对于是否增产石油，沙特表示“有能力”将石油产量提升至日均 1300 万桶，但暂时没有额外能力将原油产量继续提高。

在安全问题上，由于俄乌冲突持续发酵以及重返伊核协议谈判遇阻，美国希望通过此次出访拉拢中东传统盟友，利用外交和经济手段迫使伊朗恢复履行伊核协议，同时共同对抗俄罗斯。拜登提议成立地区“反伊联盟”，但没有具体构想。拜登声称，美国“不会离开”中东，留下一个“由中国、俄罗斯或伊朗来填补的真空”。对于此番表态，沙特外交国务大臣朱拜尔表示，沙特与美国、中国的关系并不是相互排斥的，“我们希望能与所有人打交道”。拜登的表态体现出美国在中东领导权的衰落，也体现出对于中国与俄罗斯在中东扩大影响，美国产生的不自信与焦虑。美国仍然从大国竞争、与中俄战略博弈的角度看待中东，想胁迫盟友在美国和中俄之间“选边站”；反观沙特等中东国家，都更强调要与所有大国保持战略合作关系，增强战略自主性，所以拜登此次中东之行无法获得预期效果。

（二）阿以关系和解与冲突并存

2020 年，以色列与阿拉伯国家关系取得突破性进展，与阿联

---

① 《拜登中东之行成果寥寥》，新华网，2022 年 7 月 17 日，http：//www. news. cn/world/2022/07/17/c_1128839454. htm。（上网时间：2022 年 10 月 21 日）

酋、巴林、苏丹、摩洛哥实现关系正常化；2021 年以色列与多个阿拉伯国家开展了多领域实质性合作。进入 2022 年，以色列与部分阿拉伯国家双边互动活跃，不同国家之间的多边外交也屡见不鲜。2022 年初，以色列总统赫尔佐格访问阿联酋，成为首位访阿的以色列元首。在中东国家竞相改善关系的大背景下，以色列希望通过访问阿联酋，巩固与阿联酋的关系，同时在阿拉伯国家中再掀建交热潮。沙特、阿曼、卡塔尔、突尼斯、毛里塔尼亚、吉布提等阿拉伯国家也与以色列展开不同渠道的接触，并等待时机谋求与以色列建交。2 月，赫尔佐格访问土耳其，这是以色列总统 13 年以来第一次访问土耳其。此前，由于土耳其总统埃尔多安偏向支持巴勒斯坦，以土关系逐渐紧张。2018 年，美国将驻以大使馆迁至耶路撒冷，引发加沙地带大规模冲突，埃尔多安决定驱逐以色列驻土大使。2022 年 8 月，以色列宣布与土耳其恢复外交关系，以土将重新互派大使和总领事，以土外交关系正式“解冻”。

除此之外，以色列还与沙特沟通协调实现关系正常化事宜，双方都有改善关系的意愿。对于以色列来说，拉近与沙特的关系可以联合起来建立新的地区机制应对伊朗，强化自身的安全环境，还可以进一步拓展与阿拉伯世界的联系，使巴以问题逐步被地区国家边缘化；对于沙特而言，与以色列发展关系，也会带来贸易、投资等多方面的经济利益。但是，沙特不得不考虑到政治因素，巴勒斯坦强烈反对以色列与阿拉伯国家实现关系正常化，一旦沙特与以色列改善关系，势必会引发巴勒斯坦强烈不满，巴以问题的解决也将更加困难。

但是，巴以矛盾并没能因为以色列与部分阿拉伯国家关系的改善而有所缓解。2021 年 5 月，以色列与加沙地带武装组织爆发严重冲突，其后巴勒斯坦问题一直处于搁置状态。2022 年 3 月开始，巴以出现零星冲突，前期稍缓和的局势再次紧张。特别是在斋月期间，由于2022年穆斯林斋月与犹太教传统节日逾越节时间重叠，以色列部分极端宗教团体呼吁信徒到阿克萨清真寺举行逾越节献祭仪式，进一步激化了双方矛盾。巴以双方多次在圣殿山爆发大规模对抗事件，加沙武装组织多次向以色列发射火箭弹，以色列也对加沙地带进行了报复打击。8月，巴以再度爆发冲突，以色列国防军“先发制人”对加沙地带杰哈德目标发动代号为“破晓行动”的空袭，杰哈德加沙北部高级指挥官泰西尔·贾巴里丧生，另有10名巴勒斯坦人死亡、数十人受伤。

针对巴以冲突，国际社会开展了积极的调解和斡旋工作。联合国秘书长古特雷斯、联合国中东问题特使托尔·文内斯兰以及埃及、卡塔尔等阿拉伯国家多次出面进行调解。中国常驻联合国代表张军在安理会中东巴勒斯坦问题公开辩论会上呼吁巴以冲突双方保持克制，防止局势继续激化甚至失控。但是，不同意以往会有美国、欧盟以及阿拉伯国家采取实际措施进行干预，今年几轮冲突中多半国家仅采取外交抗议，显示出巴勒斯坦问题逐步被边缘化的趋势。因此，鉴于固有矛盾未解，中东国家关系改善能走多远尚是未知数。

（三）伊朗尝试修复与海合会国家关系

美国在中东实行战略收缩政策后，作为地区重要国家的伊朗抓住机会与中东国家发展关系，扩展势力。它不但巩固发展与伊拉克、叙利亚、黎巴嫩、也门等国的合作伙伴关系，还争取与沙特等海湾国家改善关系。相较于前些年以伊朗为首的什叶派阵营与以沙特为首的逊尼派阵营的对峙局面，从2021年开始，阵营对抗逐渐弱化。从2021年4月起，沙特与伊朗在伊拉克的斡旋下恢复接触。8月，沙特与伊朗两国外长共同出席了由伊拉克主办的“巴格达合作与伙伴关系会议”，就缓解中东局势进行了充分沟通。2022年1月，伊朗发言人哈提卜扎德在例行新闻发布会上表示，伊朗准备重新开放其驻利雅得的大使馆，这一决定取决于沙特方面采取的具体措施。[①]据美联社报道，1月，三名伊朗外交官抵达沙特，作为伊朗派驻伊斯兰合作组织的代表，这是沙特自2016年以来首次接待来自伊朗的外交官，为两国改善关系以及伊朗和沙特之间互派外交官提供了更多可能。4月，伊朗与沙特顺应地区形势要求，围绕双边关系和地区问题在伊拉克进行第五轮对话，虽未取得实质性突破，但双方寻求改善双边关系的努力为地区安全的维系提供了更多保障。[②]

伊朗与伊拉克关系缓和源自多方面原因。对于伊朗来说，目前其国内经济状况不佳。自2021年莱希总统上台后就一直呼吁改善同中东地区阿拉伯国家的关系。而对于沙特来说，在此前的地区博弈中，不论是以多国联军形式介入也门局势，还是因卡塔尔与伊朗关系亲密故而联合周边国家与之断交，沙特都未能达成其战略目标。这使沙特意识到，尽管在地区问题上与伊朗存在不同观点，但寻找管控分歧的方法是有利于双方的做法。

2021年12月，阿联酋国家安全顾问阿勒纳希安罕见访问伊朗，并与伊朗总统莱希会面。这是两国2016年降低外交关系级别以来，阿联酋高级官员首次到访伊朗。阿勒纳希安将这次访问称为两国关系的“转折点”。2022年5月16日，伊朗外长阿卜杜拉希扬赴阿联酋吊唁阿联酋已故总统哈利法，并会见新任总统穆罕默德。事后，阿卜杜拉希扬在推特上称：“伊朗同阿联酋的双边关系翻开新篇章。我们与邻居热情地握手，温暖的邻国关系让该地区的敌人感到失望。”阿联酋此前长期将伊朗视为主要地区威胁，2017年沙特与伊

---

① 《美媒：沙特六年来首迎伊朗外交官 伊朗有意重开驻利雅得使馆》，参考消息网，2022年1月18日，https://www.cankaoxiaoxi.com/world/20220118/2466402.shtml。（上网时间：2022年11月25日）

② 《伊拉克总理称伊朗与沙特“接近和解”》，央视网，2022年5月1日，https://tv.cctv.com/2022/05/01/VIDEFXh6G4UXPwedxQUKAiFT220501.shtml。（上网时间：2022年11月26日）

朗断交后，阿联酋将与伊朗的外交关系从大使级降为了代办级。阿联酋最高领导层更迭，对于伊朗来说是一个重要机会，既能够修复与阿布扎比之间的关系，也是拉拢阿联酋与美国抗衡的契机。对于阿联酋来说，同伊朗、土耳其、以色列等地区竞争对手引发的许多冲突没有任何军事解决方案，故转而开始利用其经济软实力进行一系列的外交活动，通过经济利益拉近与地区竞争对手的关系。而伊朗方面，得到了沙特的首肯、再加上阿联酋的认证，距离海合会相关国家与伊朗的关系全面解冻更进了一步。

三、地区格局重构存在隐忧

从长期来看，中东地区冲突是常态。现在改善关系更多是迫于现实，国内经济问题与地区大国博弈冲淡了教派冲突等固有矛盾。一旦经济好转，地区大国关系达到平衡，矛盾又会显现。如果结构性矛盾没改变，缓和只是暂时的。2022 年中东地区整体表现确实显示出较为积极的变化，但是原有矛盾没有一个得到真正的、实质性的解决。因此，缓和态势会否持续、持续多久还是个未知数。

（一）美国中期选举对中东政策产生影响

2022 年 11 月，美国举行四年一度的中期选举，最终以民主党主参议院，共和党主众议院落下帷幕。这次选举结果将使拜登政府在处理外交事务，包括中东事务方面束手束脚，受到限制。民主党和共和党在众议院和参议院的席位分配上很有可能会为拜登的对外活动增添阻碍，无法为像俄乌战争中的乌克兰与气候问题等提供大规模财政支持。针对中东地区可能会在以下几个方面产生影响。

首先，美国与伊朗重返伊核协议的可能性下降。过去几个月，重返伊核协议的谈判一直僵持不下。美国方面，拜登政府难以摆脱旧有思维，总是以盛气凌人之势面对伊朗，与过去特朗普政府时期"胡萝卜+大棒"的政策手段相差无几；中期选举和共和党人重新获得众议院多数席位之后，重返伊核协议的希望就更渺茫。对于伊朗方面，国内持续的民众抗议和国外地区关系发展使得事情变得更加复杂。重返伊核协议的谈判，不仅涉及伊朗核问题，还涉及伊朗在叙利亚、黎巴嫩和也门的地区影响力问题。拜登政府未来可能在对待伊朗核问题上不得不更为谨慎，避免同伊朗的紧张局势有进一步加剧的风险。

其次，调整对以色列的外交政策。美国的中期选举结果与以色列的换届选举结果都朝向不利于双方关系的方向发展。本雅明·内塔尼亚胡重新组建了一个更为右翼的政府，使得两国关系更为紧张。相比之下，内塔尼亚胡与共和党关系更近，拜登想在巴以问题上有所推进的难度进一步加大。所以，未来拜登可能会把重点放在与内塔尼亚胡及其新政府关系的维系上，对于推动巴以和平进程，拜登似乎很难看到希望。

最后，继续努力缓和与阿拉伯国家的关系。由于能源危机，美国需要有欧佩克集团的支持来稳定油价。鉴于2022年美国在同欧佩克成员国的交往中收获寥寥，后续美国会继续缓和同沙特的关系，并加深和其他阿拉伯国家的交往，恢复其在中东的影响力。

（二）部分地区国家政局不稳

虽然2021年以来中东局势有所缓和，但地区部分国家仍深陷多重困境，面临治理、安全与发展问题。利比亚、也门等国内乱尚未彻底结束，短期内难以破解诸多难题，叙利亚政治进程依然遭受域外势力干预、国家重建举步维艰，伊拉克等国的政治局势依然十分脆弱。

利比亚在国内政治上持续分裂，导致两个敌对政府争夺利比亚的控制权，国内冲突不断升级。利比亚的邻国、域内国家与国际调解人对此越来越失望。敌对政府争夺权力，把利比亚不断推向新一轮内战边缘。2022 年 8 月，利比亚发生了两年多以来最致命的暴力事件，造成至少 32 人死亡、159 人受伤，首都大量基础设施受损。此次冲突进一步暴露出此前达成的停火协议的脆弱性，想要实现利比亚的长久和平，目前还未能找到破解僵局的解决方案。

也门自 2015 年爆发大规模战乱，至今已持续 7 年。在联合国的调停下，也门各方在 2022 年 4 月同意开展两个月的人道主义停火，后续两度延长。但停火未能促成实质性成果，各方仍缺乏互信。10 月，也门休战协议到期，各方未能就协议延长达成一致；11 月，也门冲突事件再次爆发，造成平民伤亡。可以看到，也门安全局势仍十分脆弱，想要停止一切敌对行动，尽快实现也门局势缓和降温，仍有很长的路要走。

2022 年，叙利亚库尔德武装分子在叙北部与土耳其军队及其支持的武装力量持续交火，在叙利亚国内这场旷日持久的冲突中，以色列、美国以及由伊朗支持的武装力量也不断参与展开行动。俄罗斯还支持叙利亚政府进行空袭。叙利亚这个中东小国长期沦为各方势力角逐的战场。长期的动荡不仅造成平民伤亡和大量本地人流离失所，还要面临粮食危机与水危机。土叙问题是一个长期问题，如果不能解决库尔德武装分子问题，土叙边境侵扰问题会一直存在。而库尔德武装分子背后又有美国的身影，土叙双方能否达成和解，还是要看美国在叙利亚问题中扮演的角色，否则问题难以从根源上解决。

伊拉克组阁陷入长期僵局。2022 年 10 月，伊拉克新一届国民议会选举结束已满一年，但新政府一直未能组建。一年来，组阁僵局不仅严重影响伊拉克政治议程推进，甚至引发社会动荡和流血冲突。由于伊拉克不同政治势力争夺权力以及彼此严重缺乏信任，造成当前局面。其中，什叶派内部萨德尔和前总理马利基两派之间矛盾尤为突出。7月，萨德尔的支持者两度冲入伊拉克国民议会大楼，同时在多省进行示威，抗议“协调框架联盟”的新总理候选人提名，并呼吁“改革”和“反腐”。抗议持续了一个月，最终演变为流血冲突，一度引发全国宵禁。

（三）巴以问题结构性矛盾难以解决

2021 年以来，以色列与部分阿拉伯国家外交关系飞速发展，很大程度上是出于抗衡伊朗的共同需求。但是，这种缓和只是表象，并不意味着真正的稳定，反而可能使中东局势愈加极化和脆弱。

阿以之间关系的缓和，是以巴勒斯坦问题严重边缘化为前提和代价的。一方面，巴以问题是结构性矛盾，处于弱势的巴勒斯坦面对当前的现实发展，感到被其他阿拉伯国家背叛和抛弃，因而更倾向于通过升级矛盾的方式寻求国际社会的关注。这也是近期巴以局势持续紧张，甚至愈演愈烈的重要原因。2022 年 10 月 28 日，联合国中东问题特使托尔·文内斯兰在联合国安全理事会会议上发言表示，最近一个月，约旦河西岸致命暴力事件激增，以色列安全部队在冲突、攻击和搜捕等行动中杀害了 32 名巴勒斯坦人，其中包括 6 名儿童；另有 311 名巴勒斯坦人受伤，其中包括 1 名女性和 8 名儿童。2022 年或将成为 2005 年以来约旦河西岸巴勒斯坦人因冲突死亡人数最多的一年。①

---

① 《中东协调员：以巴双方必须采取措施让被占领西岸恢复平静》，联合国官网，2022 年 10 月 28 日，https：//news. un. org/zh/story/2022/10/1111892。（上网时间：2022 年 12 月 1 日）

另一方面，巴以问题造成与以色列签署关系正常化的阿拉伯国家陷入尴尬境地。从传统上讲，巴以问题是影响中东安全稳定的基础性、根源性问题，支持巴勒斯坦是阿拉伯国家无法撼动的基本立场。但是，现在一些阿拉伯国家在这一基本立场上有所动摇，使得原本团结一致的阿拉伯世界开始出现裂痕。这种政治妥协与原有的宗教情感错位会给地区局势带来更多的不确定性。而伊朗不是阿拉伯国家，却在巴以问题上坚定支持巴勒斯坦，借宗教情感谴责和影响阿联酋等与以色列关系缓和的阿拉伯国家。

所以，尽管当前中东地区局面表面缓和，但更多的只是利益驱使下的抱团行为。此外，从内部来说，中东目前面临的最大挑战就是经济民生问题，特别是新冠病毒感染疫情肆虐近三年来对经济、就业造成的冲击。因此地区国家纷纷调整关系，以便复苏经济，维护政权安全。加之伊拉克、叙利亚、也门等国战乱不断，进一步分散了地区国家的注意力。

第十章　欧洲战略自主与美欧关系

张快快

从 2021 年到 2022 年，欧洲状况不断。德国大选、意大利大选、法国大选，欧洲各国不断变化的防疫政策，随美匆忙撤离阿富汗、俄乌冲突、能源危机、美欧关系等等都在过去两年成为媒体和学界关注的热点。本章将从欧盟主要成员国中的多国、欧洲一体化（欧盟）层面以及欧盟的对外关系三个层面梳理过去两年欧洲的变化。

一、欧盟主要成员国中多国内部政权更迭，面临多重挑战

2021 年德国大选和 2022 年法国大选都获得了诸多关注，很多学者和政客均对有“欧盟发动机”之称的法德未来谁来领导欧盟充满关注。而随着法德大选结果的出炉，关于欧洲一体化由 2008 年欧债危机后的“德法轴心”转向 2022 年的“法德轴心”的说法甚嚣尘上，即诸多学者认为在对欧洲一体化的影响问题上，舒尔茨领导下的德国将逐渐弱势于第二任期的马克龙领导下的法国，这将深刻影响欧洲一体化的互动逻辑。此外，随着意大利大选结果出炉，欧洲民粹右翼主义的发展再度获得关注，随着欧洲多国面临的社会问题越发复杂——移民问题凸显、能源危机、经济发展迟滞等诸多问题

出现，欧洲右翼主义，甚至是极右翼势力是否将再度深刻影响欧洲政局这一问题重新被提及。

（一）欧盟主要成员国中多国政权更迭，局势更加复杂多变

近两年，欧盟主要成员国中多国政府经历政权更迭。2021 年 10 月 15 日，德国联邦选举委员会公布联邦议院选举的正式结果，社会民主党获得 25.7% 的选票，成为联邦议院第一大党，德国执政党联盟则从联盟党（基民盟/基社盟）变成了社民党主导的“红绿黄”三党（社民党、绿党和自民党）联合执政，来自社民党的朔尔茨当选德国总理，至于默克尔所在的联盟党得票率 24.1%，拿到了该党自 1949 年参选以来最惨淡的成绩，结束了联盟党连续 16 年执政的历史；2022 年 9 月 27 日，意大利右翼/极右翼联盟以 44% 的得票率在议会大选中获胜，其中由梅洛尼领导的意大利兄弟党占选票的 26%，梅洛尼也借此成为了二战后欧洲大国中第一位上台的极右翼领导人，同时她也是意大利首位女总理；2022 年 4 月 24 日，马克龙在法国总统大选第二轮投票中以 57.6% 的得票率战胜勒庞成功连任，但其所在党派在国民议会中的议席数有所下降。那么这些政权的更迭会产生哪些影响？

具体来看，德国三党联合执政或将削弱德国的外交领导力。相较于此前长期合作的基民盟和基社盟这一组姊妹党，“红绿黄”三党在诸多领域存有分歧，在达成共识上难度更大。从政治光谱看，自民党通常将自己定位为中右翼，社民党则将自己定义为中左翼，两党在经济、外交、财政和环境政策等领域的政策取向并不一致，而绿党则在环境保护等新兴议题上持有更加难以妥协的政策偏好，三大党派分歧较大。尤其是在作为反对党的联盟党相对强势的背景下，这种分歧或将使得朔尔茨政府“实施政策变革的难度加大，特别是

在执政三党政策定位差距较大、联盟党拥有议题所有权的经济政策领域”①，限制德国达成共识的效率以及在欧盟产生的影响力。

法国则是由马克龙获得连任。在此背景下，作为欧盟发动机的“法德轴心”领导人的这一调整或将影响法德在欧盟内部的互动和相对优势地位，法德的互动及其相对强弱关系将出现与以往不同的特征，即由德国主导转向法国主导。有学者认为，随着德国三党联合执政，马克龙则拥有在国内改革、推动欧洲战略自主政策等多重丰富的内政外交实践经验，则将使法国在法德互动中获得更多主导权。当前的法德互动将由 2008 年欧债危机时期的德国主导转变为当下的法国主导，甚至是出现“法国化倾向”②，“法国在今后一段时间里在欧洲地区事务和欧洲对外关系中可能会表现得比德国更活跃”③；当然也有学者认为考虑到马克龙所在的复兴党未能拿到国民议会绝对多数席位，朔尔茨则受到三党联合执政的掣肘，法德事实上同时出现了“弱势领导人”④。这将使得未来欧洲一体化持续深化的方向显得更加扑朔迷离。

此外，随着英国“脱欧”，意大利在欧盟内部扮演的角色越发重要；而随着梅洛尼当选意大利总理，关于右翼主义势力在欧洲再度崛起的讨论重新获得关注。事实上，就在梅洛尼极右翼联盟获胜前几周，瑞典的极右翼政党——瑞典民主党成为第二大党；2022 年 4 月，匈牙利右翼欧尔班政府在大选中大获全胜；2022 年法国大选中，法国极右翼候选人勒庞的支持率相较于上次大选有了较大提升。

---

① 杨解朴：《“后默克尔时代”的德国：共识政治与否决玩家》，《欧洲研究》2022 年第 2 期，第 93—117、167—168 页。

② 张健：《欧盟的法国化趋向及其影响》，《现代国际关系》2022 年第 2 期，第 1—11、63 页。

③ 《近来德法矛盾不断，欧洲一体化“轴心”还转得动吗?》，澎湃新闻，2022 年 11 月 1 日，https：//www. thepaper. cn/newsDetail_forward_20543624。（上网时间：2022 年 11 月 21 日）

④ 张健：《欧盟的法国化趋向及其影响》，《现代国际关系》2022 年第 2 期，第 1—11、63 页。

而此前随着欧债危机、难民问题等诸多社会问题凸显，欧洲多国社会矛盾激化，关于欧洲右翼主义沉渣再起的讨论就常常见诸报端，尤其是在2019年欧洲议会大选之后引发了诸多讨论[①]。那么，什么是右翼民粹主义？右翼民粹主义又将会如何影响欧洲一体化？作为一种特殊的政党家族，右翼民粹主义政党强调“人民”的内在整体性和一致性，在民族主义、全球化、多元文化等议题上持保守立场，试图解构公共理性的逻辑，建构非理性的直观，并以泛道德主义来解构现存问题，主张实现“激进民主”目标[②]。将这些逻辑和政策主张应用到欧洲一体化领域，就主要表现为疑欧主义、反对欧洲一体化，更加强调民族主义等。毫无疑问，如果右翼民粹主义再度兴起，必然会对欧洲一体化进程造成冲击。

（二）能源危机成为高频词

近两年经济生活领域，尤其是随着俄乌冲突的爆发，欧洲多国处于能源危机、通胀高涨、经济滑向衰退的多重困境。

能源危机是当前一段时间欧盟多国面临的主要挑战之一。进入21世纪以来，欧洲国家与俄罗斯形成了能源消费和供给的互补型格局，欧洲46%的煤炭、25%的石油和超过40%的天然气从俄罗斯进口，[③] 尤其是德国。近两年，夏季的用电高峰甚至洪涝灾害，冬季的供暖都增加了欧洲对能源的需求，尤其是随着俄乌冲突爆发后，俄

---

① 蒲雨薇、朱晓中：《从2019年匈牙利欧洲议会选举看欧洲右翼民粹主义的发展原因及前景》，《欧洲语言文化研究》2020年第1期，第80—91、164—165页；伍慧萍：《2019年欧洲议会选举以来西欧民粹政党的新变化及其影响》，《当代世界》2020年第2期，第40—47页。

② 张楚楚、肖超伟：《当代欧洲右翼民粹主义政党的宗教话语与选举动员——基于大数据的话语分析》，《欧洲研究》2022年第3期，第102—125、7—8页。

③ 赵晨：《“北溪”管线泄漏事故．加速欧洲能源地缘政治重构》，《世界知识》2022年第21期，第39、42—43页。

罗斯减少对欧洲的能源供应，更加剧了欧洲社会面临的能源危机。能源危机又在很大程度上容易被转化为因生产成本提升而进一步被引发的经济危机、由民众对所在国对俄政策不满引发的社会问题、成员国在欧洲能源供应领域的分歧加剧欧洲内部分化等更深层次的问题。德国联邦经济部长哈贝克就曾称：“我们正在经历一场严重的能源危机，并且它正在日益演变成一场经济和社会危机。”

此外，欧洲通胀持续攀升、经济下行压力加大，一体化发展的脆弱性凸显。2022 年 10 月 31 日，欧盟统计局公布的初步数据显示，经季节调整后，2022 年三季度欧元区和欧盟国内生产总值（GDP）环比均仅增长 0. 2%。而比利时、拉脱维亚和奥地利经济更是出现了环比萎缩。2022 年 10 月，欧元区通胀率按年率计算高达 10. 7%，再创历史新高。更不必提外汇市场上，欧元兑美元一路下跌。欧盟以及欧盟成员国多国在经济领域整体上呈现出走弱的趋势。

二、欧盟内部分歧仍存，谋求战略自主阻力和动力并存

随着欧共体以及此后的欧盟的不断扩大，欧盟成员国间的同质性不断下降，异质性上升，这也使得欧盟内部本身面临越来越多的分歧。尽管从《阿姆斯特丹条约》的灵活性原则到《里斯本条约》的强化欧洲，以至此后的“多速欧洲”等诸多原则都在尝试解决欧盟面临的成员国发展不同步、异质化程度加强、达成一致或全部参与到某项一体化活动的难度越来越大等问题，但这并没有能真正解决这一问题。今天的欧洲，除了传统上的中东欧这些所谓“新欧洲”国家与西欧成员国这些所谓“老欧洲”国家间在对美政策、对俄政策、中东欧成员国认为自身被视作所谓“二等公民”、难民问题等议题上的分歧，以及南北欧成员国之间因经济发展程度差异、社会政

策尤其是2008年欧债危机之后存有的分歧，近期随着整体国际形势的变化，欧盟内部分歧面临新的挑战，有了新的表现形式，这将在很大程度上影响欧盟谋求战略自主以及深化欧洲一体化的努力。

从传统存有分歧的领域看，在对美政策和对俄政策上，随着俄乌冲突的爆发与升级，尽管法德以及中东欧国家在对俄政策上分歧仍存，匈牙利的欧尔班这样的挺俄领导人依旧存在，但欧洲国家内部的分歧大体上呈现出弥合之势。俄乌冲突事实上给了美国一个“修正欧盟酝酿的‘战略自主’转型进程，强化价值观同盟的特殊性以及‘民主—威权’的力量格局”[①] 的机会，在这样的外在压力下，美欧间的合作得到加强，北约的重要性再次被强化，欧洲在防务领域战略自主的主动性受到一定程度的消解，降低对美的对抗性、向美国靠拢的趋势加强。比如传统中立国奥地利、瑞士启动了对俄制裁，芬兰、瑞典更是积极申请加入北约。2022年5月15日，在芬兰正式宣布申请“入约”后几个小时，瑞典就紧随其后，宣布支持加入北约，但提出条件，即该国不拥有永久的北约基地或“核武器”。

在这样的大背景下，法德对欧盟实现欧洲战略自主的必要性也出现了动摇。传统上，在很长一段时期内，在欧洲发展战略自主和对美依赖的战略选择之间，法国始终更偏向于欧洲谋求战略自主、依靠自身、推动欧洲防务一体化的一端，更倾向于寻找更能凸显欧洲“主体性”和欧洲相对于美国的“独立性”的平衡点，有时不惜与美国强硬对抗，如1966年7月1日，戴高乐任期内的法国退出北约军事一体化机构；戴高乐之后的多位法国总统也多继承了戴高乐主义，强调法国的民族性和独立性，强调欧洲是“欧洲人的欧洲”。

---

① 赵隆、刘军、丁纯、徐明棋、邵育群：《俄乌冲突与国际政治经济博弈笔谈》，《国际展望》2022年第3期，第56—78、158—159页。

与此相对，德国尽管在二战后也曾推出“新东方政策”，缓和与东方关系，但在整体上始终更偏向维持美欧关系稳定。但在当前的形势下，尽管法国继续强调欧盟政策的独立性，但也在事实上降低了谋求战略自主的调门。尽管马克龙呼吁建立“欧洲政治共同体”，但这一看似强化欧洲在政治领域合作的体系被认为“实际上就是在乌克兰短期内加入欧盟无望的情况下，给乌克兰、摩尔多瓦及支持二者加入欧盟的东欧成员国的‘安慰奖’[①]，并无实质性推动欧盟在政治领域深化合作的效果”。德国方面，2022 年 2 月 27 日，德国总理朔尔茨在联邦议会特别会议上发表政府声明，宣布德国继续向乌克兰提供武器，同时拨付 1000 亿欧元用于提升军备，国防预算提升至 GDP 的 2%，以达到北约规定的目标，缓解了特朗普任内跨大西洋盟友在军费开支上的分歧，此外还设立 1000 亿欧元“特别基金”用于军事现代化建设，打破了二战结束后 70 多年来德国的军事“禁忌”。在德国新政府中，掌控外交部的绿党长期以来反对军事建设，且近年来在价值观、战略观念等方面与美国和北约日益靠近，这就在更大程度上对此前德国在欧洲战略自主和防务上依赖北约之间的倾向进行了调整，即更加倾向于由北约为欧盟提供安全保护。

从其他国家的表现来看，中东欧国家基于地缘位置、历史经历等因素对俄罗斯保持的谨慎甚至敌对态度并未发生实质性改变，他们并不寄希望于欧洲自身防务力量的建设来保障自身安全，而更信任美国和北约提供的安全保障。这就在短期内削弱甚至消解了部分国家对谋求欧洲合作以实现战略自主的动力，而这一领域在很长一段时间都是欧洲一体化难以深入的领域。

但这种矛盾的缓解并不意味着欧盟内部在北约的角色以及欧洲

---

① 《近来德法矛盾不断，欧洲一体化“轴心”还转得动吗?》，澎湃新闻，2022 年 11 月 1 日，https：//www. thepaper. cn/newsDetail_forward_20543624。（上网时间：2022 年 11 月 21 日）

的防务自主方面达成了一致，更不意味着法德分歧的消失。事实上，法德除了此前长期存在的对美、对俄政策分歧以及欧盟战略自主的支持程度差异之外，其分歧随着国际形势的变化，在新领域有了新的体现。如能源政策、防务政策等领域。随着俄乌冲突激化的欧盟面临的能源危机，德国政府推出高达 2000 亿欧元的能源补贴计划，同时反对对进口天然气进行限价，这一政策受到法国的诟病；德国试图说服欧盟各成员国支持从北非经伊比利亚半岛延伸至欧洲腹地的天然气管道 Midcat，但法国主张建立输送氢能的地中海海底管道巴尔马尔（BarMar）。防务领域，德国试图和欧盟内部分北约伙伴共同建构反导系统，这与法国自戴高乐时期一贯推行的“戴高乐主义”、谋求欧盟战略自主相违背；德国在俄乌冲突后加紧实施国防装备的升级换代，加紧订购了一批美国 F－35 战斗机，却未能支持法国等所主导的欧洲本土战斗机项目“未来空中作战系统”（FCAS）。

三、欧盟对外关系领域，亲美抗俄趋势明显

（一）美欧关系缓和，但分歧犹存

美欧关系上，随着拜登当选总统，重塑与欧洲盟友的跨大西洋伙伴关系，被认为重新回到美国传统的外交政策中来。2021 年 2 月 19 日，拜登在慕尼黑会议上表态称“美国回来了”，“跨大西洋联盟回来了，让我们一起向前看”。近期爆发的俄乌冲突更是成为消除跨大西洋关系战略疏离、利益偏离和认同弱化的契机，[①] 俄乌冲突给欧

---

① 赵隆、刘军、丁纯、徐明棋、邵育群：《俄乌冲突与国际政治经济博弈笔谈》，《国际展望》2022 年第 3 期，第 56—78、158—159 页。

洲国家带来了强烈的不安全感，美欧在对俄态度上达成了高度一致，美欧联合从人员、经济、政治等多领域制裁俄罗斯，甚至有学者称自2022年2月下旬以来美欧联动对俄实施的多轮“最严厉的全面制裁”的“范围之广、规模之大、数量之多、持续时间之久均堪称历史之最”①。

美欧看似短期内在诸多政策，尤其是对俄政策上达成了合作，分歧逐渐减少，那么美欧关系真的能够随着拜登的上台重回冷战时期的特殊亲密盟友关系吗？事实并非如此。从美国的角度看，尽管俄乌冲突的发生将美国的一部分注意力转移到欧洲事务中来，但亚太地区依然是其战略重心。从欧盟的视角看，欧盟也并不认为随着拜登的上台，欧美关系将会出现相较于特朗普时期的实质性变化，重回特殊盟友时期。相反，美国国内政治的“极”化强化了欧洲决策者围绕美国对欧洲大陆的安全承诺可靠性的怀疑。欧盟委员会主席冯德莱恩就声称美国“在优先级和感知领域的某些转变比某一个政客或者某一任政府的变化更加深刻”，这些变化并不会“因为一次选举而消失”。也就是说特朗普时期对欧洲盟友的不信任、对美欧关系的破坏是一种更深层次的破坏，并不会随着美国总统更迭或执政党更迭而有所变化。时任欧盟外交与安全政策高级代表莫盖里尼特别助理的娜塔莉·托奇更是建议欧洲应该避免继续做“鸵鸟”，而是转向谋求战略自主。

从近两年的实践看，美欧分歧仍存。2021年5月7日，随着美军从阿富汗撤离时间表的确定，有媒体援引美方官员的说法报道称，有部分欧洲盟国正在敦促美国推迟撤军计划，以给北约盟国更多时间进行撤军的准备工作，“因为如果没有部署在机场的6000名美军

① 焦一强、丁传彪：《拜登执政以来美欧与俄罗斯关系变化态势、动因及影响》，《俄罗斯研究》2022年第5期，第118—147页。

的保护，其他西方国家的撤离行动恐怕就要被迫停止”[①]。但事实上美国并未延长最后从阿富汗撤离的时间；2021 年 9 月 15 日，澳大利亚与美国、英国组建安全联盟“奥库斯”（AUKUS）。澳大利亚根据“奥库斯”条约撕毁了与法国的合同，转而与美国达成至少 8 艘核动力潜艇的合约。法国迅速对此给予反击，谴责英美澳三个盟友“背后捅刀”“撒谎”，并史无前例地召回了法国驻美国和澳大利亚大使。这些事件都令欧洲在安全上感受到了不安全感，完全依赖美国或许并无助于保护自身利益，反而会更进一步使得欧盟在全球战略格局中无法将命运掌握在自己手中，因此构建“战略自主”的心态也日趋坚定和迫切。[②]

（二）俄欧关系对抗性加强，“能源地缘版图”面临重构

俄欧关系领域，欧洲与俄罗斯的对抗性加强。冷战结束以来，俄罗斯在很长一段时间内都采纳“欧洲选择”的政策选择，试图“回归欧洲”，将“融入欧洲”作为国家的发展方向，这也为特定时期内美欧在能源合作、经贸往来等领域的合作提供了可能性，但欧俄关系受美欧关系、欧盟内部成员国互动、北约对外政策等多重因素影响，使得欧俄关系从未如俄罗斯所期待的那样顺畅，即迅速被西方社会接纳。事实上，“俄欧关系从来没有平稳过，总是跌宕起伏，充满希望和期待的时期总是被充满失望的时期取而代之”[③]。

近两年，随着美欧关系调整、乌东局势变化，俄欧关系也随之

---

① 《欧美霸占喀布尔机场私自逃离惹众怒，普京怒斥西方搞双标》，光明网，2021 年 8 月 24 日，https：//m. gmw. cn/2021 - 08/24/content_1302506818. htm。（上网时间：2022 年 11 月 21 日）

② 董一凡：《“战略指南针”能否为欧盟“防务自主”指明方向》，《世界知识》2022 年第 2 期，第 43—45 页。

③ 吕萍：《俄罗斯的“欧洲选择”分析》，《俄罗斯东欧中亚研究》2021 年第 6 期，第 59—80、153—154 页。

出现调整，尤其是俄罗斯发起特别军事行动以来，欧俄关系不断恶化。外交层面，自2022年2月24日至4月6日俄罗斯发起特别军事行动以来，欧盟国家驱逐了约260名俄罗斯外交人员。政治层面，2022年6月23日，欧盟峰会同意批准乌克兰和摩尔多瓦为欧盟候选国；2022年2月25日，欧洲委员会表示，由于俄罗斯对乌克兰发动军事行动，从即日起暂停俄罗斯在欧洲委员会部长委员会和议会大会中的代表权。经济层面，据俄罗斯卫星社2022年10月6日消息，欧盟委员会当天称，欧盟决定实施针对俄罗斯的第八轮一揽子制裁措施。

即便是在欧俄关系呈现明显互补性的能源合作领域，随着俄乌冲突的不断升级，俄欧的依赖关系也发生了调整，俄罗斯占据上风的局面有所改变，优势地位有所下降，尤其是随着北溪天然气管道爆炸，这一优势更是受到冲击。事实上，在很长一段时间内，能源合作都在欧洲和俄罗斯双方互动过程中扮演了“压舱石”的角色，欧洲多国以及欧盟为避免俄欧矛盾激化使得自身能源供应断裂或不得不向国际市场寻求更加昂贵的能源来源而在对俄政策上保持谨慎；俄罗斯也将能源供应作为一个外交手段对欧洲加以限制。甚至在相当长一段时间内，俄欧能源合作是美国对欧盟对俄政策不满的点，成为美欧关系的一个离心力。但随着2022年9月26日，位于瑞典和丹麦海域的“北溪－1”和“北溪－2”天然气管线发生管道泄漏事故，两条管线共发生4起水下爆炸，爆炸当量达到数百公斤TNT炸药，这冲击了长期以来被认为是欧洲受制于俄罗斯的能源合作，“欧洲能源的地缘版图重构进程已不可逆”①。这也在更大程度上冲击了脆弱的欧俄关系。

---

① 赵晨：《“北溪”管线泄漏事故：加速欧洲能源地缘政治重构》，《世界知识》2022年第21期，第39、42—43页。

四、结语

总体上看，从 2021 年到 2022 年，欧洲发生了很多不同于以往的变化。有些是此前问题的延续，如疫情冲击下不断走低的经济；有些是意料之外的，如长期以来扮演俄欧关系“压舱石”角色的能源合作随着俄乌冲突以及“北溪”管道破裂受到巨大冲击，俄欧能源合作结构重构。这些变化均将在不同程度上影响未来欧洲的政策选择。

从主权国家层面看，法德领导人大选，连续执政 16 年的默克尔下台、马克龙赢得连任，法德未来的内政外交政策或将出现不同于以往的政策调整，这种调整也将体现在法德的互动中。2008 年欧债危机中德国以强劲的经济支撑了欧元的购买力，给予深陷债务危机的南欧国家如希腊、意大利、葡萄牙等财政支持，加之默克尔本人的执政风格，在过去的很长一段时间内，德国在欧盟扮演着更加主导性的角色；当前随着德国三党执政，马克龙赢得连任，后者在欧洲一体化、欧洲外交政策等领域更有经验，或将一改此前德国主导的局面，拥有更大主动权。此外，随着欧洲社会面临的社会矛盾越发多样，疫情冲击、能源危机、经济发展速度放缓等多重压力，加之意大利右翼民粹主义政党领导人的上台，也引发了对欧洲未来是否会右翼主义再起的讨论。

从欧洲的一体化角度看，谋求战略自主仍然是法国力推、欧洲也一直磕磕绊绊前行的方向之一，在从阿富汗匆忙撤离之后，欧盟外交与安全政策高级代表博雷利就再次提出要建设欧洲快反部队；2022 年 3 月得到批准的“战略指南针”也包含建设一支名为“欧盟快速部署能力”的快反部队。但随着俄乌冲突局势的变化，这事实上在一定程度上冲击了欧洲实现战略自主的主动性，反而是由于此次冲突，美国领导下的北约重要性再度得到凸显，欧洲多国越发将重心转移到强化与美国的合作上来，北约部分欧洲成员国调整防务开支，力图达到防务开支占 GDP 的 2% 的标准；芬兰、瑞典甚至一改此前中立国的政策偏好，先后申请加入北约。

从欧盟的主要对外政策看，俄乌冲突爆发前，美欧分歧依然是评论家和学者关注的重点，美国不顾盟友的利益仓促从阿富汗撤军、澳大利亚对法国毁约转而向美国购买核潜艇等事件都让大家认为美欧关系的裂痕越来越大，欧洲盟友对美国的信任不断下降，多数观点认为美欧关系并未随着拜登上台重回特殊关系。但俄乌冲突的爆发反而推动了欧洲国家在与美国合作、对俄制裁的议题上达成了一致，一改此前因内部分歧和试图谋求战略自主又不愿放弃美国提供的安全的犹豫不决角色，转而出现了明显的重视美国、对抗俄罗斯的趋势。

第十一章　东南亚在内外纷扰中持续前行

龚大明

近年来，东南亚地区的发展前景一直被国际社会广为看好。2020 年，东南亚地区在新冠病毒感染疫情的冲击下，出现了自 1997 年亚洲金融危机以来最严重的经济衰退，除东帝汶外的东南亚 10 国合计经济增长率为 -3.3%，但 2021 年旋即回升至 3%。进入 2022 年，东南亚各国的开局并不顺利，缅甸问题、疫情反复与俄乌冲突等持续扰动地区发展大局，但最终东南亚地区保持了总体形势的稳定，交出了一份较为优异的成绩单。

一、东南亚面临的内外纷扰

2022 年，缅甸问题有关各方的分歧依旧难以弥合，持续牵动地区局势，泰国与马来西亚政局也持续动荡。同时，持续反复的疫情与随之而来的俄乌冲突也为地区发展增添了变数。

（一）域内多国政局动荡

1. 缅甸局势仍不容乐观

2022 年，缅甸国内掌握政权的军方与反军方力量之间的斗争仍然持续，军方两度延续了“紧急状态”，和平解决缅甸问题的前景尚不明朗。2021 年 2 月，缅甸军方以大选存在舞弊现象为由接管政权，并扣押了昂山素季与温敏等民盟高层，民盟支持者持续进行多轮抗议并呼吁国际社会介入，甚至还组建了“民族团结政府”和“人民防卫军”与军方对抗。进入 2022 年，局势仍未改善，缅甸国内暴力冲突不断，流血事件时有发生。联合国儿童基金会 10 月 6 日称，自 2021 年发生军事政变以来，缅甸已有超过 100 万人流离失所。[①]

此外，军方与民盟目前尚未开展有效的政治对话，昂山素季和温敏等民盟领导人仍被扣押，军方还对他们提出了多项指控。到 12 月底，昂山素季已被累计判处 26 年监禁。美国多次对军方进行谴责，并宣称将向其进一步施压。东盟也将缅甸问题作为关注焦点，新加坡等国甚至公开表示缅甸问题是东盟的“主要危险点”，缅甸当前危机主要责任在军方。[②] 12 月 21 日，联合国安理会也通过缅甸 1948 年独立并加入联合国以来首份关于缅甸的决议，要求结束暴力，并敦促缅甸军方释放包括昂山素季在内的所有政治犯。在内外压力之下，缅甸军方在 2022 年 1 月 31 日通过决定，在 2021 年 2 月

---

① 卓汶德：《联合国机构：军事政变后 缅甸逾 100 万人流离失所》，（新加坡）《联合早报》网，2022 年 10 月 7 日，https：//www. zaobao. com/realtime/world/story20221007 – 1320618。（上网时间：2022 年 12 月 9 日）

② 陈可扬：《维稳：缅甸当前危机主要责任在军方》，（新加坡）《联合早报》网，2022 年 9 月 15 日，https：//www. zaobao. com/news/singapore/story20220915 – 1313069。（上网时间：2022 年 12 月 10 日）

实施为期1年的紧急状态基础上延长全国紧急状态6个月。7月31日，军方再度通过决议，继续延长全国紧急状态6个月。

2. 泰国巴育政府遭遇多重挑战

随着总理巴育的第二任期进入尾声，泰国政治正呈现出连环困局，巴育政府面临执政党联盟内部裂痕与反对党的激烈攻击等多重挑战，甚至在8月一度被暂停总理职权。

首先是执政党联盟内部出现裂痕。执政联盟最大党——公民力量党21名议员主动寻求“被合法开除”另立门户，这使处于“微弱平衡”的巴育政府陷入崩塌边缘。2022年1月，泰国众议院就空缺的3个众议员席位举行补选，与总理巴育素有嫌隙的公民力量党秘书长塔玛纳在为本党议员候选人助选时失言。塔玛纳宣称“一定要选有钱人，千万不要选穷佬”，在泰国各界引起巨大争议，巴育与塔玛纳之间的矛盾激化。[①] 1月19日，塔玛纳要求立刻召集公民力量党执委会议，将自己以及本派系的20名议员开除出党。[②] 公民力量党最终以“存在严重的不道德”为由，开除了塔玛纳和20名国会议员党籍，而塔玛纳旋即加入了泰国经济党。2月8日，巴育召开内阁会议遭7名部长抵制，进一步凸显了执政联盟的严重不合。[③]

其次是巴育政府本年度遭遇了执政以来第四次不信任动议。泰国反对党6月15日提出不信任动议，指责巴育和10名内阁部长贪腐、经济管理不当及破坏民主。不信任动议7月19日起在国会进行

---

① 2021年9月初，泰国众议院反对党联盟针对巴育举行不信任辩论，本应给予巴育支持的农业与合作社部助理部长、公民力量党秘书长塔玛纳，却试图联合众多小党，逼迫巴育辞职，两人由此结怨。

② 根据泰国法律规定，如果党员辞职且得到政党执委会批准，则其议员资格也将随之失去。如果因故被政党开除，但30天内成功加入其他政党，则议员资格将继续保留。

③ 秦翊：《21人“脱党”引发泰国政治连环困局》，澎湃网，2022年3月10日，https://www.thepaper.cn/newsDetail_forward_17014292。（上网时间：2022年12月12日）

了四天辩论，7 月 23 日进行表决。在国会 477 名议员中，256 人投票支持巴育，206 人反对，9 人弃权。反对党要推翻巴育必须获得超过239 名议员的支持。这是自 2019 年以来，巴育第四次顺利“挺过”不信任动议。①

最后，巴育在 8 月又遭遇任期风波，一度被暂停总理职权。根据泰国 2017 年最新的宪法要求，总理任期不可超过 8 年。泰国国内对巴育长期任职存在巨大分歧，反巴育力量要求从 2014 年军事政变起算，巴育则主张应从 2019 年获得大选胜利起算。8 月 24 日，泰国宪法法院接受了反对党的请愿书，请愿书要求泰国总理巴育下台，理由是他在法定期限内的任职时间已满，继续任职会逾期。宪法法院随后裁定暂停巴育行使总理职权，由副总理巴维出任临时总理。泰国宪法法院 9 月 30 日裁定，巴育的任期并未超过任职 8 年的最长期限，并同意巴育复职。尽管成功复职，但最近的一项民意调查显示，近 2/3 的泰国人希望巴育在本月下台，他们认为巴育没有带领泰国经济发展，也没有做好新冠病毒感染疫情防控工作，巴育政府的压力可想而知。②

3. 马来西亚政局纷争不断

2022 年年内，马来西亚政局延续了自 2018 年以来的动荡局面，再度更换了总理，传统的以巫统为核心的国民阵线一家独大的政治格局被打破，政局呈现碎片化的趋势。马来西亚一度被国际社会视为东南亚的优等生，国内政局稳定性与经济发展水平在东南亚均居于前列。2018 年以来，马来西亚政局纷争不断，分别在 2018 年、

---

① 南博一：《泰国总理巴育挺过国会不信任表决，反对党拟发动更多示威》，澎湃网，2022 年 9 月 4 日，https：//www. thepaper. cn/newsDetail_forward_14358659。（上网时间：2022 年 12 月 12 日）

② 李曼英：《泰国总理巴育被暂停职务，最终去留仍是个谜》，腾讯新闻网，2022 年 8 月 25 日，https：//new. qq. com/rain/a/20220825A03FOY00。（上网时间：2022 年 12 月 12 日）

2020 年、2021 年三度更换总理，而 1957 年独立至 2021 年，马来西亚一共仅有 9 位总理。进入 2022 年，以执政联盟第一大党巫统为核心的国民阵线（以下简称“国阵”）与前总理穆希丁领导的国民联盟，以及反对派希望联盟等三大主要政党联盟的斗争日趋激烈。10 月 10 日，总理伊斯迈尔表示，由于国内政治不稳定，再加上新冠病毒感染疫情，国家社会经济和政治受到严重冲击，原定 2023 年到期的第 14 届国会提前宣告解散，伊斯迈尔也成为马来西亚历史上任期最短的总理。马来西亚最高元首阿卜杜拉则公开表示，“对当前政治发展感到失望”。[①]

2022 年 11 月，马来西亚举行了号称“史上最激烈”的第 15 届国会选举，三大主要的政党联盟均未获得组建新政府所需的半数议席，由此导致马来西亚史上首次出现“悬浮国会”，一度使新政府难产。马来西亚大选即国会下议院选举，下议院共 222 个议席，在下议院取得 112 个席位以上的政党或政党联盟可以组建新政府。11 月 20 日公布的初步选举结果，在已有结果的 220 个议席中，反对派领袖安瓦尔领导的希望联盟（以下简称“希盟”）拿下 82 个议席，位列第一位；前总理穆希丁领导的国民联盟（以下简称“国盟”）紧随其后，赢得 73 个议席。希盟和国盟都未能获得超半数席位，但这两个联盟无疑是最有希望组建新政府的联盟。然而，这两个联盟均无合作意向。11 月 22 日，最高元首阿卜杜拉召见希盟领导人安瓦尔和国盟领导人穆希丁，但未能推动双方组建联合政府，使新政府的产生陷入僵局。最高元首阿卜杜拉于 24 日召开马来西亚统治者会议，最终委任希望联盟领袖安瓦尔为第 10 任总理。[②] 本次大选结果

---

① 《上任仅 14 个月，为何马来西亚总理宣布解散国会?》，搜狐网，2022 年 10 月 11 日，https：//www.sohu.com/a/591877156_121332532? edtsign = C1A946394AC1CCCDF44B1DB3BA22995D12B7EDED&edtcode = U4yDubwcMLe4IdRtJnY%2B3Q%3D%3D。（上网时间：2022 年 12 月 13 日）

② 《安瓦尔被任命为马来西亚新总理》，新华网，2022 年 11 月 24 日，http：//m.news.cn/2022-11/24/c_1129156421.htm。（上网时间：2022 年 12 月 24 日）

与新政府的难产，反映出马来西亚政局阵营化和碎片化的趋势。在2018年以前，马来西亚基本上是以巫统为核心的国阵一统天下，反对党阵营很难撬动其执政地位。但在2018年之后，国阵式微，希盟、国盟渐次崛起，逐渐形成了2022年大选后希盟、国盟、国阵三足鼎立的局面。马来西亚的政党联盟或为常态，政局不稳的情况可能还会持续。①

（二）新冠病毒感染疫情持续冲击

新冠病毒感染疫情暴发已近三年，年初东南亚又迎来了一波疫情高峰，成为影响东南亚地区发展的重要因素之一。2022年初，亚洲开发银行发布报告称，疫情导致大规模失业，加剧了东南亚社会的不平等现象，非技术工人、从事零售业和非正规经济的人，以及没有数码业务的小企业遭受的冲击尤其明显。2021年底，东南亚赤贫人口（每日生活费少于1.90美元）达2430万人，占东南亚6.5亿总人口的3.7%。② 2022年初，随着新冠病毒的传播，东南亚主要国家在1—3月迎来了疫情高峰，新增确诊病例大幅上升。据世界卫生组织单周疫情数据显示，东南亚年度最高单周新增确诊病例达232.8万（1月17—23日）；主要国家年度最高单周新增确诊病例分别为：马来西亚3月7—13日新增20.6万例，印尼2月14—20日新增38.9万例，新加坡2月28日—3月6日新增12.3万例，越南3月14—20日新增188.9万例，泰国3月28日—4月3日新增18.2万

---

① 《马来西亚大选后危机持续，新政府迟迟难产》，《新京报》网，2022年11月24日，http://www.bjnews.com.cn/detail/166925599614668.html。（上网时间：2022年12月24日）

② 《疫情令东南亚再增470万极端贫困人口 各国纷纷开放边境》，财新网，2022年3月18日，https://www.caixin.com/2022-03-18/101858043.html。（上网时间：2022年12月17日）

例，菲律宾1月10—16日新增23.2万例。[①]

尽管新增病例不断升高，但东南亚国家已难以承受大范围暂停经济活动的代价，各国政府都尽量在经济发展、政治活动与疫情防控之间取得平衡。为促进经济发展，印尼政府1月就宣布撤销所有外国人的入境禁令，泰国也在年初决定将防疫警戒级别从第四级降为第三级，越南则将增值税税率从10%降为8%，力图为企业减负。[②] 据世界卫生组织疫情数据显示，2022年4月后，东南亚疫情有所缓解，4—6月单周最高新增确诊病例为19.7万（6月18—24日），7—11月单周最高新增确诊病例进一步降低为5.4万（11月14—20日）。[③] 需要注意的是，东南亚疫情数据的好转可能也与各国调整了防疫措施，降低了检测力度有关。

（三）俄乌冲突再添隐忧

2022年2月爆发的俄乌冲突给国际局势带来极大不确定性，冲突引发的能源、粮食与原材料价格飙升，通胀高企也拖累了世界经济复苏，给东南亚的发展带来了隐忧。俄罗斯占全球石油贸易的12%，同时也是钛、钯、氖、镍、铝等关键战略物资的主要生产国和出口国。俄乌冲突爆发后，西方的制裁与俄罗斯的反制裁，加剧了金融动荡，能源武器化、粮食武器化的趋势日趋显现，持续冲击正常的国际经贸秩序。2022年6月7日，世界银行发布的最新版《全球经济展望》报

---

① 数据由笔者整理世界卫生组织官网数据所得，参见：https：//covid19. who. int/。（上网时间：2022年12月22日）

② 《新增病例不断推高 东南亚国家努力平衡防疫与政经活动》，（新加坡）《联合早报》网，2022年1月19日，https：//www. zaobao. com/news/sea/story20220119 – 1234373。（上网时间：2022年12月10日）

③ 数据由笔者整理世界卫生组织官网数据所得，参见：https：//covid19. who. int/。（上网时间：2022年12月22日）

告时称，“对许多国家而言，经济衰退将很难避免”。世界银行将2022年全球经济增长预期值大幅下调至2.9%。就东南亚地区而言，冲突的影响主要通过大宗商品价格传导，燃料和食品价格持续上涨将推高区域各国通胀、减缓经济增长并使其货币贬值、资本外流等，尤其是严重依赖石油进口的国家，比如泰国、菲律宾等。此外，危机期间美西方国家持续施压东南亚各国站队，东南亚国家应对变化趋势的压力增大，作为中小国家的不安全感进一步突出。①

此外，俄乌冲突加剧了美国的通胀水平，推升了美联储加息步伐，对东南亚等新兴市场国家产生较大压力。2022年内，美国国内物价高企，出现40年来最严重的通胀，白宫和美国总统拜登多次“甩锅”普京，将物价飞涨的原因归结于俄乌冲突。尽管有“甩锅”的嫌疑，但不可否认的是俄乌冲突带来的能源、粮食与原材料价格飙升进一步刺激了美国国内的通胀水平，推升了美联储的加息预期。在内外因素的多重刺激下，美联储2022年3月份开启激进加息周期，从2022年3—11月，联邦基金利率从加息前的0%—0.25%上涨至3.75%—4%，12月预计还将加息50个基点。美联储利率的飙升，大幅提高国际市场融资成本，增加了新兴市场国家资本流出的压力，使东南亚国家在出口、吸引外资与保持汇率稳定方面面临诸多压力。②

二、东南亚地区发展的主要成果

尽管东南亚2022年度内面临多重内外纷扰，但其影响总体可

① 车玮：《俄乌冲突对航运和金融以及东南亚区域经济的影响》，腾讯网，2022年4月15日，https://new.qq.com/rain/a/20220415A095CZ00。（上网时间：2022年12月12日）

② 《美联储加息凶猛 东南亚如何应对冲击?》，中国—东盟自贸区官网，2022年8月19日，http://www.cafta.org.cn/show.php?contentid=99865。（上网时间：2022年12月13日）

控，没有出现大面积、系统性的动荡。团结与合作仍是各方的战略共识，东南亚政治安全形势总体稳定，传统的地区热点安全问题也并未恶化，经济与外交等领域的成绩可圈可点。

（一）政治形势基本稳定，安全形势总体可控

1. 东南亚多数国家政治形势稳定

除缅甸、泰国以及马来西亚等国外，其他东南亚国家政治形势保持稳定，各类选举顺利进行，相关国家实现政权平稳交替。

2022 年内，东南亚第一大国印尼国内局势总体稳定。2014 年，平民出身的佐科就任印尼总统，2019 年成功连任后旋即宣布了迁都大计。2022 年 1 月，印尼众议院通过了《国家首都法草案》，决定将首都从雅加达迁至 2000 千米之外的东加里曼丹省。11 月，印尼又成功举办了 G20 峰会，佐科政府的努力得到国际社会与印尼国内主流媒体的认可。佐科政府的民意支持率在年初达到 73. 9%，年中因平抑国内油价的失策支持率有所下降，但依然达到 58. 1%，维持在较高水平上。①

新加坡公布了第四代领导班子领军人物，各方反应平稳。4 月 14，新加坡总理李显龙宣布，现任财政部长黄循财确定为第四代领导班子（新加坡国内称“4G”）领军人物的人选。李显龙称，接班人的决定对新加坡至关重要，这将确保我国领导人的延续性和稳定

① 《73. 9% 人民满意佐科总统政绩 社会福利满意度 78. 3% 政治和安全 77. 6%》，华中师范大学中印尼人文交流研究中心官网，2022 年 2 月 22 日，http：//cistudy. ccnu. edu. cn/info/1123/15130. htm。（上网时间：2022 年 12 月 17 日）；《印尼农民抗议棕榈油出口禁令，佐科支持率跌至六年来最低》，搜狐网，2022 年 5 月 18 日，https：//www. sohu. com/a/548405908_260616。（上网时间：2022 年 12 月 15 日）

性，而这些都是我国制度的标志。[①] 基于新加坡政治生态的特殊性，如果没有特别重大的意外事件发生，黄循财将是新加坡下一任总理。

菲律宾年内举行了总统大选，现年 64 岁的马科斯赢得 3100 多万张选票，成功当选。2022 年，杜特尔特总统任期已满。根据菲律宾宪法，总统任期为 6 年，不得连选连任。5 月，菲律宾举行总统大选。前总统老马科斯之子费迪南德·罗慕尔德兹·马科斯获胜。与此同时，在该国副总统选举当中，杜特尔特的女儿莎拉也成功拿下了国家副总统的位置。选举过程总体顺利平稳，参选各方均接受选举结果。6 月 30 日，小马科斯在菲律宾国家博物馆正式宣誓就职，成为菲律宾第 17 任总统，杜特尔特与马科斯平稳实现权力交接。

柬埔寨 6 月举行地方选举，现任首相洪森率领执政党大胜。6 月 5 日，柬埔寨举行了第 5 届乡分区理事会选举，该选举普遍被视为 2023 年大选的风向标。根据 6 日公布选举结果，首相洪森领导的执政党“柬埔寨人民党”赢得压倒性胜利。据报道，柬埔寨 2023 年将举行全国性大选，反对派人士原本寄望这次地方选举能削弱首相洪森数十年来的统治。然而，“柬埔寨人民党”取得压倒性胜利，拿下总席次的 8 成左右。[②] 此外，越南、老挝、文莱以及东帝汶等国政局总体保持稳定，成为地区发展的积极因素。

2. 地区安全形势总体可控

2022 年，东南亚地区传统热点安全问题并未出现明显的激化，缅甸问题尚未失控，地区安全形势总体可控。1 月初，东盟轮值主席国柬埔寨副首相布拉索昆在首相洪森访问缅甸后表示，缅甸的前

---

① 《李显龙接班人？新加坡第四代领导班子领军人物出炉》，观察者网，2022 年 4 月 14 日，https：//www. guancha. cn/politics/2022_04_14_634972. shtml。（上网时间：2022 年 12 月 15 日）

② 《柬埔寨执政党在乡选中获胜》，新华网，2022 年 6 月 24 日，http：//www. xinhuanet. com/world/2022 –06/24/c_1128774238. htm。（上网时间：2022 年 12 月 16 日）

景非常糟糕，“具备爆发内战的所有元素”。[①] 新加坡外长等东南亚政要也多次表示，缅甸内乱将继续是亚细安“主要危险点”。[②] 目前，缅甸国内零星的武装冲突时有发生，但大规模的军事行动尚未出现。11 月 11 日，在柬埔寨首都金边举行的东盟峰会重点讨论了缅甸问题。东盟 9 个成员国加强了对缅甸军方的压力，但还是决定继续邀请缅甸非政治代表出席未来峰会与外长会议，保留了缅甸军方与东盟的对话管道。总的来看，缅甸问题目前尚未有失控的迹象。

南海问题是区域内关键的安全问题，尽管大国竞争加剧，全球地缘博弈回潮，美国等域外大国多次在双边和多边场合对南海问题表达所谓的“关切”，中国与东盟还是在 2022 年 11 月《南海各方行为宣言》签署 20 周年之际，共同发表了《纪念〈南海各方行为宣言〉签署二十周年联合声明》，充分表明了双方合作维护南海形势稳定的战略共识。[③] 除南海问题外，东南亚其他热点安全问题，诸如菲律宾棉兰老岛问题、柬泰柏威夏寺问题、罗兴亚人问题等，年内均未出现矛盾激化的趋势，维持了总体形势的平稳。在非传统安全方面，随着新冠病毒感染疫情边境管制措施放宽，东南亚跨国罪案增加。东盟国家相继加强了在应对网络罪案、恐怖主义和毒品贩运威胁等领域的合作。[④]

---

① 吴汉钧：《柬埔寨：缅甸具备爆发内战所有元素》，（新加坡）《联合早报》网，2022 年 1 月 6 日，https://www.zaobao.com/news/sea/story20220106 - 1230030。（上网时间：2022 年 12 月 16 日）

② 《缅甸内乱将继续是亚细安“主要危险点”》，（新加坡）《联合早报》网，2022 年 11 月 2 日，https://www.zaobao.com/news/sea/story20221102 - 1328777。（上网时间：2022 年 12 月 17 日）

③ 《纪念〈南海各方行为宣言〉签署二十周年》，外交部官网，2022 年 11 月 14 日，https://www.mfa.gov.cn/web/zyxw/202211/t20221114_10974207.shtml。（上网时间：2022 年 12 月 19 日）

④ 尹云芳：《费绍尔：亚细安跨境诈骗案增加 成员国应合作打击罪犯》，（新加坡）《联合早报》网，2022 年 9 月 22 日，https://www.zaobao.com/news/singapore/story20220922 - 1315398。（上网时间：2022 年 12 月 17 日）

3. 东盟团结与发展的大局得以维持

当前，尽管东盟成员国在缅甸问题、俄乌冲突等重大国际问题上有诸多的分歧，但在对外展示东盟立场的时刻，东盟始终展现出团结姿态。3 月 2 日，联合国大会通过了谴责俄罗斯的决议，在 10 个东盟成员国中，越南和老挝弃权，其余 8 个国家则投下了赞成票。[①] 尽管各国立场有所不同，但 3 月 3 日东盟成功就乌克兰局势发表了外长联合声明，呼吁俄罗斯与乌克兰停火，并对局势恶化和人道主义局势恶化深表关切。在缅甸问题上，印尼、新加坡、马来西亚等国态度较为强硬，泰国、柬埔寨和老挝等国态度相对温和。作为东盟轮值主席国的柬埔寨积极游说其他各国，最终决定邀请包括缅甸在内的所有东盟国防部长出席 6 月举行的东盟防长会议。在 11 月的东盟峰会上，与会国家一致同意加强东盟内部团结，携手应对挑战，努力推动东盟共同体建设，最终发表了关于落实缅甸问题五点共识的评估与决定的声明，维护了东盟的团结。[②]

在 11 月的柬埔寨金边东盟峰会及东亚合作领导人系列会议上，东盟充分展现出团结、合作与建设性精神，成功与中国、美国、日本、印度等多个合作伙伴举行“东盟 +1”峰会，并将东盟和印度、东盟和美国的关系升级为全面战略伙伴关系。此外，11 月 11 日，东盟国家领导人东盟峰会宣布，东盟“原则上同意”接纳东帝汶为第 11 个成员国，有望再次实现扩容，覆盖全部东南亚国家。东盟国家领导人当日在柬埔寨首都金边举行东盟峰会后表示，东帝汶也将被

---

① 俄乌冲突爆发后，缅甸军方发表声明支持俄罗斯，在联大投票中，因为缅甸驻联合国代表仍为民盟政府委任的觉莫吞，缅甸才投下了赞成票。

② 《社论：促使缅甸认真对待五点共识》，（新加坡）《联合早报》网，2022 年 11 月 15 日，https://www.zaobao.com/forum/editorial/story20221115-1333202。（上网时间：2022 年 11 月 17 日）

授予东盟高级别会议的观察员地位。①

（二）《区域全面经济伙伴关系协定》（RCEP）生效运行，地区经济实现较快增长

1.《区域全面经济伙伴关系协定》（RCEP）生效运行

《区域全面经济伙伴关系协定》于 2022 年 1 月 1 日正式生效，截至 11 月 24 日，除菲律宾外，东盟其他 9 个成员国都已经完成了核准程序。《区域全面经济伙伴关系协定》由东盟十国及中国、日本、韩国、澳大利亚、新西兰签署，其覆盖总人口、经济体量、贸易总额均占全球总量约 30%，被誉为“世界最大自贸区”。《区域全面经济伙伴关系协定》红利在交通运输领域也十分明显，其所覆盖区域正在畅通东南亚及其周边的国际循环，保障区域内物流持续畅通。在接下来全体成员国均将《区域全面经济伙伴关系协定》落地施行时，区域内的双边及多边贸易将迎来新的契机，进一步深化区域经济互联互通和贸易投资合作，为地区经济复苏和发展提供了新动能。②

2. 地区经济实现较快增长

2022 年年内，各类机构都积极看好东南亚地区经济增长成果。2022 年 6 月，世界银行发布《全球经济展望》报告，宣称东南亚主要国家的增长势头普遍走强，高度认可东南亚地区经济发展潜力。此外，12 月亚洲开发银行（亚行）发布《2022 年亚洲发展展望》

---

① 《东盟宣布同印度、美国关系升级为全面战略伙伴关系》，澎湃网，2022 年 11 月 13 日，https：//www. thepaper. cn/newsDetail_forward_20717917。（上网时间：2022 年 12 月 19 日）

② 《RCEP 落地带来新机遇！东南亚电商市场迎来新的发展契机!》，搜狐网，2022 年 1 月 17 日，https：//www. sohu. com/a/517201740_121285114。（上网时间：2022 年 12 月 17 日）

报告称，鉴于马来西亚、菲律宾、泰国、越南等国第三季度经济表现好于预期，决定将东南亚2022年的经济增长预期从9月预测的5.1%上调至5.5%。[①] 截至2022年12月，东南亚主要国家相继公布了前三季度的经济数据，印尼和马来西亚受益于大宗商品出口价格上涨，菲律宾得益于私人消费和投资反弹，泰国得益于旅游业初步走向复苏，主要国家经济发展势头良好。东帝汶、缅甸、文莱等国经济增长相对乏力，但由于上述国家在区域内经济份额较低，因此东南亚地区经济在主要经济体的推升下实现了较快的经济增长。

表1　东南亚国家2021—2022年经济数据统计表[②]

国家	2021年GDP（亿美元）	2022年前三季度GDP增长率（%）	2022年全年GDP增长率预测（%）
印尼	11860.9	5.4	5.1
泰国	5059.8	3.1	2.9
新加坡	3969.9	4.2	/
马来西亚	3727	9.3	5.5
菲律宾	3940.9	7.7	5.7
越南	3626.4	8.83	6.5
缅甸	650.7	/	/
柬埔寨	269.6	/	4.5
老挝	188.3	/	3.8
文莱	140.1	/	/
东帝汶	19.59	/	2.8

① 《亚行再次调高东南亚今年经济增长预期》，澎湃网，2022年12月19日，https://www.thepaper.cn/newsDetail_forward_21229770。（上网时间：2022年12月22日）

② 相关数据由笔者根据世界银行官网2022年6月发布的《全球经济展望》报告及部分网络资料整理而成。其中，"/"表示无相关数据。参见：*Global Economic Prospects*，The World Bank，https://thedocs.worldbank.org/en/doc/18ad707266f7740bced755498ae0307a-0350012022/related/Global-Economic-Prospects-June-2022-Regional-Highlights-EAP-ZH.pdf；《印尼、泰国、越南、新加坡、菲律宾、马来西亚的前三季度GDP对比》，新浪财经，2022年11月24日，http://k.sina.com.cn/article_6862376589_199078e8d00102gvp2.html。（上网时间：2022年12月24日）

（三）大国外交持续推进，主场外交令人瞩目

1. 大国外交持续推进

2022 年年内，东南亚国家充分利用东盟这一机制平台，与中、美、印、日等域外大国开展友好合作，并与美印两国建立了全面战略合作伙伴关系。

2022 年，东盟与中国双边高层继续保持良好互动，各类峰会与对话机制顺畅运行。2022 年 11 月，东盟峰会及东亚合作领导人系列会议在柬埔寨金边举行，东盟—中国等系列“东盟 +1”峰会相继举办。中国—东盟峰会后，双方共同发表《关于加强中国—东盟共同的可持续发展联合声明》，并公布了《中国—东盟全面战略伙伴关系行动计划（2022—2025）》，推进中国与东盟关系进入快车道。同时，东盟—日本峰会上，日本明确支持东盟的团结和中心地位，双方将在海上交通安全等海上合作领域、高质量基础设施投资等互联互通援助领域、包括全民健康保险在内的医疗保健领域、应对气候变化和预防灾害的措施领域以及供应链弹性、数字技术和粮食安全等领域加强合作。①

2022 年 5 月，东盟国家与美国在华盛顿举行拜登上任以来首次线下峰会，美国承诺将向东盟投资 1.5 亿美元，用于加强东南亚建设、海上安全、抗击新冠病毒感染疫情等。11 月，拜登率团赴柬埔寨首都金边参加东亚合作领导人系列会议，并举行了东盟—美国峰会，这也是拜登任内首次到访东南亚。会上，拜登宣布美国将在

---

① *The 25th ASEAN – Japan Summit*, Ministry of Foreign Affairs of Japan, November 12, 2022, https: //www. mofa. go. jp/a_o/rp/page1e_000523. html.（上网时间：2022 年 12 月 17 日）

2023 年加大对东盟的援助，援助资金将由 1.5 亿美元提升至 8.5 亿美元。会后，双方宣布将东盟—美国关系提升为全面战略合作伙伴关系。拜登称，东南亚地区是美国政府“印太战略”的核心，升级双边关系是解决“我们时代最大问题”的关键一步；[①] 此外，2022 年适逢东盟—印度建立对话关系 30 周年，东盟和印度也在 11 月的东盟—印度峰会后正式将双边关系升级为全面战略伙伴关系。至此，东盟已经成功与中国、美国、印度以及澳大利亚建立了全面战略伙伴关系。

2. 主场外交令人瞩目

东南亚地区年内最为瞩目的外交成绩，就是年底高密度的主场外交。新冠病毒感染疫情以来，G20 峰会、APEC 峰会等线下会议中断。俄乌冲突爆发后，大国博弈与地缘政治冲突明显加剧，国际局势面临极大不确定性，承办大型国际峰会的外交斡旋难度显著增加。正是在这样艰难的时刻，2022 年 11 月 11—19 日，柬埔寨金边东盟峰会及东亚合作领导人系列会议，印尼巴厘岛二十国集团（G20）领导人峰会，泰国曼谷亚太经济合作组织（APEC）领导人非正式会议，相继成功举办，全球治理迎来亚洲时刻。

由于俄罗斯在三场会议里面均为重要成员，是否邀请俄罗斯参会成为各方焦点。面对美国与其他西方国家的巨大压力，柬埔寨、印尼、泰国开展了积极的外交斡旋。5 月初，三国外交部发布联合声明，宣布于今年 11 月内将先后举办东盟峰会及东亚合作领导人系列会议、G20 峰会以及 APEC 领导人非正式会议。声明指出，这 3 场会议将为所有成员国及合作伙伴提供机会，并一起进行利益相关合

---

① 裘雯涵：《拜登赴柬埔寨出席美国—东盟峰会，将带美国回归东南亚?》，上观网，2022 年 11 月 14 日，https://export.shobserver.com/baijiahao/html/550087.html。（上网时间：2022 年 12 月 20 日）

作，这意味着东盟三国顶住压力，“间接表态”邀请俄罗斯参加。[①]

11 月 11—14 日，柬埔寨金边东盟峰会及东亚合作领导人系列会议成功举办。期间，东盟峰会、各类“东盟 +1”峰会与其他双边峰会成功举办。东亚峰会上，各国领导人强调，地区国家应当保持团结一致，坚持相互尊重，开展对话合作，践行开放包容的多边主义，维护共同利益，应对共同挑战。同时，东盟—中国、东盟—美国、东盟—日本、东盟—印度、美日韩等其他双边或多边峰会也在金边召开，国际社会高度聚焦于东南亚地区。

11 月 15—16 日，印尼成功举办“史上最难的 G20 峰会”。G20 是当前国际治理的核心平台，印尼则是东盟内唯一的 G20 成员。印尼确定，2022 年 G20 峰会主题是“共同复苏，强劲复苏”（Recover Together，Recover Stronger）。这一主题得到了 G20 所有成员的一致赞同。一年来，印尼政府积极展开“G20 外交”，在各个成员之间进行外交斡旋，争取维持 G20 的完整性和包容性。为此，印尼总统佐科连续出访俄罗斯、乌克兰等多国，坚持向俄罗斯发出了邀请，也向乌克兰发出了邀请。作为一个东南亚国家，印尼一般只在地区范围内发挥作用，这次参与到世界最敏感的俄乌问题上，相当罕见。11 月 15—16 日，会议在印尼巴厘岛召开，峰会上多次出现火药味，G20“全家福”环节被取消，外界并不看好此次峰会能发布任何联合声明。在多方努力之下，11 月 16 日，G20 领导人成功签署联合声明，峰会取得成功。声明中表示，多数成员国认为俄乌冲突对全球经济造成伤害，并强烈谴责俄罗斯对乌克兰的军事行动，要求俄罗斯无条件撤军。不过，声明也表示，有成员国对“俄乌局势和对俄制裁有其他看法和不同评估”。声明谴责俄罗斯，但也反对制裁，避

---

① 《东盟、G20 和 APEC 峰会主办国发联合声明，日媒解读：表态会邀请俄罗斯》，观察者网，2022 年 5 月 5 日，https：//www. guancha. cn/internation/2022_05_05_638319. shtml。（上网时间：2022 年 12 月 10 日）

免了将整个 G20 塑造成针对俄罗斯的平台。[①]

2022 年 11 月 18—19 日，泰国巴育政府成功举办 APEC 第二十九次领导人非正式会议。会议主题为“开放、联通、平衡”，其核心在于讨论如何通过可持续且具包容性的贸易投资和经济一体化，促进地区经济复苏和增长。这是新冠病毒感染疫情暴发以来首次 APEC 线下峰会，21 个经济体的领导人和代表举行了会谈，各方承诺努力确保会议为本地区带来有意义的成果，并发表了《生物循环绿色经济曼谷目标》，以推动该地区所有成员经济体的增长和可持续发展。[②]军方出身的巴育并不以其外交政策的敏锐性或经济战略而闻名，在当前复杂的国际局势下，成功举办此轮峰会，巴育政府的国际形象与执政地位也有所改善。

三、形势展望

在艰难的开局之下，东南亚地区保持了整体的形势稳定，实现高质量发展，展现了东南亚地区的战略定力与发展韧劲。尽管疫情与俄乌冲突等外部纷扰短期难以根除，但合作与发展仍是各方共识，东南亚地区将继续在多重挑战下稳慎前行，延续现有发展态势。

（一）现有纷扰短期难以根除

新冠病毒感染疫情持续反复，俄乌冲突也呈现出长期化的趋势，

---

① 《举办“史上最难”G20 峰会，从家具商变总统，他一路如何走来?》，凤凰网，2022 年 11 月 23 日，https：//i. ifeng. com/c/8LB3wiagDRG。（上网时间：2022 年 12 月 24 日）

② 《泰国 APCE 峰会：亚太地区可否借此加深联通?》，《扬子晚报》网，2022 年 11 月 17 日，https：//www. yangtse. com/zncontent/2568131. html。（上网时间：2022 年 12 月 21 日）

对东南亚地区的冲击将持续存在。此外，域内部分国家国内局势不稳定的状态有着深刻的政治经济根源，各方达成稳定平衡的局面尚有较大难度。就缅甸问题而言，缅甸早先持续数十年之久的军人执政以及少数民族分离主义历史，各方矛盾相互交织。当前缅甸问题虽自 2021 年军方接管政权开始，其更深层次原因就在于军方与“民族团结政府”之间以及其他少数民族独立武装长期的利益纠葛，加之国际社会各股力量的参与，实现和解难度很大。马来西亚年底在多方努力之下，新政府得以建立。但从其建立的艰辛过程可以看出，马来西亚传统的一家独大格局已被打破，国内目前尚未形成稳定执政联盟，政党之间的联盟与分离将更加频繁，政局不稳的情况可能还会持续。2023 年，泰国将举行新一届大选，巴育政府能否继续执政，政权如果更迭，能否平稳交替都存在一定变数。

（二）良好发展态势仍将延续

当前，尽管地区局势尚存部分隐忧，但东南亚地区传统的安全问题基本都得到了有效管控，团结与合作仍是各方的战略共识，域内大部分东南亚国家国内局势稳定，地区政治与安全形势将继续维持稳定。除缅甸尚存零星的武装冲突外，泰国与马来西亚国内政局虽时有风波，但各方均是在现有体制内进行有限的政治博弈，国家整体局势较为平稳。其他东南亚国家的整体发展态势良好，特别是印尼作为东南亚第一大国，近年来政局平稳，经济发展迅速，外交影响力持续提升。此外，域内国家在维护地区独立、团结与合作，保障地区团结与合作大局方面有着高度的战略共识，中美日等域外大国也高度重视东南亚与东盟的战略地位，多次表明支持东盟在各类区域合作中的主体地位。最后，随着防疫能力的增强，国际市场对俄乌冲突逐步适应，能源、粮食与原材料价格有望趋于平稳，对地区发展的负面影响将呈边际效益递减的趋势。

（三）地区发展亮点值得期待

东南亚地区良好发展势头仍将继续延续，对充满不确定性的世界是一个巨大的积极因素。此外，东南亚地区在未来还有诸多值得期待的亮点：其一，能否顺利接纳东帝汶成为东盟第 11 个成员国，使东盟成为覆盖全部东南亚国家的区域合作组织，进一步提升东盟的代表性与国际战略地位。其二，东盟与其他国家伙伴关系的升级。目前，东盟已经与中美印澳四国建立了全面战略合作伙伴关系，日韩等国也已经向东盟表达了升级双边关系的意向。2023 年将迎来东盟—日本友好合作 50 周年，双边关系有望实现升级。其三，《区域全面经济伙伴关系协定》（RCEP）效应有望进一步显现。2022 年，东南亚国家相继完成核准《区域全面经济伙伴关系协定》的最后一里路，“世界最大自贸区”正式生效运行，区域内互联互通进一步强化，随着时间的推移，双边及多边贸易将迎来大契机，《区域全面经济伙伴关系协定》效应值得期待。其四，缅甸问题能否实现局部突破。缅甸各方与国际社会已充分认识到缅甸问题的复杂性与长期性，目前各方立场尚有分歧，但对谋求以政治对话的和平方式解决问题仍保持开放态度。后期，有关各方如能将对话交流渠道进一步畅通，有效防止事态进一步恶化，甚至达成局部的和解安排，都将为地区安全吃下定心丸。

第十二章　后疫情时代世界经济复苏道阻且长

马静曦

2022 年，伴随新冠病毒感染疫情持续蔓延，世界经济复苏前景不及预期，在能源价格高企、乌克兰危机持续、世界经济面临多重下行风险背景下，多个国家和经济体在选择应对当前通胀的紧缩措施还是承担未来全球性经济衰退风险之间举棋不定，左右为难。美国等发达国家激进“加息潮”导致世界经济放缓、金融环境收紧，给新兴市场国家和发展中国家，尤其是欠发达国家带来巨大冲击。多个国家、地区及国际组织不看好世界经济发展前景，在 2022 年年中就已纷纷下调预测值；部分国家与经济体受此影响可能更严重，2022 年年底预计会进一步下调经济增速预期。疫情演化中的不确定性、主要国家与经济体政策走势及其溢出效应、全球与区域地缘政治与经济竞合的发展态势，在相当程度上决定了下一年世界经济的发展走向。

一、2022 年世界经济回顾

2022 年，世界及各国经济仍处于受疫情重创后的复苏阶段，对大多数国家来说还远未实现复苏。面对通胀、能源、粮食、气候变化等多重危机交织叠加，世界经济复苏步伐大大放缓，表现为世界经济动荡分化，通货膨胀和失业率上升，全球贸易与跨国投资减少与大宗商品价格高企，美元加息和各国债务迅速扩张。

（一）世界经济动荡分化

2022 年，在面临疫情反复、地缘冲突与供应链危机等多重挑战下，世界经济不仅复苏受阻，还将持续面临一场巨大的下行风险。

1 月，考虑到奥密克戎变异毒株持续扩散、能源价格走高和供应链干扰，国际货币基金组织（IMF）预测 2022 年与 2023 年世界经济增速分别为 4.4% 和 3.8%。4 月，受俄乌冲突影响，大宗商品价格尤其是能源部门价格攀升，价格压力不断增大，通货膨胀持续走高，IMF 将增速预期值均下调至 2022 年和 2023 年的 3.6%。到年中时，世界经济形势愈发黯淡，相关风险开始显现。7 月，2022 年经济增速预期值再次下调至 3.2%，较 1 月预测值下调 1.2 个百分点。10 月，多数地区金融环境不断收紧、俄乌冲突及疫情持续，严重影响世界经济前景。IMF 对 2023 年世界经济增长率的预测进一步放缓至 2.7%。除 IMF 外，包括世界银行、经合组织（OECD）等主要国际机构均下调了经济增长预期。世界银行 7 月发布的《全球经济展望》报告也将 2022 年世界经济增速由 4.1% 下调至 2.9%①。OECD 在 6 月预测 2022 年世界经济增速为 3%，低于它 2021 年 12 月预测的 4.5%②。

① 《全球经济展望》报告，世界银行官网，2022 年 7 月 26 日，https://www.imf.org/zh/Publications/WEO/Issues/2022/07/26/world-economic-outlook-update-july-2022。（上网时间：2022 年 10 月 22 日）

② 《经合组织发布最新世界经济增长预测》，中华人民共和国商务部网站，2022 年 6 月 3 日，http://si.mofcom.gov.cn/article/ztdy/202206/20220603318152.shtml。（上网时间：2022 年 10 月 22 日）

如果不包括全球金融危机和新冠病毒感染疫情最严重阶段，可以说这是2001年以来世界经济最为疲弱的增长表现。集中反映为发达经济体增长的大幅下滑：2022年上半年，美国GDP收缩；2022年下半年，欧元区出现收缩；中国则是经历了持续的疫情反复和防疫封锁。约1/3的世界经济面临连续两个季度的负增长。IMF将2022年的美国经济增长预期值从1月的4.0%下调至10月的1.6%，2023年增长预期从2.6%下调至1.0%；将2022年欧元区经济增长预期值从1月的3.9%下调至10月的3.1%，2023年增长预期从2.5%下调至0.5%；将2022年中国经济增长预期值从1月的4.8%下调至10月的3.2%，2023年增长预期从5.2%下调至4.4%。①

据美国商务部数据显示，2022年第一季度和第二季度，美国GDP增速分别下滑1.6%和0.6%，按照惯例，如果经济连续两个季度出现下滑即被视为进入技术性衰退。第三季度，美国GDP增速回升至2.6%，暂时结束此前下滑的局面，但受美联储激进加息等因素影响，未来经济前景仍不乐观。俄乌冲突下的能源博弈，让还没从疫情中走出来的欧元区经济再遭重创。欧盟统计局公布的国内生产总值（GDP）数据证实，第二季度环比增长0.8%，表现优于第一季度的0.5%；受通胀飙升影响，第三季度欧元区经济增长放缓，环比增长0.2%。这一数字符合预期，但与上一季度相比有所放缓。

（二）通货膨胀恶化

2022年通胀压力持续存在并不断扩大，引发为一场成本危机。IMF将2022年全球通胀率从7月的8.3%上调至10月的8.8%，预

---

①《全球经济展望》报告，世界银行官网，2022年10月11日，https：//www.imf.org/zh/Publications/WEO/Issues/2022/10/11/world－economic－outlook－october－2022。（上网时间：2022年10月22日）

计全球通胀将在2022年底见顶，且通胀保持高位的时间将比预期的要长，全球超过1/3的经济体都将受到衰退的影响。发达经济体通胀压力促使各国央行快速同步收紧货币环境，同时，美元对其他大多数货币大幅升值。全球货币和金融环境的收紧将在整个经济范围内产生影响，抑制需求并帮助逐步遏制通胀。

从2022年4月开始，美国消费者价格指数（CPI）全面上涨，[①]连续多月CPI同比增长超8%，创下了几十年来的新高。5月，CPI同比上涨8.6%，创40年以来最大同比涨幅；工业生产者出厂价格指数（PPI）同比上涨10.7%，同样处于历史高位。6月CPI进一步上涨，同比增幅达9.1%。10月，CPI同比增长7.7%，较9月收窄0.5个百分点；环比增幅0.4%，和9月持平。虽然10月美国CPI涨幅低于市场普遍预期，显示通胀势头略有好转，但同比增幅仍远高于美联储设定的2%长期通胀目标。对通胀失控的担忧，强化了美联储继续收紧货币政策的立场，刺激美联储在货币政策上急刹车、猛转弯。美国就业增长强劲对需求构成支撑，通胀势头短时间内或难逆转。

受能源价格大幅上涨影响，从2022年伊始，欧元区通胀率持续攀升，按年率计算，从1月的5.1%一路飙升至10月的10.7%。连续十个月创历史新高，这是自1997年有记录以来，欧元区通胀率首次超过10%的门槛。其中，能源价格同比上涨最高达41.9%，是通胀率连续创历史新高的主要原因；食品和烟酒价格上涨也从1月的3.6%升至10月的13.1%。据欧盟委员会预计，欧元区2020年通胀率将达到8.5%，高于此前估计的7.6%。欧元区不同成员国之间的情况也各不相同。10月，欧元区19个成员国中有11个通胀率达到两位数，波罗的海国家（爱沙尼亚、立陶宛和拉脱维亚）是受能源

① 美国劳工统计局网站：https：//www. bls. gov/cpi/。（上网时间：2022年10月25日）

市场波动最严重的国家，通货膨胀率均保持在 20% 以上，其中爱沙尼亚以 22.4% 高居欧元区国家之首。此外，欧洲主要经济体德国通胀率为 11.6%，法国为 7.1%，意大利为 12.8%，西班牙为 7.3%，均处于高位，相较于其他欧元区国家，法国通胀属于较低水平。

在其他主要发达经济体中，英国 10 月通胀率为 11.1%——创下 41 年来英国通胀率的最高水平，其中食品价格年通胀率急剧上升至 16.5%，为 45 年来的最高水平；尽管英国政府提供能源价格保证，但全英生活成本仍大幅上涨。在过去的一年里，英国天然气价格上涨了近 130%，电力价格上涨了约 66%。相比之下，10 月日本和中国的通胀率分别为 3.7% 和 2.1%，处在比较稳定的状态。全球目前通胀率低于 3% 的经济体不足 20 个。

2022 年以来，在美联储激进加息外溢效应、对俄制裁反噬效应等诸多因素影响下，全球通胀率持续走高。在大宗商品价格上涨和本币贬值的双重刺激下，给各国尤其是新兴国家和发展中国家应对经济难题带来更大压力。9 月黎巴嫩和委内瑞拉的通胀率同比涨幅分别高达 162.47% 和 157.4%，土耳其为 83.45%，阿根廷为 83.45%，都处在高位。相比之下，拉美通胀压力非常大。拉美主要经济体本币汇率下跌，进口成本增加，输入性通胀日益严重。为此，巴西、阿根廷、智利、墨西哥等国近期纷纷采取跟进加息的应对措施。联合国拉丁美洲和加勒比经济委员会（拉加经委会）8 月底发布报告指出，拉加地区 2022 年 6 月平均通胀率达到 8.4%，几乎是该地区 2005 年至 2019 年平均通胀率的两倍。[①] 2022 年以来，斯里兰卡在国际能源和粮食价格上涨冲击下陷入经济危机，引发社会骚乱和政局动荡，该国 6 月通胀率达到创纪录的 54.6%，食品通胀率更

---

① 《输入性通胀困扰拉美经济》，新华网，2022 年 9 月 10 日，http：//www.news.cn/world/2022－09/10/c_1128992746.htm。（上网时间：2022 年 11 月 10 日）

是高达80.1%，7月6日，斯里兰卡总理宣布国家“破产”。[①] 随着全球高通胀持续，不排除有更多国家陷入经济危机或社会动荡的可能。

（三）全球贸易与跨国投资减少与大宗商品价格高企

2021年尽管受到疫情冲击，但全球贸易持续复苏，尤其是上半年增长势头强劲。2021年全球贸易额预计将达到约28万亿美元，较2020年增长23%，较2019年增长11%。其中，货物贸易额将达到约22万亿美元，较2020年增长10.8%，货物贸易增长创历史新高，反映了2021年贸易扩张的力度和2020年疫情对全球贸易冲击的深度。服务贸易额约为6万亿美元。2021年，几乎所有主要经济体进出口货物贸易均高于2019年。

2022年，世界经济受多重冲击，预计全球贸易将在2022年下半年失去动力，2023年增速将大幅下降。据WTO预测，2022年全球商品贸易量将增长3.5%，这一预测略好于4月预测的3.0%，同时，WTO预计2023年全球商品贸易量将仅增长1.0%，远低于此前估计的3.4%。WTO认为，随着全球主要经济体增长放缓，进口需求将减少。乌克兰危机导致的高能源价格将挤压欧洲家庭支出并推升企业生产成本；美国收紧货币政策将冲击其住房、汽车和固定投资等对利率敏感的支出领域。同时，不断上涨的燃料、食品和化肥进口价格可能给发展中国家带来粮食安全风险和债务问题。[②]

按区域划分，中东地区预计是2022年进口贸易额增长最快的地

---

① 《新闻分析：斯里兰卡局势为何陷入动荡》，新华网，2022年7月11日，http://www.news.cn/world/2022-07/11/c_1128823137.htm。（上网时间：2022年11月10日）

② 《世贸组织预测2023年全球贸易增速大幅放缓》，新华网，2022年10月6日 http://www.news.cn/world/2022-10/06/c_1129052377.htm。（上网时间：2022年11月10日）

区（11.1%），其次是北美（8.5%）、非洲（7.2%）、南美（5.9%）、欧洲（5.4%）和亚洲（0.9%）。同时，中东地区出口贸易额则是增长最快（14.6%），其次是非洲（6.0%）、北美（3.4%）、亚洲（2.9%）、欧洲（1.8%）和南美（1.6%）。WTO 总干事伊维拉表示，虽然贸易限制可能是对过去两年冲击所暴露的供应脆弱性的回应，但全球供应链的紧缩只会加剧通胀压力，随着时间的推移导致经济增长放缓和生活水平下降。

外国直接投资方面，由于俄乌冲突导致食品和燃料价格高企以及融资收紧的三重危机，商业和投资环境发生了巨大变化。疫情造成的新影响、主要经济体进一步加息的可能性、金融市场的负面情绪和潜在的衰退等因素同样对外国直接投资的前景产生影响。根据联合国贸易和发展会议发布的报告显示，2022 年第二季度外国直接投资流入约为 3570 亿美元，相比第一季度下降了 31%，相比 2021 年的季度平均水平低了 7%。与 2021 年的季度平均水平相比，2022 年第二季度流入发达经济体的外国直接投资减少了 22%，约为 1370 亿美元。总体而言，2022 年全球投资将显著放缓。流入发展中经济体的外国直接投资展现了一定的复原力，增长了 6%，达到 2200 亿美元。但这一增长主要来源于几个大型新兴经济体。拉丁美洲和亚洲发展中国家的外国直接投资保持以往的增长势头，但流入非洲的外国直接投资则寥寥无几。①

进入 2022 年，国际大宗商品价格持续攀升，除前期大宗商品库存水平较低、全球供应链修复缓慢等因素外，俄乌冲突与通货膨胀严重成为 2022 年国际大宗商品价格上涨的重要推动力量。总体来看，2022 年全球大宗商品价格跌宕起伏。尽管短期内出现回调，但

① "A Trade Hope: The role of the Black Sea Grain Initiative in bringing Ukrainian grain to the world," *United Nations Conference on Trade and Development*, Oct. 20, 2022, https://unctad.org/system/files/official-document/osginf2022d6_en.pdf.（上网时间：2022 年 11 月 12 日）

自疫情暴发以来涨幅持续扩大、波动率持续提升的趋势并未发生根本改变。

由于担忧世界经济陷入衰退，大多数以美元计价的大宗商品价格在下半年从年中的高点回落，最为重要的原油市场表现疲软。11月，以美元计价的布伦特原油价格已经逼近80美元大关，从6月份的每桶120美元高位大幅下挫，跌幅超三成；然而，由于货币贬值，这期间近60%的石油进口新兴市场国家和发展中国家以本币计价的油价却在上涨。

作为农业生产投入品的能源大宗商品价格上涨一直在推升粮食价格。2022年3月，联合国粮农组织（FAO）发布的全球食品价格指数高达159.3点，刷新自指数编制以来的最高值，随后虽有所下跌但仍处于历史高位。2022年前三个季度，南亚地区的食品价格通胀平均超过20%，其他地区（包括拉美和加勒比地区、中东与北非、撒哈拉以南非洲地区以及东欧与中亚）的食品价格通胀平均在12%—15%之间。东亚与太平洋地区是唯一的食品价格通胀较低的地区，部分原因是作为该地区主粮的大米价格总体上保持平稳。俄罗斯、乌克兰均是全球重要粮食出口国，俄乌冲突对两国小麦、玉米等粮食供给产生明显冲击，导致世界粮食市场出现一定缺口。根据联合国粮农组织的数据，两国大麦、小麦和玉米合计产量分别约占全球的19%、14%和6%。此外，受货币贬值影响，近90%的新兴市场国家和发展中国家的小麦价格以本币计价的涨幅也远远高于以美元计价的涨幅。①

能源板块相对特殊，自2021年欧洲天然气价格暴涨，加之俄乌冲突爆发以及持续动荡的国际局势，使得国际原油和天然气价格飙

① "Commodity Markets Outlook," World Bank, Oct. 26, 2022, https://openknowledge.worldbank.org/bitstream/handle/10986/38160/CMO-October-2022.pdf.（上网时间：2022年11月13日）

升至非理性的高位。俄乌冲突爆发之前，欧洲地区就已经面临严重的能源供应紧缩，欧洲天然气价格飙升至前所未有的水平。俄乌冲突升级后，欧洲天然气现货价格不断飙升，3 月 7 日，欧洲天然气期货价格（TTF）受此影响同比 3 月 1 日上涨 89.36% 至 227.2 欧元/兆瓦时。受价格影响，上半年全球天然气市场消费增速显著放缓，价格有所回落，但年中由于高温影响，天然气价格又重新暴涨并连续打破历史最高价，在 8 月 26 日创下历史高位，为 339.2 欧元/兆瓦时。进入第三季度，欧洲油库需求强烈，各国竭尽全力为下半年的冬季储备足够的天然气。随着天气转冷，无疑会扩大对天然气的需求，加之供给端缺乏弹性很大程度上会进一步放大供需关系的脆弱性，将持续推升欧洲天然气价格。

其他大宗商品价格年初不断创出新高，进入夏天则纷纷从高点回落。以铜、铝为例，沪铜期货自 4 月最高点 75160 点跌至 7 月最低点 54560 点，累计下跌约 27.4%；沪铝期货自 3 月最高点 23870 点跌至 7 月最低点 17300 点，累计下跌约 27.5%。下半年受全球通胀与全球供应链受阻的影响，市场平衡被扰乱，大宗商品价格快速冲高。但随着各国收紧货币政策，大宗商品价格快速回调，市场进入调整周期。

（四）各国债务迅速扩张

受疫情、国际能源和粮食价格上涨以及美国多次调息影响，各国采取了大规模的财政、货币和金融刺激计划，虽然这些举措在一定程度上使得当前问题得到缓解，但也导致世界各地低收入国家的负债率飙升。根据国际金融协会的数据，2021 年全球债务总额首次突破 300 万亿美元，占全球 GDP 的 357%，其中相当大的比重是公共债务。国际货币基金组织（IMF）统计显示，2021 年公共财政赤字为8.6万亿美元，占全球GDP的比重是9%。其中新增债务超过八成来自新兴市场国家，其债务水平较2020年增加8.5万亿美元，总量超过了95万亿美元。新兴市场国家的债务占GDP比重约248%，比疫情前增加了20%以上。全球金融环境收紧可能使很多新兴市场陷入债务困境。与疫情前的趋势相比，新兴市场的增长前景普遍弱于发达经济体，其财政空间更加有限，再融资风险也有所上升。许多新兴市场的公共债务处于历史高位，主权信用前景也有所恶化，当出现严重的负面冲击时，这些新兴市场的宏观金融稳定将更易受到威胁。

发展中经济体同样处于债务危机的风险之中，若不相应收紧国内货币政策，则全球融资环境收紧产生的借款成本上升将给其国际储备带来压力，并导致其货币对美元的贬值，这将引发拥有美元净负债的经济体的资产负债表估值损失。IMF预计约60%的低收入国家已经处于或很可能陷入政府债务困境。以斯里兰卡为例，由于高度依赖于进口，在全球通胀和俄乌冲突的接连冲击下，不仅面临着能源、食品和药品等必需品极度短缺的困境，随着经济秩序陷入混乱，其政府更无力偿还年内到期的近70亿美元外债。据美联社报道，斯里兰卡外债总额为510亿美元，但可用的外汇储备截至5月不足5000万美元，外债规模处于高位，外汇储备却处于低位，再加上斯里兰卡大部分外债是美元计价，美联储加息间接推高了斯里兰卡偿还债务的成本，资不抵债问题严峻。此外，由于主权债务违约，西方国际评级机构下调了斯里兰卡的信用评级，导致斯里兰卡难以在国际金融资本市场融资，寻求国际援助也更加困难。

面临破产困境、债务违约的国家不止斯里兰卡一个。阿富汗、阿根廷、埃及、老挝、土耳其、津巴布韦等国的经济也深陷困境，很可能面临极大的债务违约风险。土耳其10月通货膨胀率飙升至85.51%，创下24年来历史新高。汇率也一度走低。据路透社报道，截至7月1日，土耳其央行的净外汇储备接近20年来的最低水平，为75.1亿美元。7月9日，美国惠誉咨询公司将土耳其的债务评级从B+下调至B。6月阿根廷通过IMF对其债务再融资计划的首次评估，获得40.1亿美元贷款，阿根廷得以继续实施当前的宏观政策，增加就业，稳定经济。其2020年发生过多次债务违约。由于国际储备较为吃紧，阿根廷面临债务违约压力。2022年1月底，阿根廷与国际货币基金组织就债务再融资计划达成协议，阿根廷得以暂时避免债务违约。

对于一些发达经济体，利率上升和低增长将使债务形势恶化，扩大主权债和企业债息差，这在债务高企的国家尤为明显。发达国家公共债务总额占发达国家GDP的比重已上升至130%，财政赤字突破限制：2021年度，美国的财政赤字是12.4%，日本是9.4%，德国是3.7%，英国是14.5%，法国是6.5%，意大利是9.5%。事实上，融资环境收紧已经导致借款利率分化，并引发人们对欧元区“金融分裂”风险的担忧，这可能会削弱货币政策的传导效果。

二、世界经济发展面临的主要风险

（一）通胀问题与衰退风险并存

当前全球通胀问题顽固程度超出预期已是不争的事实。不断加剧的物价压力会压缩实际收入并损害宏观经济稳定，所以高通胀仍是当前和未来世界经济面临的最紧迫问题。尽管经济增速在放缓，但通胀压力比预期的更广泛、更持久。据IMF估计，全球通胀2022年最高将达到9.5%，远高于2021年的4.7%。同时，通胀保持高位的时间将远超此前预期，2023年的通胀率仅降至6.5%，而到了

2024 年才会降至 4.1%。IMF 首席经济学家古林查斯表示，在实际收入下降、价格上涨的环境下，全球 1/3 的经济体 2022 年或 2023 年可能发生萎缩。此外，当前世界经济还面临一个难题：虽然通胀水平高出预期的情况在发达国家较为普遍，但是在新兴市场国家和发展中国家却存在很大差异，使得各国在应对通胀问题时进行政策权衡变得更为艰难，货币、财政或金融政策校准不当的风险急剧上升。

全球通胀主要受劳动力短缺、新冠变异病毒奥密克戎毒株以及相关的供应冲击、俄乌冲突与极端天气等因素的影响。首先，劳动者短缺和流动限制加剧了 2022 年初的供给扰动和供给瓶颈，抑制了经济活动，并加剧了通胀。当前新冠病毒感染疫情仍在全球持续性蔓延，疫情的反复继续威胁全球供应链稳定，推动了通胀时间的延长。疫情后各国持续推动供应链“本土化”“多元化”，在“逆全球化”思潮泛滥的背景下产业链调整持续，从而降低了全球生产体系效率，增加了全球供应链成本和不稳定性。其次，正值全球能源转型时期，一方面传统能源产能提升空间有限，另一方面绿色能源供给波动幅度较大，而俄乌冲突进一步加剧了当前能源转型过程中的供需矛盾，进而增加了通胀治理的难度。最后，俄乌冲突以及极端天气等不确定因素进一步增加了通胀问题的复杂性。俄乌两国均为国际重要的能源和粮食出口国，目前来看，俄乌冲突未来发展仍充满各种不确定性，一旦美欧制裁使俄罗斯报复性减产，势必会造成全球能源价格的大幅波动。此外，在全球气候变化的大背景下，2022 年全球各地频频出现极端天气：美国中西部干旱、南美洲洪水、欧洲强风暴频现、澳洲洪水等，不仅影响生产与物流，还推升了能源需求，推动了各种资源和农产品价格的持续上涨，致使通胀持续高企。

虽然通胀成为世界经济面临的首要挑战，但应对通胀的紧缩措施又可能导致全球性经济衰退。2022 年，美联储连续四次加息以缓解通胀，激进加息导致美国经济迅速降温，加重世界经济下行压力，导致经济大幅放缓，甚至是经济下滑。对于政策制定者来说，他们要在不引发衰退的情况下降低通胀，所需的政策收紧幅度很难确定。如果相关影响因素变化超出了政策制定者的预期，或是政策制定者对政策立场造成误判，那么后续带来的经济衰退的结果可能比通胀更具破坏性。此外，受美联储加息和能源与食品价格上涨影响，全球很多国家都面临债务负担，市场对未来经济走势的悲观预期依然存在。

如何在抑制通胀的同时避免经济衰退是目前一大难题。下一步世界经济可能会再次实施较预期更加严格的紧缩政策，以助通胀回归至目标水平；同时还要避免紧缩政策引发经济硬着陆，形成滞胀。由于此前宽松的货币政策一步步压低利率，宽松的财政政策使政府负债累累，使得宏观经济政策空间消耗殆尽。对于主要经济体来说，面对通胀上升、增长放缓、金融状况趋紧和财政政策空间有限的挑战性背景下，政府需要重新确定支出的优先顺序，有针对性地为弱势群体提供救济。在国际上充分利用 IMF、世界银行、G20 等平台的宏观政策协调机制，推动国际贸易便利化，化解全球能源、粮食产业链和供应链受阻或断裂的风险。敦促发达经济体审慎使用货币政策，减少负面效应外溢，各央行在保持独立性的同时进行清晰明确的沟通，并引导新兴市场和发展中经济体等开展宏观政策协调和金融合作。

（二）美元政策外溢殃及其他国家

为遏制通胀飙升，美联储 3 月决定加息 25 个基点至区间 0.25%—0.5%，由此开始了 2022 年度加息热潮。9 月 22 日美联储第五次加息、连续第三次加息 75 个基点，上调联邦基金利率区间至 3.0%—3.25%，创下自 1981 年以来最大幅度、最大密度的加息记录。美联储强调将持续行动，加息到超过中性利率水平，直到通胀明显下降为止，但其政策调整已远远落后于通胀形势。截至 11 月 15 日，2022 年度合计加息 6 次，累计加息 375 个基点。在通胀高居不下的背景下，美联储激进加息，不仅是新兴市场和发展中国家，连发达经济体也承受巨大压力。在美元加息的压力下，出于稳定本币汇率、防范外资出逃和遏制通胀等考虑，9 月全球央行进入加息热潮。欧洲中央银行决定将欧元区三大关键利率均上调 75 个基点，将政策利率从 -0.25% 上调至 0.5%，结束持续了八年的负利率政策；英国央行宣布加息 50 个基点至 2.25%，为 2022 年以来第 7 次加息；瑞士央行宣布加息 75 个基点至 0.5%，告别负利率时代；加拿大央行更是一次性大幅加息 100 个基点，将基准利率上调至 2.5%，高于市场预期 75 个基点；阿根廷央行将基准利率上调 550 个基点至 75%，为 2022 年第 9 次加息，其 2022 年以来已累计将利率提高 3700 个基点。

以美国为代表的经济体实行紧缩货币政策引发市场担忧。加息过晚过猛、未能推出有效改善供给的措施等，都可能对世界经济复苏增加更多的不确定性。面对市场担忧，美联储官员多次表态，认为美国经济可以实现“软着陆”。9 月 21 日美联储主席鲍威尔表示，为了将目前的高通胀降至美联储目标水平，美国经济将经历一段低于趋势水平的增长时期，劳动力市场也会走软，但这是需要承担的痛苦，因为恢复价格稳定尤为重要。但是，美联储实行快速紧缩货币政策的基础是美国经济持续复苏，而实际上，一系列激进的加息手段并没能使美国的市场表现如预期一般做出相应反应，通胀率依旧居高不下。受连续大幅加息的影响，美国已出现房地产市场明显降温、股市动荡、经济增长显著放缓等迹象。并且本轮通胀成因复杂，其根源很大程度上是供给侧短缺，单纯通过激进的货币政策抑制需求无法从根本上解决由于劳动力短缺、俄乌冲突以及与疫情相关的供应链危机等因素导致的供给侧问题。加息不仅解决不了供给侧问题，还可能导致借贷成本上升进而抑制新投资，减缓经济增长。

美联储激进的货币政策不仅加剧本国经济“硬着陆”风险，其溢出效应也引发世界经济深层次问题，导致美元大幅升值、资本从新兴市场回流，使本已非常困难的世界经济雪上加霜。在此次溢出效应中，发达经济体对新兴市场与发展中经济体的经济影响，主要通过两条途径实现：一是美联储大幅加息、美元大幅升值加剧金融市场动荡，导致新兴市场与发展中经济体大量资本流出，从而面临本币贬值、债务清偿压力骤增甚至违约的风险。如果经济体自身存在金融泡沫严重等问题，就可能诱发金融危机，例如斯里兰卡、阿根廷等。IMF 数据显示，超过 1/4 的新兴经济体或者已经违约，或者其债券价格大跌；超过 60% 的低收入国家面临债务困境。二是美欧作为最主要的终端产品消费市场，其自身经济增长乏力，会导致很多新兴市场与发展中经济体出口下降，经济增长受累。所以包括美国在内的发达国家在制定货币政策时，不能只着眼于本国，要考虑对外可能产生的冲击与溢出效应。如果世界经济受到严重冲击，其自身经济也会受到反噬，影响其政策效果。10 月 11 日发表的《全球金融稳定报告》指出，美元走强、外部借贷成本高企、通胀高居不下、大宗商品市场波动、世界经济前景不确定性加剧以及发达经济体政策紧缩带来的压力，都给新兴市场经济发展带来风险。①

① “Global Financial Stability Report,” IMF, Oct. 2022, https: //www. imf. org/zh/Publications/GFSR/Issues/2022/10/11/global - financial - stability - report - october - 2022.（上网时间：2022 年 11 月 12 日）

（三）供应链受阻与所谓“脱钩”政策带来负面影响

随着国际格局的演化和国际竞争的加剧，特别是受疫情、俄乌冲突以及极端天气与自然灾害的影响，全球供应链风险的溢出效应明显。全球产业链和供应链受阻同步出现，直接影响了世界经济和产业结构的稳定性。供应链是一个环环相接的整体流程，一个环节受阻，其他环节运转效率就会下降。世界经济和全球产业链与供应链是建立在多元、多维度且相互依赖、相互支撑、相互嵌套的基础之上的。欧洲对俄罗斯的能源依赖，美欧对中国的市场依赖，中俄对美欧的技术与高端设备依赖；国际贸易从以最终产品为主转向以中间产品为主，中间产品既是连接产业链及供应链的客观存在，又是全球产业布局相互嵌套的必然结果。

2022 年，芯片短缺、能源供应不足、保护政策构成了全球供应链受阻的三个主要痛点。

首先，芯片短缺导致下游产业运行受阻。芯片短缺问题从 2021 年初显现，特别是受全球疫情扩散的影响，导致运输不顺甚至断供。芯片产业本身就是全球化程度最高的产业链，必须要通过产业内合作才能完成。一旦芯片产业链受损，整个行业都会受到影响。例如，2021 年美国得克萨斯州的暴风雪造成当地电力和供水中断，造成韩国三星电子、德国英飞凌等半导体企业位于当地奥斯汀的晶圆厂停产。同时，受疫情影响，芯片制造业产能不足与汽车、消费电子等行业复苏对芯片需求增加之间的矛盾导致芯片短缺问题进一步扩大。

其次，能源供应不足不仅造成工业减产，还波及食品、钢铁等其他行业。这既是由于全球疫情和俄乌冲突影响造成的能源价格高企，又是受能源转型背景下化石能源投资不足的影响。全球气候问题凸显，推动能源行业加速转型，全球对清洁能源的投资大幅增加，化石燃料行业遇冷。由此引发的副作用也很明显：投资不足导致全球石油供应日渐紧缩。石油输出国组织（OPEC）发布的《2022 年世界石油展望》报告估计，从长远来看，需要 12.1 万亿美元的投资来满足不断增长的石油需求。OPEC 秘书长盖斯表示，全球对碳氢化合物的需求将长期增长，全世界必须迅速采取行动，投资石油行业，以防止未来出现能源紧急状况。①

最后，通过所谓“脱钩”政策，推动全球供应链断链与重构。2021 年，美国拜登总统签署了关于其供应链的 14017 号行政命令；2022 年 2 月 24 日，白宫发布《拜登和哈里斯政府计划在 2022 年振兴美国制造业和确保关键供应链安全》，主要内容是加强美国供应链的弹性、安全性和可持续性，确保美国仍然是世界上最具生产力和创新性的国家。3 月 20 日，美国参议院通过了《2022 年美国竞争法案》，将斥资 520 亿美元对半导体产业进行补贴，同时投资 450 亿美元强化高科技产品供应链。3 月 28 日，美国政府提议与中国台湾地区、日本和韩国建立“芯片四方联盟”（Chip4），以建立半导体供应链，参与的企业包括美国的应用材料、美光、英特尔、博通、高通，韩国的三星、SK 海力士等，日本的东芝、瑞萨、东京电子等，中国台湾地区的联发科、台积电、日月光等。全球重构产业链供应链成本巨大，据美国半导体行业协会研究数据，美国要重构完整的半导体产业链，至少需要投资 4000 亿—5000 亿美元。在新一轮科技革命浪潮的冲击下，世界各国对于产业链供应链高新技术主导权的争夺必然会日趋激烈。发达国家为实现自身利益最大化，对全球产业链供应链体系实施各种干预和破坏，试图施加对全球产业链供应链体系变化格局的影响力，并将之作为应对和对冲发达国家在全球

---

① 丁纯：《世界仍需石油！OPEC 秘书长：石油业投资不足播下能源危机种子》，财联社，2022 年 11 月 2 日，https：//www. cls. cn/detail/1172580。（上网时间：2022 年 11 月 12 日）

产业链供应链体系控制力的重要砝码，这必然会进一步动摇全球产业链供应链体系的运行基础，甚至会导致供应链断链，造成的“供应冲击”将导致各个国家的产能下降。

（四）俄乌冲突

2022年2月24日，俄罗斯开始对乌克兰开展“特别军事行动”，由此爆发的俄乌冲突打破了原有的地缘政治平衡，对当前和未来的世界经济造成极大影响，全球经济“滞涨”之相初显。俄乌冲突使得疫情后全球高企的通胀“雪上加霜”，并将持续提升中长期通胀。加之美联储等发达经济体央行的政策空间逐步变窄，如何避免全球经济持续高通胀成为摆在世界各国面前的一道难题。

俄乌冲突不仅是俄乌两国之间的军事冲突，还是俄罗斯与美国及其盟友之间的经济战，这场冲突不仅造成由地区冲突对世界经济的溢出效应，还在战事和经济制裁的连锁反应下，通过对世界股市、汇市、原油、粮食和有色金属期货市场等影响在战争中获得博弈筹码，使得全球多个市场反复震荡。总的来说，俄乌冲突主要对粮食、能源、金融市场三个领域产生影响。

首先，在粮食市场，俄罗斯和乌克兰都是全球重要的粮食供应国，在全球粮食市场具有举足轻重的地位。俄罗斯是世界最大的小麦出口国，2021年俄罗斯小麦出口3290万吨，占全球小麦出口总量的18%；乌克兰小麦出口2000万吨，占全球总量的10%。两国玉米出口占全球总量的19%，葵花籽油出口占全球总量的63%。冲突的爆发和持续严重冲击了双方的粮食生产和出口。乌克兰冲突核心区粮食生产受到冲击，粮油加工企业停产，港口封闭，铁路等物流基础设施遭到严重破坏。俄罗斯则受到美国等西方国家的经济制裁，不仅粮食出口受阻，还影响其农药、种子等农用物资的进口，导致俄罗斯面临粮食减产。并且，两国均实施了粮食出口限制措施，导致全球粮食供应链中断，市场供应趋紧，推动粮价大幅上涨。俄罗斯还是世界主要的化肥供应国，占全球贸易量的20%左右。冲突爆发后，俄罗斯宣布禁止出口化肥，进一步加剧世界化肥供应短缺形势，将粮食生产风险进一步传导到其他地区。

其次，在能源市场，俄罗斯是能源出口大国，其石油出口占全球出口总量的10%，天然气出口占全球出口总量的近20%。以美国为首的西方国家对俄罗斯实施了严厉的制裁，俄罗斯则利用其油气出口来进行反制，使得能源政治化趋势明显，博弈更趋激烈。在俄乌冲突的影响下，全球能源市场供需平衡被打破。全球能源供需紧张、西方的金融制裁以及俄罗斯要求以卢布结算的反制措施等使得全球能源定价体系和结算体系都受到严重影响。多家国际石油公司暂停或退出在俄罗斯的油气业务，全球能源投资加快转向清洁能源和可再生能源，以降低对俄罗斯的依赖。

最后，在金融市场，俄乌冲突升级后，以美国为首的西方国家对俄罗斯实施了极端的金融制裁，试图将其隔绝在全球金融体系之外，包括冻结俄大型国有金融机构在美资产，限制俄使用美元、欧元、英镑和日元进行商业交易的能力，将部分俄罗斯银行排除在SWIFT支付系统以外，冻结俄央行资产并禁止其交易等。美国还禁止俄罗斯动用在美国金融机构的外汇来偿还债务，并打算以立法形式没收俄罗斯富豪海外资产的行动授权。金融制裁导致卢布汇率一度暴跌。俄罗斯迅速采取了一系列反制措施，卢布对美元汇率开始迅速回升。虽然俄罗斯国内金融市场暂时稳定，但从全球范围来看，在俄乌冲突和西方对俄制裁的双重压力下，国际金融市场同样面临较大风险。

三、2023 年世界经济走势预测①

从短期来看，世界经济仍将受到疫情走势和俄乌冲突的直接影响。按照以往经验，重大疫情对经济的影响会持续 2 年左右，其后再逐步下降。来自兰州大学 COVID/19 大流行全球预测系统（GPCP）基于当前大流行发展情况预测，新冠病毒感染疫情大流行预计将会在 2023 年底结束。按照预测的时间来看，疫情对经济的影响会继续，全球经济复苏受阻。

即使疫情冲击逐渐消退，世界经济复苏仍要面临已存在的各项风险与潜在威胁。当前世界经济各项活动普遍放缓，通胀处于几十年来的最高水平，各项指标状况都比预期的更为严重。不过，按照 IMF 最新预测，全球总体通胀预计在 2022 年第三季度见顶，需求放缓、库存增加以及房价下跌导致价格回落在一定程度上有助于缓和通胀，促使各主要经济体央行加息步伐暂缓。

按照 IMF 的测算，发达经济体增速预计将从 2021 年的 5.2% 下降至 2022 年的 2.4% 和 2023 年的 1.1%，这相比于 7 月份的数据已下调，主要集中在美国和欧洲经济体。美国经济预计会在 2023 年开始步入温和复苏的状态。经济增长放缓与通胀降温会促使美联储停止加息，增长率将从 2021 年的 5.7% 降至 2022 年的 1.6% 和 2023 年的 1.1%，需求疲软导致价格压力有所下降。尽管美联储一直通过不更换到期政府债券的手段来降低负债率，但预计这一手段不太会达到效果，毕竟房地产市场已经下跌，出售抵押贷款支持证券会有矫

① “World Economic Outlook Report,” IMF, Oct. 2022, https: //www. imf. org/en/Publications/WEO/Issues/2022/10/11/world - economic - outlook - october - 2022.（上网时间：2022 年 11 月 15 日）

枉过正的可能。对于劳动力市场，虽然企业招聘已经放缓，但由于有工资不断下降和专业技术人力短缺等问题，未来美国出现大规模裁员的可能性相对较小。

相比于美国，欧元区和英国未来的道路可能会更困难一些。2022 年欧元区的增长放缓不像美国那么明显，但 2023 年可能经济下滑将加深。在持续的能源危机和紧缩货币政策的影响下，欧元区经济预计 2022 年将增长 3.1%，2023 年将增长 0.5%。并且，欧元区各经济体之间存在显著差异。意大利和西班牙在旅游相关服务业和工业生产的带动下，其 2022 年经济增长率预计可分别达到 3.2% 和 4.3%，但 2023 年这两个国家经济预计会急速放缓。国际社会对德国与法国的信心更低，分别为 1.5% 和 2.5%。2023 年整个欧洲经济增长疲软，一方面是受俄乌冲突溢出效应的影响，作为受俄罗斯天然气减供影响最严重的经济体，欧元区经济增长预测下调幅度最大。另一方面，由于金融环境收紧，欧洲央行结束了净资产购买，并在 2022 年 7 月和 9 月分别加息 50 个基点和 75 个基点，使得欧元区经济雪上加霜。英国经济增长也预计大幅放缓。由于通货膨胀高企，紧缩货币政策会对消费支出与企业投资造成不利影响，英国将成为除俄罗斯外，所有主要经济体中减速最大的国家。9 月，英国宣布实施大规模一揽子财政计划，预计短期内英国经济增长率会有明显提升，但是也会因此造成应对通胀的手段愈发复杂。

对于新兴市场和发展中经济体，IMF 预计其 2022 年经济增速将降至 3.7%，且 2023 年将保持这一水平。这和发达经济体不断加深的经济下滑形成鲜明对比。其中，2022 年中国经济增速预计降至 3.2%，中国多个地区集中发生新冠病毒感染疫情并实施了防疫封锁，加上房地产市场问题，阻碍了中国的经济发展，但是，2023 年，中国预计在下半年实现全面复苏，其增长率预计将回升至 4.4%。2022 年印度经济增速预计为 6.8%，相比于 IMF 7 月份的预测下调了 0.6 个百分点，原因主要在于其外部需求更加疲软。但是，印度先进的数字基础设施为印度实现追赶三大未来经济发展趋势——全球离岸外包、数字化与能源转型做好了保障。2023 年东盟五国经济增长率预测值有所下滑，主要在于外部经济环境恶化，中国、欧元区国家以及美国等主要贸易伙伴的经济增长放缓；且多数国家加快收紧货币政策，以达到拉低通胀水平的目标。

第十三章 全球治理下的国际移民问题
——以欧洲移民为例

段玉洁

全球化的发展使整个世界发生剧烈变化，人口流动不断增强，国际移民逐渐成为一个复杂、现实而又不可回避的问题。国际移民问题不仅与经济和社会生活密切相关，还涉及领土边界、公民权、族群、政治认同、全球治理等诸多方面，并日渐与拓展和延伸中的非传统安全问题密切联系在一起。因此，在全球化时代，“国际移民问题比以往任何时候都更能触及所有的国家和人民”①。

根据联合国移民署最新数据显示，截至2020年，国际移民总数已经达到了2.81亿人，占全球人口的3.6%，相当于每30个人中就有一个国际移民。与1970年的移民总数（8400万人）相比，2020年的移民总数增加了近3倍多。从20世纪90年代开始，巴里·布赞、迈隆·韦纳、杰夫·海斯曼和塞缪尔·亨廷顿等西方学者开始将移民与国家主权、国家安全以及国家认同紧密联系起来，认为大量的国际移民对于国际社会的安全和稳定是一个巨大的威胁。“9·11”事件加速了这一进程，2015年年初爆发的欧洲移民危机更是在

① “World Migration Report 2022,” *IOM*, Dec. 1st, 2021, https://worldmigrationreport.iom.int/wmr-2022-interactive/.（上网时间：2022年11月14日）

短时间内成为欧盟核心议题，虽然这一问题后续有所缓解，但俄乌冲突爆发后，大量乌克兰移民进入欧洲，来自中东和北非的难民也有所增多，欧洲再次面临巨大的移民压力。

国际移民作为跨国界、跨地区、跨文化迁徙的主要群体，他们在为促进相应地区的社会流动与发展的同时，也产生了与移民跨境流动相伴生的国际移民治理问题，问题一经提出就引起了政界、学界的重视。在此基础上，本章将从理论与现实的角度出发，梳理国际移民治理的概念演进，探寻当前国际移民治理过程中全球治理的现状，思考当今国际移民治理过程中存在的困境，进而寻求一条超越现有困境的治理理念。

一、全球化背景下的国际移民问题

（一）国际移民的发展历史

移民早已有之，是人类社会发展的一个重要特征。从历史上来看，在主权国家概念出现之前，国际移民相对处于一个较为自由的时代。但随着1648年威斯特伐利亚国际体系的形成，国家主权概念开始确立，各个国家开始划分边界，欧美国家开始推行国家移民政策，设立通关障碍，人口迁徙变得不再自由，由此移民问题开始产生。[①]

从发展历程来看，在二战结束以后，特别是20世纪60年代以来，移民跨境流动的方式与特征发生了重大变化。与殖民主义时代由少数欧洲国家流向海外殖民地或定居地相比，这一时段的移民流

---

① 郭秋梅：《国际移民组织与全球移民治理》，广州：暨南大学出版社2013年版，第53页。

动呈现出真正意义上的全球范围内移动的特征。[①] 随着全球工业化进程的发展，国内与国际间的人口流动加快。工业化时代，人口跨境迁徙是将人们从人口稠密且工业化进程缓慢的国家带到人口稀少且工业化进程迅速的国家。后工业时代，移民跨境迁移则是将人们从人口稠密却处于工业化初期的国家引向人口稠密的后工业化社会。[②] 20 世纪 90 年代后，移民跨境流动伴随着全球化进程的迅速拓展，其影响涵盖当今世界各国人口、经济、社会、文化、政治等诸多方面。

（二）国际移民的定义和分类

从含义来看，移民指一定地域间以建立新的永久性居住地为目的而迁移的人口或团体。[③] 广义的移民包含各种人口迁移现象的总和，同时也可分为国内移民和国际移民，国际移民是指从一个国家迁移到另一个国家的移民，而国内移民是指人员在一个国家内不同地区之间的迁徙。[④] 本章主要采用的国际移民定义是联合国在 1998 年关于国际移民（international migrants）或跨国移民（transnational migrants）的基本定义：跨越主权国家边界，以非官方身份在非本人出生国居住达一年以上的群体。[⑤]

在移民的分类方面，目前国际上并没有统一的分类标准，但是在国际组织、政府文件和学术论文等中均有涉及，例如以迁移的数

---

① 周敏、黎湘宜：《国际移民研究的理论回顾及未来展望》，《东南亚研究》2012 年第 6 期，第 56—62 页。

② 中国侨务通论课题组编：《中国侨务通论》（试用版），广州：暨南大学出版社，2012 年版，第 55 页。

③ 杨展览、李希圣、黄伟雄主编：《地理学大辞典》，合肥：安徽人民出版社，1992 年版，第 773 页。

④ 阿布力孜·玉素甫等：《新疆生态移民研究》，北京：中国经济出版社，2009 年版，第 2 页。

⑤ Georges Lemaitre, "The Comparability of International Migration Statistics: Problems and Prospects," OECD Statistics Brief, No. 9, 2009, p. 2.

量、距离、动机和身份为划分标准。但是在一些国际组织的年度报告中，并没有按照具体的指标进行划分，而是通过罗列移民的各类群体来进行划分，比如国际移民组织将移民分为经济移民、合法移民、非常规移民、技术移民和短期移民劳工。① 根据联合国教科文组织的划分，移民分为短期劳工移民、高技术及商业移民、非常规移民、被迫移民、家人团聚和回归移民等。② 根据查阅文献可知，目前大部分关于移民的学术文章，都会在开头对移民的定义进行描述和解释。结合目前的文献资料，美国学者科泽提出的移民分类较为清晰。科泽提出移民通常分为三类：最常见的一种是“自愿”和“被迫”移民；第二种是因政治和经济原因而迁移的人；第三种是合法移民和非法移民。③ 当前移民研究对移民的区别较为模糊，经常有重叠现象。目前学术界和国际社会对移民分类的关注点主要是难民、劳工移民、非常规移民和环境移民等方面。

（三）国际移民的特点

在全球化时代，各国之间联系日益密切，国家间的相互依赖性明显增强；各国之间的人员流动相比以往也更加频繁，国际移民问题呈现出鲜明的时代特点。

第一，国际移民数量大幅度增长。全球移民数量 2020 年为 2. 81 亿，2015 年为 2. 48 亿，2010 年为 2. 2 亿，2000 年为 1. 73 亿，1990 年为 1. 53 亿人。从纵向对比，2020 年比 1990 年多出约 1. 28 亿人。

---

① IOM，“Glossary on Migration，” https：//austria. iom. int/sites/default/files/IML_1_EN. pdf.（上网时间：2022 年 11 月 14 日）

② UNESCO 关于移民的分类，http：//www. unesco. org/new/en/social – and – human – sciences/themes/international – migration/。（上网时间：2022 年 11 月 14 日）

③ ［美］哈立德·科泽著，吴周放译：《国际移民》，北京：译林出版社，2009 年版，第 14 页。

30年间，移民数量增加了1亿多，直接反映出当今国际移民数量的激增，人口跨境流动具有强劲势头。

第二，国际移民流向多元化但仍相对集中。随着移民数量的增多，国际移民的流向更加多元化，既有从发展中国家向发达国家流动（南北流动），也有发展中国家之间的流动（南南流动），还有从发达国家向发展中国家的流动（北南流动），其中南北流动与南南流动是主要形式。① 从地区分布上来看，国际移民目前呈现出集中性的特点。我们以2020年国际移民为例，欧洲地区仍是移民的最大目的地，有约8700万移民；其次是亚洲，有约8600万移民；北美排第三，有约5900万移民。三者合计，约占全球移民总数的80%。从国家分布来看，美国目前是最主要的移民流入国，有超过5100万的国际移民选择前往美国。德国位居第二，有将近1600万人。排名第三到第十的国家分别是沙特阿拉伯、俄罗斯、英国、阿联酋、法国、加拿大、西班牙和澳大利亚。

第三，国际移民多为适龄劳动人口，移民的性别比例基本平衡。以2020年国际移民为例，2.81亿的移民中有1.69亿为移民工人，也就是说劳动人口占国际移民总数的60%以上。在男女性别方面，2020年女性移民有1.35亿，男性移民为1.46亿，性别比例基本平衡。

二、国际移民的发展现状

随着国际移民数量的大幅增长，各种移民问题也随之出现，这

---

① "International Migration Report 2013," *UN*, Dec. 1st, 2013, https://www.un.org/en/development/desa/population/publications/pdf/migration/migrationreport2013/Full_Document_final.pdf.（上网时间：2022年11月14日）

就使得移民事务日益复杂化。国际难民、跨国贩运人口、非法偷渡等都是当前较为突出的国际移民问题。

在国际难民方面，联合国难民署2015年发布的年度报告《战乱世界：全球难民趋势》指出，2014年全球因战乱导致至少1950万国际难民产生。[①] 中东变局后几百万中东难民涌入欧洲，使得世界出现一股几十年未见的难民潮。2019年，全世界约有7080万人流离失所，其中国际难民存量2590万人，另有寻求庇护者350万人。统计数据显示，截至2020年底全球难民总数为8240万人，其中国内避难民众4800万人、难民2640万人、难民申请者410万人等，这比2020年初估计的数据有所增加。而俄乌冲突的爆发，使得被迫逃离冲突、暴力、侵犯人权和迫害的人数上升到前所未有的水平。

在跨国人口贩运方面，问题依然十分严重。2014年，联合国预防毒品和犯罪问题办公室发布的《全球人口贩运报告》显示，全球范围内每年有超过250万人成为跨国人口贩运犯罪的受害者。[②] 据国际劳工组织估计，在2002—2011年，全球大约有1870万名遭受以强迫卖淫为目的的性贩运和强迫劳动为目的的跨国劳工贩运受害者。[③]

非法移民问题也日益显现。由于其隐蔽性的特点，非法移民的数量到底有多少，目前国际社会并没有一个准确的数据，根据联合国的估计，每年的非法移民数量为200万—450万。[④] 最新数据统

---

① 毛维准：《损友聚集，“欧洲顶梁柱”德国难以承受难民之重》，澎湃新闻网，2015年9月8日，https://www.thepaper.cn/newsDetail_forward_1354901。（上网时间：2022年11月15日）

② United Nations Office on Drugs and Crime (UNODC), "Global Report on Trafficking in Persons," 2014, http://www.unodc.org/documents/human-trafficking/2014/GLOTIP_2014_full_report.pdf.（上网时间：2022年11月15日）

③ International Labour Office (ILO), "Global Estimate of Forced Labor: Result and Methodology," 2012, http://www2.ilo.org/wcmsp5/groups/public/---ed_norm/---declaration/documents/publication/wcms_182004.pdf.（上网时间：2022年11月15日）

④ Laezko et al., "Migrant Arrivals and Deaths in the Mediterranean: What do the Data Really Tell Us," *Forced Migration Review*, Jan. 2016, https://www.fmreview.org/sites/fmr/files/FMRdownloads/en/destination-europe/laczko-singleton-brian-rango.pdf.（上网时间：2022年11月15日）

计，2022 年上半年，欧洲的非法移民数量达到 155090 人，与 2021 年相比增长了 86%。这是一个非常可怕的数字，与 2021 年同期相比，是一个非常不正常的增长。

综上所述，全球移民治理面临着严峻的挑战，任务十分艰巨。近些年来，国际社会对各种移民问题的关注度日益增加，移民政治越来越成为国际社会和国家政府重视的话题，“移民全球治理”观念在这一背景下应运而生。① 21 世纪以来，国际社会通过机制建设推动全球移民治理发展，各种移民治理的对话平台也陆续推出代表性的机制，代表性的机制，如国际移民和发展问题高级别对话会议，移民与发展全球论坛，联合国大会处理国际迁徙、人权和人道主义问题的第三委员会，伯尔尼倡议等。②

三、国际移民问题全球治理的困境——以欧洲移民为例

面对全球移民，国际社会采取了多种措施，但国际移民的全球治理效果并不理想，治理面临各种困局。

（一）移民治理观念陈旧老化

国际移民的跨国境流动作为一种客观现象，未来将会在数量、规模与范围上进一步增长，由此产生的一系列安全风险与政治地缘问题也将长期存在。③ 国际社会虽然对移民的跨境迁徙已形成了一定

① Alexander Betts (ed), Global Migration Governance. Oxford: University of Oxford Press, 2011.

② 章雅荻：《国际移民问题全球治理的现状、困境与展望——以欧洲移民危机为例》，《国际关系研究》2017 年第 1 期，第 6 页。

③ 孙志伟、郭树勇：《论国际移民治理的现实困境与实践转向》，《教学与研究》2021 年第 2 期，第 46—55 页。

的积极共识，但在认可国际移民所带来的发展增益的同时，也存在着一定的不足，例如治理观念认知陈旧，对移民重视不够、认识不足等问题。具体体现在：

过度强调移民群体的“外来威胁性”。各国从国家地理边界、安全角度来看，都习惯将移民问题看作是影响国内发展稳定的内政问题。有研究表明，国际移民跨境迁徙现象从普通的公共领域被纳入涵盖国家安全在内的话语体系中，并通过政府部门的话语构建，成为公众普遍认知的“存在性威胁”。[①]“存在性威胁”主要体现在部分群体，其观点较为偏激和狭隘，认为国家与社会发展过程中出现的若干问题是由移民的出现所引起的。在劳动力紧缺时期，政府大多认可移民在促进当地生产、提升本国经济中的积极作用，公众也对外来移民抱有较为认可的态度；而在经济不景气时期，外国移民往往会沦为经济衰退的“替罪羊”，针对移民群体的“排外”“仇富”的现象时有发生[②]。

放大不同移民族群间的内在差异。国际移民作为外来人口，其意识形态、观念和生活习惯等都与当地居民存在着较大差异。虽然移民的迁徙在一定程度上推动了当地的社会发展，但同时也唤起了不同群体重新审视自己在社会中地位的意识。就国内政治而言，放大不同族群间的内在差异会导致一些矛盾的产生，少部分民众认为某一族群在政治和经济上的获利往往都伴随着另一些人的损失。当原住民群体意识到自己的社会地位可能因移民群体而产生一定的影响时，族群间的差异则显得愈加敏感。失业、通货膨胀和资源竞争都会导致族群间关系的紧张，以族群差异为界限来划分民众的方法

① Barry Buzan, Ole Wever, “Security: A New Framework for Analysis,” Boulder: Lynne Rienner Publishers, 1998, pp. 23 – 24.

② 孙志伟，郭树勇：《论国际移民治理的现实困境与实践转向》，《教学与研究》2021 年第 2 期，第 46—55 页。

更加容易导致民众间的冲突与对立。[①]

忽视外来移民群体的社会融入。一直以来，国际社会多专注于如何引导移民流动，针对移民迁徙过程制定政策、予以立法，但却忽视了移民在所在国的社会融入问题。外来移民在新环境下的生存并不单纯为一个政策问题，而是涉及社会经济、政治、文化多维度的融合以及所在地社会对移民的态度与接纳，这就需要政府相关机构的引导。一般而言，当地社会成员以积极的态度和理性的方式来看待并接纳移民，可以促进移民群体的自我心理调适，增进对当地社会的认同，从而更易实现移入地的社会稳定。就目前来看，很多国家的移民政策仅关注移民准入、居留、就业等事务性工作，往往会忽视移民的社会融合，也因此产生了一系列的社会问题。

（二）移民治理程度多留在表面

移民治理的程度较浅，大多停留在表面。以协商平台为例，主体之间的互动较少，协商平台较不成熟。两届“国际移民和发展问题”高级别对话会议间隔时间长达 7 年。而联合国第二和第三委员会的工作更是流于形式，对如何务实地应对国际移民迁徙问题给发展带来的挑战和机遇进行深入审议造成了阻碍。在移民问题上，全球治理的四大主体（民族国家、区域组织、国际社会和全球公民社会）之间的互动还远远不够，尤其是区域组织之间的互动很少。

（三）移民治理内部不和

欧盟各国心怀鬼胎，无法在移民问题上达成共识，各国为了各

---

① ［英］米歇尔·E. 布朗、［法］苏米特·甘古力著，张红梅译：《亚太地区的政府政策和民族关系》，北京：东方出版社 2013 年版，第 1 页。

自的利益互不相让，注定无法实现真正的团结。欧盟各国移民政策各不相同。例如，瑞典难民身份申请接受比例是77%，匈牙利为9%，德国成年人难民每月补贴是347欧元，匈牙利为86欧元。因此，许多在边境国滞留的难民最终的目的国是德国、北欧等高福利国家，而并非意大利和希腊这样的边境国，这就引发了边境国与目的国之间的矛盾。

“在移民管理问题上，欧洲国家之间一直存在矛盾。”曲兵指出，在国际局势动荡、非法移民及难民数量激增的情况下，首当其冲的是那些所谓的欧洲“边境国家”，如意大利、希腊等。根据欧盟相关规定，难民首次入境的国家应负责处理庇护申请。这些“边境国家”承受了巨大压力，对难民接收义务产生不满情绪，要求欧盟提供财政支持、其他国家分担责任。这些矛盾在2015年欧洲难民危机时就有所体现，今天依旧存在。①

自2015年起，移民管理就已成为欧盟内政外交的主要难点之一。多年以来，欧盟27国一直试图达成一份移民庇护协议，以处理叙利亚难民危机等情况。2015年7月，欧盟各国内政部长就自愿分配安置难民事宜达成了初步共识；后续该协议有所进展，但尚未通过。自2020年以来，该协议项目因欧盟成员国意见不合而一直搁置，西班牙、意大利等国家因接收了更多的移民而有所不满。

四、国际移民问题全球治理路径展望

相较于全球治理的其他领域，国际移民治理面临更多的问题，

---

① 《非法移民和难民潮困扰欧洲》，台海网，2022年11月15日，https：//baijiahao. baidu. com/s? id = 1749524049589101421&wfr = spider&for = pc。（上网时间：2022年11月17日）

治理难度更大。为突破国际移民治理困境，缓解面临的诸多问题，构建一个有效的国际移民治理体系显得更为必要。在全球化愈加深入及国际格局持续演变的当下，国际组织作为“第三种国际政治力量”逐步兴起，在解决全球问题、参与全球治理方面发挥着日益重要的作用。反映到移民治理领域，有赖于国际组织、相关主权国家的倡议与努力，也出现了若干尝试突破治理困境的实践转向，为构建一个有效的国际移民治理体系提供了参考。

（一）转变移民治理观念，打造命运共同体

全球移民治理困境迫切需要新的理论和机制创新，中国提出的“人类命运共同体”理念可以也应该成为全球移民治理的重要指引。2012 年 11 月，中共十八大报告提出，人类所生活的这一时空越来越成为你中有我、我中有你的命运共同体。这一概念具有中国自古以来的天下情怀，也是一种超越各国制度和文化差异的全球观，超越了狭隘的以民族国家为中心的安全思维和治理思维，可以很好地解决移民问题全球治理中民族国家与国际社会不同治理方式的矛盾。[①]

在当今形势下，任何国家都不可能独善其身。各国应以人类的生命为价值基点，去思考问题和应对威胁，追求长期利益，而不是死守传统的主权界限，纠结于国家利益。以欧洲移民危机为例，欧洲各国都在不同程度上受到影响，没有任何一个国家可以成为旁观者。在面对危机时，应以人类共同体为思考原点，超越狭隘的以民族国家为中心的安全思维和治理思维。

---

① 章雅荻：《国际移民问题全球治理的现状困境与展望——以欧洲移民危机为例》，《国际关系研究》2017 年第 1 期，第 17 页。

（二）转换移民治理主体，发展多边治理机制

目前，国际移民问题所带来的连锁反应已远超单个主权国家的治理能力，由大国主导的国家中心治理模式也面临诸多的考验，主要大国目前已无力应对移民跨国迁徙所带来的国际公共产品需求激增。当前国际移民治理需充分发挥主权国家、区域机构，乃至于相关国际组织的重要作用，以联合国难民署和国际移民组织为代表的国际移民全球治理主体开始为移民治理提供更多的可能路径。①

对于移民问题的全球治理，增进对话与协商，践行多边主义是当前的必由之路。国际移民治理的组织机构主要有国际移民组织、联合国难民署、联合国社会经济事务部人口司等，可通过机制架构去发挥重要作用。

首先是发挥国际移民组织的作用。国际移民组织的建立、变迁与发展非常典型。历史上，国际移民组织的前身已多次发挥作用。1951年12月5日，“欧洲移民迁移政府间临时委员会”成立，即为国际移民组织的前身，主要任务是为战后西欧大多数流离失所者、失业者或者等待就业的民众提供迁移服务。1952年由临时委员会转变为常设机构，更名为“欧洲移民问题政府间委员会”。1980年该组织再次更名为“政府间移民问题委员会”，开始关注国际社会范围内的移民问题。1987年该组织修订章程，于1989年执行，并正式更名为“国际移民组织”。名称的变更也凸显出其职能定位的不断变化，体现出国际移民组织在发展过程中不断突破地域的限制，由冷战期间带有意识形态性质的区域机构转变为去冷战化的国际机构，在治理议题和治理职能

---

① 孙志伟、郭树勇：《论国际移民治理的现实困境与实践转向》，《教学与研究》2021年第2期，第46—55页。

领域不断向纵深发展的发展轨迹。[①] 国际移民组织的机构变迁体现了国际移民治理由国家中心到多边治理的主体转向。

其次是发挥联合国难民署的作用。难民署的任务是提供法律保护，成为负责保护以及援助难民、寻求庇护者和无国籍人士的全球性主要机构。

最后是发挥国际劳工组织的作用。和国际移民组织与联合国难民署相比，国际劳工组织的作用要小得多，但它仍然发挥着重要的规范性作用。它可以协助各国实施关于劳工移民的更有效的政策，包括对工人的各项权利及就业的保护[②]。

当下，区域机构与国际组织等的逐步兴起，在解决全球问题、参与全球治理方面发挥着日益重要的作用，这一趋势未来也可作用于移民治理领域，促进其趋于善治。

（三）构建科学的移民政策体系

科学的移民政策体系必须具有合理性与可操作性，即在合法移民资质与数量、合法迁徙渠道等方面保持动态平衡。一方面，从移民政策的宽松度来看，在全球经济低迷且发展不均衡的情况下，目的国对于移民的反感情绪会不断高涨，在移民政策方面也将进一步予以限制。但是，如果移民目的国仅仅是为了迎合民众减少外来移民的诉求而制定过于严苛的紧缩性移民政策，非法移民现象可能会加重，其结果往往会适得其反，这又会加深民众对外来移民“失去控制”而产生的担忧。[③] 因此，科学的移民政策需要在回应民众诉求

---

① 郭秋梅：《国际移民组织与全球移民治理》，广州：暨南大学出版社，2013 年版，第 100 页。

② 刘益梅：《全球移民治理的努力与善治路径——〈2018 世界移民报告〉解析》，《丽水学院学报》2019 年第 6 期，第 62—68 页。

③ Helen Dempster，Karen Hargrave，“Understanding Public Attitudes towards Refugees and Migrants,” *ODI*, Jun. 22，2017，https：//cdn. odi. org/media/documents/11600. pdf.（上网时间：2022 年 11 月 18 日）

与合理配置移民额度方面取得均衡。另一方面，从移民政策的偏好来看，随着新技术的发展，尤其是人工智能的发展，很多机械性劳动可能会被机器人所替代，因而在移民政策方面将更注重向高精尖人才、紧缺型人才与创新型人才倾斜，即移民政策智力化倾向进一步加强。以英国为例，尽管总体主张减少移民数量，但对拥有专业技术的外来移民则保持开放与欢迎的态度。与高技术移民、学生或近亲属移民相比，英国人对于难民庇护者、低技术劳工移民、远亲属移民等持明显的负面态度。① 可是，如果仅仅重视“高端人才”，而将普通劳动者拒之门外也必然会造成非法移民问题。因此，科学的移民体系在合法移民资质方面需要统筹考量，在重点突出高端人才的同时兼顾其他普通劳动者。

五、结语

人类的历史就是一部迁徙的历史，如何对移民进行有效治理，将移民从对国家安全的威胁转变为宝贵资源是目前我们应深刻思考的。鉴于目前移民问题全球治理模式依旧以西方为主，治理程度较低，合作不深入，效果不理想，我们更应努力思考如何改变当前这一现状，寻求一条更优路径，为移民问题全球治理提供多种可能性。

面对棘手的移民问题，全世界任何一个国家都无力单独解决，需要各国之间的相互合作和共同应对，因此在应对移民问题上，各治理主体都具有不可推卸的责任。

---

① Scott Blinder, William Allen, “UK Public Opinion toward Immigration: Overall Attitudes and Level of Concern,” *The Migration Observatory*, Jan. 20, 2020, https://migrationobservatory.ox.ac.uk/resources/briefings/uk-public-opinion-toward-immigration-overall-attitudes-and-level-of-concern/.（上网时间：2022 年 11 月 20 日）

第十四章 全球社会治理数字化转型研究

史海燕

全球社会治理（global social governance）是全球治理的社会维度，是应对人类的社会需求与社会问题的国际性努力。如何实现全球社会治理，是当前全球治理的前沿问题之一。当今世界，科技革命和产业变革日新月异，以新一代信息技术为主要驱动力的数字化浪潮蓬勃兴起，为传统产业发展注入新活力的同时，也引领社会治理体系在理念思路、体制机制、决策方式等方面实现系统性、全局性变革。近年来，各国政府高度重视社会治理的数字化转型，纷纷将其作为国家数字战略的核心内容之一，传统治理过程中的信息不对称、治理速度迟缓、治理效能低下等问题得到明显改善，全球治理体系逐步从经验治理向数据治理、从被动响应型治理向主动预见性治理转变。推动全球社会治理数字化转型、促进数字产业化创新发展与实现产业数字化转型共同构成了数字时代全球经济社会建设的主线任务。

一、概念解析

（一）全球社会治理

国际上，对全球社会治理的关注源于全球治理概念。20 世纪中期后，围绕如何应对国际性问题的研究，西方开始关注“世界秩序”的相关内容。20 世纪末，一系列全球性问题引发西方对如何组织国际努力等问题的重新思考，多边主义和全球治理等概念开始流行。相比多边主义强调国际组织的作用，全球治理概念指在全球范围内组织人类活动①，内涵更加宽广，涵盖国际社会的多种势力间的互动，包括国际市场的势力和反全球化运动等②。如何实现全球治理仍是人类面临的重大问题之一。

全球社会治理是应对人类社会需求与社会问题的国际性努力。社会需求是指满足人类生存和发展的基本需求。③ 传统上，为应对社会需求而制定社会政策往往是一个国家内部之事。20 世纪，为了应对普遍性的社会需求，要求国际合作的呼声越来越大。例如，福利国际主义认为公共的国际组织应该用于满足个人的需求，而非解决国家间的冲突。国际劳工组织于 1919 年成立。④ 全球化的社会影响是当今的一个重要议题。2004 年以来，国际劳工组织呼吁注意全球化的社会维度。⑤ 与经济维度相比，社会维度被认为是“人”的维度，是指全球化带来的影响，涉及“对人民生活和工作，他们的家庭，和他们的社会的影响”⑥。应对全球社会影响需要国际集体努力，

---

① James N. Rosenau, “Governance in the Twenty - first Century,” Boulder: Lynn Rienner Publishers, 1995, p. 13; Lawrence S. Finkelstein, “What Is Global Governance?” Global Governance, Vol. 1, No. 3, 1995, pp. 367 - 372.

② Thomas G. Weiss, R. Wilkinson, “Rethinking Global Governance? Complexity, Authority, Power, Change,” International Studies Quarterly, Vol. 58, No. 1, 2014, pp. 207 - 215.

③ 狭义的社会需求指在当代社会中生存和发展的一些基本需求和服务，包括就业、劳工权利、社会保障和包容、职业技能和安全、社会救助等内容；广义的社会需求是指人类生存和发展的一切需求，包括基本生活需求、住房、教育、医疗、职业培训、社会凝聚等各个方面。

④ Jens Steffek, Leonie Holthaus, “The social - democratic roots of global governance: Welfare internationalism from the 19th century to the United Nations,” European Journal of International Relations Vol. 24, No. 1, 2018, pp. 106 - 129.

⑤ 为此成立了全球化社会维度的世界委员会。2004 年，该委员会发布了题为《一个公平的全球化：为所有人创造机会》（A fair globalization: Creating opportunities for all）的报告。

⑥ Bernhard G. Gunter, R. V. D. Hoeven, “The Social Dimension of Globalization: A Review of the Literature,” *International Labour Review*, Vol. 143, No. 1 - 2, 2004, pp. 7 - 43.

也称为全球社会治理，可以被理解为“塑造全球和国家社会政策的多行为体的过程”①。

（二）数字化

广义的数字化，就是通过运用互联网、大数[illegible]人工智能、区块链等新一代信息技术，来对企业、政府[illegible]各类主体的战略、架构、运营、管理、生产、营销等[illegible]展系统性变革，综合调整强调的是数字技术在[illegible]重塑，数字技术能力已不仅仅是简单地解决降[illegible]题，而是成为赋能模式创新与业务突破的核心[illegible]

[illegible]数字化，即运用数字化思维、理念、战略、资源、工[illegible]和规则等新模式来治理信息社会空间，实现数据融通共享、平台服务资源集聚开放、新技术应用场景持续创新。社会数字化治理模式与传统的治理模式比较，最大的优势就是信息传播便捷、精准、互动，信息数据在政府、社会、市场及公众之间能够畅通、有序。社会治理数字化意味着原来社会治理中的信息处理部分和一些基本的社会管理事项实现了由人工处理向数字化处理的转变，各级政府向公众发布信息及时准确，公众办事，减少环节，提高效率，也为政府管理社会提供了决策支持。②

① Alexandra Kaasch, Kerstin Marten eds.,“Actors and Agency in Global Social Governance,” Oxford: Oxford University Press, 2015, p. 7.

② 马春辉：《数字化——社会治理新一站》，《小康》2020 年第 18 期，第 59—61 页。

二、全球社会治理向数字化转型的概况

（一）基本特点

第一，全球社会治理的数字化转型，是直面那些亟待解决但传统治理手段难以有效解决的老大难问题，特别是系统治理、综合治理、源头治理不足的问题，力图通过新的理念、方式和手段来提升社会治理水平。

第二，全球社会治理的数字化转型，是直面数字社会的各种新问题。伴随着新一代信息技术的广泛应用，社会的生产方式、消费方式、工作方式、生活方式等都发生着巨大的变化，个体、群体和组织进入数字世界，这就带来了新的治理问题。

第三，全球社会治理的数字化转型，是直面全球社会治理体系的现代化问题。社会治理不仅仅是要去解决一个个具体的治理问题，更重要的是形成与全球社会急剧变迁相适应的全球社会治理体系。因此，社会治理数字化转型指向的更深层问题，是数字时代的全球社会治理体系如何走向现代化。

（二）发展方向

1. 向系统治理和源头治理发展

以5G、互联网、大数据、人工智能、区块链为代表的新一代信息技术与国家治理体系的深度融合，有助于增强治理体系的系统性和统筹性，为末端治理转向源头治理提供技术支撑。新一代信息技

术不断丰富和创新社会治理的方式和载体，支撑搭建系统完备、科学规范、运行有效的整体治理框架，系统描绘社会治理体系的总体“图谱”，更好地统筹治理体系的主体、客体和具体过程，科学引导政府部门进行总体谋划、系统安排，健全总揽全局、协调各方的治理体系。[①] 同时，新一代信息技术着力夯实治理体系的科技支撑、监测预警、风险管控等基础能力，有助于主动地、有针对性地识别和分析各类社会治理问题，从根源、本质上进行前瞻性、预防性治理，助推治理重心从以救济、应急为特征的末端治理转为以预警、预判和识别风险为特征的源头治理，有效化解国家建设中的内生风险和外源风险，科学回应政治、经济、社会、文化和生态等各个领域的治理需求。

2. 向平台化发展

当前，全球社会治理体系的平台化特征愈加明显，社会治理的关键信息和渠道移至数字化治理平台，对服务流程优化、政府架构改进、外部社会治理等进行数字化重塑，实现网络化协同治理和柔性化决策施政，进一步推动治理组织架构的扁平化变革。借助数字化治理平台，搭建跨部门和跨层次的信息共享、数据同步、业务协作渠道，打造纵向贯通、横向联通的社会治理“一张网”，辅助解决内部和外部治理不协调、治理精细化水平不够等问题，构建全环节覆盖、一站式治理、协同化办公的数字治理体系。数字化治理平台构建高效的信息传递与沟通渠道，形成灵敏感知和科学引导公众诉求的实时响应机制，依靠启发、引导、协商等柔性化方式，将强调政府主导的刚性管理转向增强公众对政府心理认同感的柔性治理。

---

① 中国电子学会、中国数字经济百人会：《全球社会治理数字化转型趋势研判（2020 年）》，第 1—2 页。

为建立实时协同的信息传递机制，数字治理平台减少决策和操作流程的中间层级，实现从政府垂直式管理到扁平化治理构架的变革，着力加强决策准确性、即时性以及公共服务高效化。①

3. 向大数据应用发展

大数据技术通过对海量数据的快速收集与挖掘、分析与共享，成为支撑社会治理科学决策和准确预判的有力手段。当前，面向舆情监测、政府事务、公共服务、应急事件响应等社会治理各维度数据日趋海量化的发展态势，利用大数据技术可有效集成、深入挖掘和综合分析，强化治理决策的前瞻性和科学性，使“经验治理”向“精准治理”跨越。应对疫情暴发、重大安全事故等紧急事件，利用大数据技术可形成风险数据库与风险分布地图，实现紧急事件的智能化应急预警、精准评估灾情、快速联动处置。在交通运行方面，利用大数据可实现对人口出行、道路运行、公共交通客流及服务的全面监测，为城市交通运行及规划建设提供参考。在廉洁政府建设方面，利用大数据可将信访举报、巡视巡察、日常监督、执纪审查等问题线索归集成数据库，比对分析，及时发现廉政风险点，有效提高廉洁风险防控的有效性。未来，随着大数据技术逐步成熟和发展，政府的风险预警、决策评估、问题调查和社会互动水平会不断提高，基于大数据的科学决策、精细管理、精准服务将成为常态，社会治理的灵敏度和前瞻性将显著提升。②

4. 向共享数据发展

政府、企业、社会组织、公众等参与主体通过数据开放共享，

---

① 中国电子学会、中国数字经济百人会：《全球社会治理数字化转型趋势研判（2020 年）》，第 2—3 页。

② 中国电子学会、中国数字经济百人会：《全球社会治理数字化转型趋势研判（2020 年）》，第 3—4 页。

实现传统分工的转变，成为集数据信息的采集者、数据应用的分享者和数据治理的决策者于一身的治理主体，并基于共同利益基础、共同责任担当及共同价值遵循等诸多“共同性”，形成人人有责、人人尽责、人人享有的社会治理共同体。面对政府部门数据、公共数据、科学数据等资源开放共享的迫切需求，各国各行业正加快研究制定数据确权、开放、流通和交易等制度，探索建立安全、规范、可信的数据管理与交易运营体系。[①] 随着数据资源开放共享的步伐加快，以促进多元主体的开放、合作为导向，治理主体间将形成科学有效的社会动员和交流互动机制，多方治理主体广泛参与政府决策的协同机制将进一步完善。在数据、管理、业务、技术等标准规范建设进一步推进下，依托数据进行功能性分工的共同体规范框架逐步构建，社会治理分工效率明显提高，将最大限度地发挥各治理主体的力量，打造多元主体互信、互动、互通的社会治理共同体，形成优势互补、资源共享、协同互益的社会治理格局。

5. 向解决数字安全和风险问题发展

新一代信息技术的快速发展使信息安全边界和伦理道德秩序发生了改变，法治治理必将面对数字化带来的治理新命题。网络安全威胁和风险从虚拟空间向现实世界蔓延扩散，利用手机恶意程序、“伪基站”等新型诈骗犯罪手段不断翻新，用户隐私泄露以及金融、能源、通信、交通等关键领域基础设施的网络安全问题不仅关系到个人的生命和财产安全，也对经济安全乃至国家安全带来严重威胁。大数据引发的隐私泄露风险，人工智能带来算法歧视、深度欺骗、就业风险、公共安全等问题，以及区块链带来的虚拟货币风险、智

① 中国电子学会、中国数字经济百人会：《全球社会治理数字化转型趋势研判（2020 年）》，第 4—5 页。

能合约安全等多种技术风险，已成为世界各国治理面临的共同问题。应对以上问题，需要以防范化解风险为着力点，强化以人为本、普惠向善的伦理共识，从风险源头强化防控机制，构建审慎包容的数据治理框架，逐步建立健全技术监管法律体系，将推动社会治理各项工作走上制度化、规范化轨道，为社会治理能力建设提供充足动力和保障。[①]

三、全球社会治理数字化转型的典型路径

（一）数字政府

数字政府是指政府通过数字化思维、数字化理念、数字化战略、数字化资源、数字化工具和数字化规则等治理信息社会空间、提供优质政府服务、增强公众服务满意度的过程，是一种新型政府形态[②]，其主要内容包括政府办公自动化、政府实时信息公开、网络民意调查、大数据统计、智慧城市治理等。郑跃平等人认为，政府的数字化转型包含三大维度，即网络化、数据化和智能化。其中，网络化强调政府服务渠道的数字化拓展，并在此基础上构建综合服务体系[③]。全球数字政府建设进程和发展趋势表明：数字化转型已是大势所趋，数字政府建设关乎数字经济发展促进力，并受到各级政府、

① 中国电子学会、中国数字经济百人会：《全球社会治理数字化转型趋势研判（2020 年）》，第 5—6 页。

② 徐晓林、明承瀚、陈涛：《数字政府环境下政务服务数据共享研究》，《行政论坛》2018 年第 1 期，第 50—59 页。

③ 郑跃平、梁灿鑫、连雨璐、曹贤齐：《地方政府部门数字化转型的现状与问题——基于城市层面政务热线的实证研究》，《电子政务》2021 年第 2 期，第 38—51 页。

企业和广大民众的关注[①]。数字政府 2.0 时代的根本目标旨在实现从“数字”到“数智”的跨越，提升政府整体智治水平。

在数字政府建设如火如荼的背景下，如何高效地利用信息技术改进政府工作和提高服务效率业已成为各国政府所普遍关心的新议题。为积极应对来自社会、经济、政治等方面的压力，各国政府开始迈向数字化转型时代[②]。《2022 联合国电子政务调查报告》显示，全球电子政务发展指数（EGDI）从 2020 年的 0.5988 上升到 2022 年的 0.6102[③]，越来越多的国家正在大刀阔斧地推进数字政府战略。

美国政府极为重视数据开放，是全球最早发起政府数据开放的国家，希望通过开放政府数据加快社会治理创新应用，并建立更加开放、透明、协同的政府，提高国家治理能力。2019 年 1 月，特朗普签署《开放政府数据法案》，该法案要求除特殊情况外，美国所有的政府机构应自动公开其拥有的公共数据。该法案的通过，意味着美国已将政府数据开放上升为法律规定，这对于公众、企业等利用政府数据进行社会治理领域的创新具有积极意义。2019 年 2 月，美国政府发布了第四个“美国开放政府行动计划”。在加快推动政府数据开放的同时，美国政府还同步构建强大的数据治理能力，以寻求数据开放和数据安全之间的平衡。2019 年 12 月，美国政府发布《联邦数据战略与 2020 年行动计划》，明确了将数据作为战略资源予以开发和使用的宗旨，并制定了在 2020 年，相关机构和协会需要推进的开发联邦数据资源库、成立联邦首席数据官委员会、设计数据

---

① 张建锋：《数字政府 2.0——数据智能助力治理现代化》，北京：中信出版集团，2019 年版，第 59 页。

② JANOWSKI T.，“Digital Government Evolution：From Trans - formation to Contextualization，” Government Information Quarterly，Vol. 32，No. 3，2015，pp. 221 - 236.

③ DEPARTMENT OF ECONOMIC AND SOCIAL AFFAIRS，“2020 United Nations E - Government Survey，” Oct. 8，2020，https：//www.un.org/en/desa/2020 - united - nations - e - government - survey.（上网时间：2022 年 11 月 20 日）

伦理框架等20项关键实施行动。在当今世界面临数字化转型的背景下，美国国际开发署发布了《数字战略（2020—2024）》（Digital Strategy 2020 - 2024），试图在全球范围构建以自身为主导的数字生态系统。

英国的数字政府建设长期处于世界领先水平，在联合国近年的各国电子政务能力调查中一直名列前茅。在推出《政府数字化战略》《政府数字包容战略》《数字政府即平台计划》等一系列举措之后，2017年3月，英国发布了《英国数字化战略（2017）》，其核心内容是数字政府战略，提出打造平台型政府，为公民和企业提供更好的政府在线服务。同年，英国政府推出了《政府转型战略（2017—2020）》，提出以加快建设跨越各政府部门的线上服务为着力点推动政府数字化转型。在英国的系列战略中，"数字政府即平台"是其核心理念，即由政府建设统一、通用的共享公共服务平台设施，基于平台的统一数据，各部门或者企业和民众开发附加应用服务，继而推动以平台为基础、以服务为核心的政府数字化转型。根据英国最新的《政府数字服务：2021—2024年战略》，数字政府着重解决跨政府部门联合服务问题，并建立适用于所有人的单一数字身份，推出在线政务服务的单点登录方案，归口线上政府服务至单一平台。

韩国政府长期积极开展政府数字化改造和革新，建立高效的政府是其关注的焦点。为此，韩国政府建立了面向民众、企业和政府机构的跨政府综合服务平台，借助于平台的实施，优化行政业务流程并实现了跨部门协同服务，极大地缩短了行政业务流程时间。在高水平的政务平台支持下，韩国政府的行政程序效率现已达到全球较高水平。为追求更高的政府服务效率，为民众提供更便捷的服务，2019年10月，韩国政府发布《数字政府革新推进计划》，该计划包括了引进电子身份证、扩大各类电子证明的发放、提供定制化行政服务等重点便民措施。2021年，韩国总统文在寅最终敲定了"韩版新政 2.0”，聚焦人本新政、数字新政和绿色新政三大板块，这项“新政 2.0”在 2022 年正式实施。

（二）数字市场

数据已成为推进社会治理数字化转型的战略资源。欧盟致力于推动数据资源在成员国之间的自由流动，通过《数字化单一市场战略》着力将各成员国打造成统一的数字市场，为赢得世界数字主导权奠定基础。欧盟积极引领数字时代的治理规则制定。2018 年 5 月 25 日，欧盟在数字单一市场框架下制定的《通用数据保护条例》正式生效，该法规不仅适用于所有欧盟成员国，而且针对在欧盟运营的第三国企业拥有域外法权，为建立欧盟单一数据市场提供坚实的法律基础。欧盟通过该条例向全球宣示了其维护数字主权的决心，力图在全球范围抢先制定数字化治理规则。2020 年 2 月 19 日，欧盟发布《欧洲数据战略》，强调继续推行单一的数字市场，使所有数字产品和服务遵守欧盟的规则、标准和价值观。欧盟在数据空间和云基础设施方面启动 40 亿—60 亿欧元的投资，打造欧洲自主的数据基础设施，减少对美国等其他国家的数据依赖，为保持欧盟“数字独立”，占据数字主权和抢先制定治理规则创造有利环境。2022 年 7 月，欧盟 27 个成员国一致批准《数字市场法案》（Digital Market Act，DMA）。该法案旨在规范数字市场秩序，限制数字科技巨头过度垄断和不正当竞争行为，这一针对科技巨头的《数字市场法案》引起各大互联网公司的关注，也被称为欧盟夺回数字主权的宣告。

（三）数字身份

国际标准化组织/国际电子技术委员会（ISO/IEC）将“身份”

定义为“一组与实体关联的属性”。数字身份是指为解决数字空间实体的识别与信任，适应网络信息系统安全传输、存储、使用、管理，赋予实体的唯一对应数字标识及与之关联的属性声明。数字身份系统的作用是认证数字身份所有者的身份属性，基于其身份信息提供应用系统的授权访问和服务。可信数字身份是指基于法定身份的信息由权威机构签发，有政策法规保障支撑的数字身份，是数字空间自然人身份的信任根。①

20 世纪 50—90 年代，伴随着计算机科学和互联网的应用发展，数字身份通常是 E－mail 地址、IP 地址、域名，由网络服务商提供。随着越来越多的工作、生产和生活线上化，数字身份演变为复杂的体系，成为处理认证和访问控制的关键业务系统。为方便应用，大多数互联网平台的数字身份是“账号＋密码”（或“用户名＋口令”）。21 世纪互联网应用量级剧增，网络可信和隐私保护的合规要求不断提升，质的变化悄然发生，国家级权威、可信数字身份需求应运而生。基于社会治理及政务服务形成的全量权威身份数据，使用密码技术变换形成不含属性信息的标识身份的数字化字符串，并按业务和应用场景采用安全数据文件或二维码等形态承载使用，为各类身份鉴别应用提供根信任。

印度于 2015 年推出了“数字印度”战略，建立公民数字身份成为该战略的主要任务之一，以实现个人身份认证系统与公共福利系统有效对接，解决社会福利分配不公正、效率低下等社会治理难题。为此，印度实施了公民生物身份识别系统项目，并将系统广泛运用到银行服务、医疗卫生、就业保障等各种应用场景中。印度公民可登录系统，在进行基于指纹、虹膜等生物特征数据的个人身份识别

---

① 于锐：《各国数字身份建设情况及我国可信数字身份发展路径》，《信息安全研究》2022 年 8 月第 9 期，第 858—862 页。

之后，便利地享受福利、驾照、医疗、银行、培训、就业等多种服务，政府部门可以通过数据定位、身份识别来向居民精准地发放补贴和福利，有针对性提供医疗和防疫等公共服务。目前，印度已完成对 11 亿人的生物识别数据采集工作，覆盖了印度 90% 以上的人口。2018 年 8 月，印度唯一身份标识管理局宣布，将在原有的公民指纹、虹膜数据基础上，分阶段增加人脸识别身份验证。2019 年 6 月，印度联邦内阁批准了《2019 年数字身份证修正案》，对 Aadhaar 号码的离线验证、自愿使用、认证条件等进行法律规定，进一步完善数字身份认证体系，为印度政府健全公共服务体系提供支撑。当前，印度的数字身份认证体系仍在不断推进中。

（四）数字医疗卫生

当前，世界各国公共医疗卫生体系普遍面临医疗资源分配不均、医疗服务效率有待提高、公共卫生事件响应不及时等问题，人工智能、大数据、5G 等可形成有效助力。借助数据挖掘技术、卷积神经网络和集成学习，对公共医疗数据进行处理分析，辅助基层医生进行早期筛查和临床诊断，有效弥补基层医疗经验不足问题。利用 5G 技术进行远程高清会诊和医学影像数据的高速传输与共享，可实现优质公共医疗资源的异地共享。整合疾病传染信息、天气信息、生物信息等多源大数据，运用异构数据驱动的深度学习方法，准确挖掘不同数据之间的关联性，可以实现疫情的高准确率预测。先进技术与医疗卫生事业的紧密结合，促进了公共医疗资源的优化配置和公共卫生保障能力的提升。

根据欧盟委员会《2022 年数字经济与社会指数》报告，丹麦数字化水平位居欧盟首位，在全球的数字竞争力也位居榜首，其优势在于拥有高度数字化的公共部门服务，尤其是在医疗健康与社会福利数字化转型方面，已处于世界领先水平。2018 年 1 月，丹麦政府发布最新的《数字增长战略》，将改善国家环境、提高医疗服务水平和人民生活水平作为数字化发展的主要目标，从人才培养、产业生态营造、数字平台建设、加快应用创新等方面提出了系列具体措施，并拨款 1.34 亿欧元，用于 2025 年前的措施实施。丹麦的数字化医疗健康系统全球领先，具有进一步数字化的坚实基础。医疗成为丹麦促进数字增长的重点领域，2018 年 12 月，丹麦卫生部、财政部、地区和地方政府联合推出了《国家数字健康战略（2018—2022）》，提出加强使用健康医疗数据进行治疗和研究，以患者为中心，完善统一的医疗健康服务信息系统，促进跨医疗机构之间的合作，以推动丹麦医疗系统的可持续发展。针对新冠病毒感染疫情，减少传染病和支持卫生系统是丹麦国家议程的重中之重。丹麦开设了专门的网页向公众介绍为对抗新冠病毒采取的措施，并提供有关患者状况的最新信息。居民可以通过数字方案（COVID meter）自愿报告他们是否有新冠病毒感染症状，也可以通过网络视频医疗服务在线联系自己的全科医生。此外，政府在社交媒体上开展的信息传播活动，也为公众提供了有用的指导和提醒。

（五）数字化应急管理

应急管理作为国家治理体系和治理能力的重要组成部分，承担着防范化解重大安全风险、及时应对处置各类灾害事故的重要职责，是保障人民群众生命财产安全和维护社会稳定的重要基础工程。应急管理数字化转型是各级应急管理部门按照“一盘棋、一张网”的要求，通过将人工智能、大数据、区块链、云计算、物联网等先进数字技术与应急管理业务深度融合，对应急管理业务进行系统梳理、流程再造和数据共享，依托统一的基础设施体系、数据资源体系、应用支撑体系，实现风险监测预警、应急指挥保障、智慧决策支持，以及防灾减灾救灾能力的快速提升，对应急力量和资源进行有效整合，促进应急管理职能的优化和重构。[①] 诸多发达国家早在 20 世纪就着手开展数字化应急管理的相关研究，并将数字化技术广泛应用于多个领域的应急管理体系建设。

日本是人口稠密和自然灾害频繁发生的国家，也是应急管理的先驱和模范国家。目前，日本已经建立起了由首相担任主席的中央预防事故委员会，并制定了一套连贯的规则，以便对所有突发危机事件做出快速反应。自 1995 年神户大地震灾难以来，日本政府一直致力于利用数字化手段来完善应急管理模式，并建立起基于地理信息系统（GIS）和计算机通用网络的危机管理系统，该系统包含不同的子系统，用于实现灾害预防、事中救援、灾后重建、损害评估等应急管理相关功能[②]。此外，2003—2007 年间，日本安装了世界上最先进的地震和海啸预警系统，这也是日本政府危机管理系统的主要部分之一。通过大数据分析，该预警系统在 2011 年“3·11”地震发生前曾向市民发出临震预警和海啸预警，在政府应对危机管理决策和紧急救援中发挥了重要作用[③]。目前，日本在数字化应急管理方面已经形成了一套完整的体系。在引入大数据应对突发公共事件的过程中，日本政府不断加强与媒体和通信公司的合作：在灾害发生时，政府组织的紧急救援队通过分析来自手机、汽车导航系统等发出的位置数据，准确获取情报、快速支援受灾地区；灾民也可以通过无线通信网络来实时了解疏散路线和交通状况等信息。日本的一些媒体，例如 NHK 频道也承担着广播预警系统、传播救灾信息、

---

① 张江：《应急管理的数字化转型》，《科技评论》2021 年第 3 期，第 66—69 页。

② M Zaré, S Ghaychi Afrouz, “Crisis management of Tohoku Japan earthquake and tsunami, 11 March 2011,” Iranian Journal of Public Health, 2012, Vol. 41, No. 6, pp. 12 - 20.

③ 储节旺、陈善姗：《大数据背景下中美日政府应对突发事件管理机制创新的比较研究》，《情报理论与实践》2017 年第 10 期，第 127—133 页。

引导舆情等重要责任①。

蒙古国80%的土地为农业生产用地，主要用于牧场经营，国家经济极易受干旱天气影响。在联合国亚洲及太平洋经济社会委员会的组织区域旱灾机制的协调下，多国与蒙古国国家遥感中心展开了深入合作，结合蒙古国大陆性气候特点，研发出蒙古国旱情遥感监测和预警系统。通过该系统可准确确定极易受干旱天气影响的高风险牧民群体，有助于政府制定有效的减灾和救济相关措施，降低旱灾对牧民的影响。

（六）数字城市管理

城市管理的难度随着社会发展程度的提高而不断增加，传统城市管理方式获取信息的成本较高，工作琐碎繁杂，各部门缺乏联动，传统城市管理方式难以满足现实需求。城市管理的现代化发展离不开数字技术的有效利用。能否实现技术的有效利用，直接影响管理工作的智能化、信息化以及数字化水平的实现。GIS 和 GPS 能够更好地丰富管理策略和管理手段，使城市管理部门获得更为高效、准确的信息，增加了城市各要素之间的联系，有助于完整的城市管理系统的完善。数字技术的应用为城市空间管理创造了新的机遇，推动城市管理手段、管理模式、管理理念创新，对政府城市管理工作满足现实需求有着重要作用。除此之外，数字技术应用还能加强企业与政府以及公众之间的联系，促进信息交流与互动，真正发挥政府的指导作用与社会保障体系优势，转变传统的管理模式以及服务模式。数字化城市管理模式的转变势在必行。目前，数字城管发挥

① 刘亚娜、罗希：《日本应急管理机制及对中国的启示：以“3·11 地震”为例》，《北京航天大学学报（社会科学版）》2011 年第 5 期，第 16—20 页。

着关键性作用与优势，有助于管理模式和管理手段的有效创新，摆脱传统城市管理模式的束缚，真正体现这一工作的时代价值及作用。

“数字城市”是美国提出的一个新概念，是随着“数字地球”而形成和发展起来的。1998 年，戈尔提出并阐释了数字地球的概念，在这样的现实背景下，“数字化舒适社区建设”工作被提上日程，并且发展非常迅速，数字城市概念由此而来。据不完全统计，美国超过 60 个城市已经着手进行“数字城市”建设，其中 90% 通过成熟可靠的 GIS 技术开展管理工作。

2018 年，“虚拟新加坡”项目面向政府、企业、研究机构和公众开放，该项目由法国达索系统等多家公司和研究机构共同承担，完全还原了真实物理世界的新加坡。该动态三维可视化城市模型和协作数据平台按照 1：1 比例建立，包含了建筑物、绿化带、管道、电缆、风道等所有的城市 3D 数据。利用该项目，公共部门、企业和研究机构可以进行建筑设计规划，观测由该新增建筑带来的对气流、交通以及能源使用等方面的变化，项目同样可用于灾难管理、基础设施建设及社区服务测试等方面的城市模拟仿真、规划与管理决策、工具开发、科学研究等。新加坡的数字化管理不断得到发展，在瑞士洛桑国际管理发展学院和新加坡科技设计大学联合发布的《2021 年智慧城市指数》（Smart City Index 2021）报告中，新加坡连续三年稳居全球智慧城市排行榜的榜首。目前，新加坡正进一步实施“智慧国 2025”建设规划，以塑造全球领先的竞争力和影响力。

四、结语

近年来，数字化在全球社会治理赋能中已经取得一定成效。但我们也看到，推进全球社会治理数字化转型是一项复杂的系统工程，特别是伴随着信息技术与全球社会的结合越来越紧密，治理边界逐渐扩大，治理难度不断增加，治理紧迫度不断增强。当前，全球社会治理面临缺乏共识的问题，国际秩序的变化、数字化的发展都使得全球社会治理数字化转型面临着更高的要求。

后　记

本书为“百年变局下的国际关系研究系列丛书”第二辑，以2021—2022年大国战略变动及国际形势为研究对象，对大国政治、经济、外交政策和重大国际关系事件进行了系统性的归纳与研究，旨在为广大国际关系研究者和爱好者提供有益参考。本书内容分为上下两编，上编考察和剖析美俄日印等世界主要国家的政治、经济和外交动向；下编主要研判国际关系热点和地区安全态势。

本书由战略支援部队信息工程大学洛阳校区国际关系与安全战略教研室撰写，在成书过程中，受到学校各级领导的关怀与鼓励，在此一并表示感谢。在撰写过程中，团队的考虑主要如下：一是以较为灵活的方式呈现2021—2022年的国际形势动态，兼备小切口深挖与宏观展现双重特点；二是结合撰写者的学术积累和兴趣点进行编著，以期呈现出较为独特的风貌。全体撰写人员具体分工如下：刘青梅负责全书的体例设计、框架结构以及部分章节的文字校对，主要撰写第四、五、六章；胡伟负责全书的基调和框架结构，主要撰写第一章；徐光辉负责出版策划，主要撰写第二章；马静曦负责书中部分章节的整理和文字校对，主要撰写第九章和第十二章；庞敬然主要撰写第三章；龚大明主要撰写第十一章；张快快主要撰写第十章；赵阳主要撰写第八章；闫驰主要撰写第七章；段玉洁主要撰写第十三章；史海燕主要撰写第十四章。

“路漫漫其修远兮。”在学术道路上，体会了攻坚阶段的煎熬，方能品尝到胜利的喜悦。受作者团队水平和能力等一些因素限制，本书的研究内容存在诸多不足之处，学术水平有待进一步提升，望国际关系领域诸位专家教授不吝赐教，以期彼此之间加强交流，共同推动中国国际关系研究的繁荣和进步。